아름다운
**원포인트**
절기설교

# 아름다운
# 원포인트
## 절기설교

박영재 지음

요단
JORDAN PRESS

추천사

## 고명진 목사(수원중앙침례교회 담임)

모든 목회자가 공통으로 하는 많은 고민 중 한 가지는 아마도 때마다 반복해서 맞이하는 절기에 가장 적합한 설교를 어떻게 고루하지 않게 매력적으로 은혜가 넘치게 할 수 있을까일 것입니다. 절기마다 최고의 감동과 은혜가 넘치는 설교, 가슴에 남고 머리에서 잊지지 않는 설교를 하고자 하는 열망은 모든 목회자의 로망일 것입니다.

하지만 절기 때마다 같은 주제를 가지고 어떻게 선명한 논리와 이성적이고 지적인 매력이 넘치는 설교로 이끌어 나갈 것인가에 대한 고민과 부담이 많을 것입니다. 이러한 목회자들의 고민과 부담에 시원한 해답을 주는 책이 바로 박영재 박사의 본서라고 확신합니다.

박영재 박사는 각각 절기에 적합한 설교 주제를 간명한 원 포인트 메시지에 담아냈습니다. 그의 글에는 풍성한 영성과 감성 그리고 지성이 녹아내려 있습니다. 성령께서 그를 도우셔서 좋은 설교집을 출간할 수 있게 되었음에 감사드립니다. 또한, 박영재 박사의 영감이 담긴 본 설교집은 절기설교에 고민하는 목회자에게 많은 도움을 줄 것이라 믿어 의심치 않습니다. 일독을 권합니다.

## 문상기 교수(침례신학대학교 실천신학)

본서는 박영재 박사가 앞서 출판한 《원 포인트로 설교하라》의 후속작입니다. 이 시대의 설교자들이 직면한 가장 큰 고민은 다양성을 추구하는 문화 속에 사는 성도들에 "어떻게 하나님의 말씀을 다양한 방식으로 소통할 것인가?" 하는 것입니다. 본서 안에 등장하는 다양한 설교 방식은 좋은 설교를 위한 저자의 열정에서 나온 것임을 구석구석에서 느끼게 합니다.

　이 책을 접하는 독자들은 다양한 설교 구성 방식을 배우는 기회를 얻게 되는 것은 물론이요, 좋은 설교를 하기 위해서는 끊임없는 열정으로 다양한 소통 방식을 연구해야 한다는 저자의 소리 없는 음성이 웅변적으로 들려오는 것을 느끼게 될 것입니다.

**임도균** 교수(침례신학대학교 신학대학원 설교학)

교회의 절기설교는 건물의 창과도 같습니다. 마치 사계절의 변화를 창을 통하여 보듯 기독교 절기는 하나님과의 관계에서 자신과 세상을 돌아보게 합니다. 기독교 교회사에서 각각 절기는 색으로 표현되기도 했습니다. 각각 절기에는 고유한 색채와 의미가 있습니다. 그런데 한 교회에서 오랫동안 설교사역을 감당하다 보면 각각의 절기설교가 같거나 비슷한 색으로 표현되는 것을 종종 보게 됩니다.

　이 책의 저자 박영재 박사님은 원 포인트 설교를 통해 신선하면서도 각각의 의미를 풍성하게 전달할 수 있도록 절기설교를 소개합니다. 2018년 출간되었던 《원 포인트로 설교하라》가 일반적인 이론적 토대를 제공하는 책이라면, 이번에 출간된 《아름다운 원 포인트 절기설교》는 대표적인 10가지 교회의 절기설교를 쉽고 참신한 예로 보여줍니다. 팔딱이며 움직이는 신선한 물고기처럼 현장의 생생한 예를 곁들였기에, 살아있는 절기설교를 경험할 수 있을 것입니다. 독특한 멋과 풍성한 의미가 있는 절기설교를 소망하는 모두 설교자들에게 본 도서를 기쁜 마음으로 추천합니다.

**머리말**

'신선하다'의 반대말은 '고루하다'입니다. 청중은 언제 설교를 고루하게 여길까요? 세 가지 정도로 정리할 수 있습니다. 첫째는 이미 익히 알고 있는 내용의 설교를 자주 들을 때입니다. 가령 십자가 사건, 성탄절 등과 같은 익숙한 내용을 반복해서 들을 때 청중은 신선함을 느끼지 못합니다. 그래서 설교자는 같은 주제라도 새로운 자료를 끊임없이 활용해야 합니다. 그래야 설교가 신선해집니다.

둘째, 자극을 주지 못하는 설교를 들을 때 설교가 고루합니다. 설교가 청중을 자극하지 못하면 죽은 설교입니다. 더 깊고 더 예리한 설교를 듣지 못하면 청중은 설교에 싫증을 느낍니다. 신선함을 느끼지 못하는 것입니다. 따라서 설교자는 주제를 더 깊이 묵상하고, 더 깊이 사고하고, 날카로운 적용을 끌어내야 합니다.

셋째, 설교 구성방식이 천편일률적일 때 청중은 설교를 고루하다고 느낍니다. 청중은 너무나 익숙한 한두 가지 전개 방식으로 설교가 전개될 때 신선함을 느끼지 못합니다. 따라서 설교자는 새롭고 다양한 설교구성방식을 활용할 필요가 있습니다. 게다가 본문의 특색을 살리는 구성으로 설교를 전개할 때 설교를 신선하게 느낄 수 있습니다.

본서는 '원 포인트 설교' 구성으로 절기 설교를 신선하게 만들려고 노력했습니다. 익숙하고 고루한 설교구성방식을 벗어나서 다양하고 신선한 구성방식을 활용해서 설교를 보다 신선하게 전하려 했습니다.

저자는 쓰리 포인트(삼 대지) 설교방식 중에 12가지 정도의 구성방식과 원 포인트(하나의 대지) 설교방식 중에 13가지 구성방식을 사용하여 설교합니다(이론적인 부분은 저의 저서《원 포인트로 설교하라》를 참고하시면 좋습니다.). 즉 25가지의 다양한 설교구성법을 적극적으로 활용하면서 설교를 신선하게 만들려고 애를 쓰고 있습니다. 이 구성법들에 대한 이름과 형식의 틀은 저자의 오랜 연구와 훈련을 통해 만들어진 것입니다. 가능한 한 쉽게 이해하도록 쉬운 이름을 창안했습니다. 다양하고 독특한 이름들을 잘 이해하시고 즐겨 주시면 고맙겠습니다.

본서를 읽으면서 독자들이 다양한 '원 포인트 설교' 구성방식을 익히기를 기대합니다. 부족한 저의 저서를 읽으시는 독자들께 깊은 감사를 드리며 더 나은 설교를 하려는 여러분들의 설교사역을 응원합니다.

2019.3. 관악산 기슭, 좋은설교연구소에서

박영재

(좋은설교연구소: goodpreaching.onmam.com)

목차

추천사 —————— 004

머리말 —————— 008

## 제1장  1~2월  한 해의 시작

**New Year Sunday** —————— 014
신년감사 주일

## 제2장  3~4월  구원의 여정

**Ash Days** —————— 042
사순절

**Passion Sunday** —————— 064
고난 주일

**Easter** —————— 088
부활절

## 5~6월
### 제3장 성령 안의 하나 됨

**Month of Family** ——— 114
가정의 달

**Pentecost Sunday** ——— 142
성령강림 주일

## 7~11월
### 제4장 은혜에 대한 감사

**Feast of Harvest** ——— 172
맥추절

**Thanksgiving Sunday** ——— 198
추수감사 주일

## 12월~새해
### 제5장 주의 강림과 새로운 시작

**Christmas Sunday** ——— 226
성탄절

**New Year's Eve Worship** ——— 254
송구영신 예배

**부록** ——— 284
원 포인트 전도설교

1~2월

제1장

# 한 해 의 시 작

> " 우리 인생길이 피곤하고 힘들 때
> 하나님이 나와 함께 있으면 두려움은 떠나고
> 용기로 충만해집니다. 하나님께서 한 해를 시작하는
> 여러분의 편에 서 주시길 기도합니다. "

# New Year

### 신년감사주일

해마다 신년이 되면 성도들은 지난해를 잊고 새해를 희망차게 시작한다. 전년도에 이루지 못했던 것을 새해에는 이루길 소망한다. 따라서 마음가짐이 다르다. 그러나 다른 한편으로 반복적으로 결실 없는 한 해를 보낼까 염려한다. 이럴 때 설교자는 한 해를 시작하는 성도들에 희망을 주고 자신감을 불러일으키며 특히 하나님의 도우심을 확신하게 한다.

> **Chain 스타일**
> '부정문제, 원인, 반대개념 및 유익들, 해결책을 찾아라'의 구성

시편 118:5-10

# 하나님을 내 편으로 만드는 사람

**개요**

- **부정문제** : 하나님의 도움을 받지 못하는 성도가 있다
- **원인** : 하나님의 편에 서지 않기 때문이다
- **반대개념 및 유익들** : 하나님을 내 편으로 만드는 사람은 승리와 축복을 경험한다
- **해결책** : 하나님은 하나님을 철저히 의지하며 하나님의 영광을 구하는 성도의 편이 되신다

**부정문제** : 하나님의 도움을 받지 못하는 성도가 있다

희망찬 새해가 시작되었습니다. 올 한해는 하나님의 도우심으로 그 어느 해보다 풍성한 결실을 보기를 주님의 이름으로 축복합니다.

최근에 암에 걸려 한 치 앞을 모르던 개그맨 유상무 씨가 암을 극복하고 결혼에 이르자 화제가 되었습니다. 그가 고통 속에 앞날을 포기했을 때 한 여인이 나타났습니다. 이 여인은 절망에 빠진 그를 위로했고

소망을 주었으며 몸과 마음을 추스르게 했습니다. 놀랍게도 유상무 씨는 점차 암을 정복했고 결혼에 이르게 되었습니다. 결혼을 앞둔 그에게 무엇이 가장 좋으냐는 기자의 질문에 "영원한 내 편이 생겼다는 거다." 라고 했습니다. 그의 연인은 그가 힘들 때 위로해 주었고 절망할 때 소망을 주었으며 외로울 때 무조건 그의 편이 되었습니다. 내 편이 있다는 것, 이것이 인간에게 최고의 행복입니다.

신앙생활도 마찬가지입니다. 하나님이 내 편이 되시면 보통 든든한 것이 아닙니다. 하지만 어떤 사람은 절망 가운데서도 하나님이 내 편이심을 체험하지 못합니다.

대표적인 사람이 사울 왕입니다. 어느 날 사울 왕이 블레셋과의 전투를 앞두고 갑자기 두려움을 느꼈습니다. 성경은 증언하길 "그의 마음이 크게 떨렸다" 했습니다. 사울은 전쟁에서 이긴다는 확신이 없자 무당을 찾았습니다. 하지만 무당에게서 어떤 답변도 얻지 못했고 그의 마음은 점점 더 약해졌습니다. 전쟁을 앞두고 마지막으로 이렇게 기도했습니다. "(하나님, 전쟁에서 이기고 싶은데 당신은) 꿈으로도 응답하지 않으시고 우림으로도 응답하지 않으시고 선지자로도 응답하지 않으시나이다." 그는 전투를 앞두고 하나님에게서 응답을 받지 못한 채로 전쟁을 치렀고 결국 이겨야 할 전쟁에서 패하고 말았습니다. 이 패배로 사울은 자녀들과 함께 죽고 말았습니다.

**원인 : 하나님의 편에 서지 않기 때문이다**

그의 인생이 왜 비참하게 끝났나요? 그가 능력이 없거나 지혜가 모자라서가 아닙니다. 백성의 지지를 받지 못해서도 아니며 적이 강해서도 아니었습니다. 그가 패한 원인은 최고의 후원자인 하나님이 이제는 그와 함께하지 않았기 때문이었습니다. 한마디로 하나님이 그의 편에 서지 않았기 때문이었습니다.

하나님이 그를 조금만 도와주셨더라면 그는 위기를 넘길 수 있었을 겁니다. 하나님이 그와 함께하셨더라면 예전처럼 이겼을 겁니다. 하지만 하나님이 그의 편이 아니었기에 그는 하나님에게서 힘을 얻을 수도 없었고 따라서 용감할 수도, 능력을 발휘할 수도, 이길 수도 없었습니다.

하나님이 내 편이 아니시면 아무것도 할 수 없는 무기력한 존재가 되고 맙니다.

**반대개념 및 유익들 : 하나님을 내 편으로 만드는 사람은 승리와 축복을 경험한다**

그러나, 하나님이 내 편이 되시면 보잘것없는 사람도 기도에 응답하시고 함께하시고 도와주사 결과가 달라집니다.

성경에 보면 다윗은 항상 하나님 편에 서 있었습니다. 특히 결정적인 어려움을 만났을 때 하나님이 자기편이라는 강한 확신을 했습니다. 그 결과 사무엘하 8장과 역대상 18장은 이렇게 증언합니다. "다윗이 어딜 가든지 여호와께서 이기게 하셨더라." 누가 이기게 하셨다고요? 하나님입니다. 이것은 하나님이 늘 다윗의 편에 섰음을 말합니다. 바꿔 말하면 다윗은 평생 하나님과 동행하며 하나님 편에 섰다는 것입니다.

본문은 다윗이 쓴 감사의 시로 알려져 있습니다. 이 시에서 다윗은 곤고한 시절에 하나님이 자신의 편이 되어 주심에 진심으로 감사했습니다. 다윗을 향한 아들 압살롬의 배반과 부하들의 반역이 절정에 달했을 때 다윗의 주변은 사방에 적들뿐이었습니다. 자기를 따르던 군사들과 백성들 대부분이 반역자에게 넘어갔습니다. 사랑했던 아들이 적장의 선봉에 섰습니다. 다윗은 이제 부끄러움을 당하며 생명이 끝날 상황에 부닥쳤습니다.

그런데 다윗은 시편 118편 6절과 7절에서 이렇게 고백했습니다. "여호와는 내 편이시라. 그분은 내 편이 되사 나를 돕는 자 중에 계시도다." 다윗을 돕는 부하들은 소수였으나 다윗뿐만 아니라 다윗의 부하들의 편에 하나님이 서서 자기들을 도우시고 이기게 하신다는 확신을 드러내고 있습니다.

그렇습니다. 천지를 창조하신 하나님, 전능하신 하나님이 나를 사랑하시며 내 편이 되시면 무엇이 두렵겠습니까? 그래서 다윗은 6절에서 "환난과 위험을 두려워하지 않는다." 했고 시편 3편에서도 "천만인이 나를 에워싸 진 친다고 하여도 두려워하지 않는다." 했습니다. 하나님이 자신의 편이 되시기에 다윗은 그 무엇도, 누구도 두렵지 않으며 자신감과 용기로 충만했습니다.

성도는 하나님이 내 편이 되실 때 무서움이 없습니다. 자신감과 용기로 충만해집니다. 하나님 한 분으로 충분합니다.

또 하나님이 내 편이 되시면 용기만 생기는 것이 아니라 실제 놀라운 기도 응답을 받습니다. 5절에서 다윗은 고백했습니다. "내 편이 되신 하나님이 고통 중에 부르짖은 나의 기도에 응답하셨고 앞길을 열어 주셨다." 다윗이 불리한 전쟁에서 이기게 해 달라고 기도했을 때 하나님은 침묵하지 않으셨습니다. 하나님이 다윗의 적들을 물리쳐 주셨고 그토록 소원하던 승리를 얻게 하셨습니다.

결국, 다윗은 반란을 진압하였고 왕권을 회복하였습니다. 모든 것이 제자리로 돌아왔습니다. 하나님이 다윗의 편이 되시니 결과는 승리였고 축복이었습니다. 여러분, 하나님이 저와 여러분의 편이 되시면 우리도 축복을 경험합니다. 할렐루야!

오래전 야곱도 이와 같은 승리를 경험했습니다. 그는 곤고한 시절 하나님이 벧엘에 나타나셔서 그의 편이 되어주시겠다고 약속하셨습니다. 그 이후에 그가 외삼촌 집에서 일하는 동안 재산을 잃을 뻔한 위기를 겪었지만, 그때마다 하나님이 야곱의 편이 되어 야곱의 재산을 지켜주셨습니다.

또 야곱이 얍복강에서 생사를 건 기도를 드렸을 때 하나님이 응답하셔서 형 에서의 마음을 바꾸사 원수 관계를 형제 관계로 회복시키셨습니다. 기적이 일어난 것입니다. 이렇게 하나님은 항상 야곱의 편이 되셨습니다. 그래서 위기를 넘겼고 축복을 경험했습니다. 여러분, 이 세상에서 하나님이 내 편이 되는 것보다 더 큰 복은 없습니다.

우리 인생길이 피곤하고 힘들 때 하나님이 나와 함께 계시면 두려움은 떠나고 용기로 충만해집니다. 약한 마음은 강해집니다. 기도가 응답하여 넘어질 것도 일어서고 질 것도 이깁니다. 여기에 하나님이 내 편인 사람의 축복이 있습니다.

하나님께서 한 해를 시작하는 여러분의 편에 서 주시길 기도합니다. 하나님이 여러분의 편이 되어 도우시고 인도하시고 축복하시길 기도합니다.

**해결책 :** 하나님은 하나님을 철저히 의지하며 하나님의 영광을 구하는 성도의 편이 되신다

인간에게 하나님이 내 편이 되는 것보다 더 복된 것은 없습니다. 그러면 어떻게 해야 하나님이 내 편이 될 수 있을까요?

다윗은 하나님의 편에 설 줄 아는 사람이었습니다. 8절에서 다윗은 고백합니다. "여호와께 피하는 것이 사람을 신뢰하는 것보다 나으며 여호와께 피하는 것이 고관들을 신뢰하는 것보다 낫도다." 다윗은 어려울 때 사람보다 하나님을 더 의지했고 사람이 아닌 하나님을 통해서 해결하려 했습니다. 이 믿음이 하나님 마음을 움직였고 이 믿음이 하나님을 다윗 편에 서게 하였습니다.

인생의 어려움이 닥칠 때나 평온한 시간을 보낼 때나 다윗은 항상 하나님을 의지했습니다. 고난이 닥칠 때는 기도했고 평안할 때는 하나님을 찬양했습니다. 그는 하나님을 의지하는 믿음의 심지를 하나님의

품 안에 깊숙이 내렸습니다. 한마디로 하나님을 철저히 의지했던 것입니다. 이런 다윗의 신앙 때문에 하나님은 항상 그의 편이 되사 전쟁에서 질 것도 이기게 하셨고 망신을 당해도 감싸주셨고 넘어져도 회복시켜 주셨습니다.

역대하 14장에 보면 솔로몬의 증손자인 아사 왕이 나옵니다. 그는 41년 동안 나라를 다스렸는데 한번은 이스라엘 주변 국가들이 백만의 연합군을 이끌고 이스라엘을 쳐들어 왔습니다. 그때 왕은 몇십만의 군사로는 이길 수 없음을 알고 하나님만 의지했습니다. 그는 전쟁 직전에 11절에서 이렇게 기도했습니다.

"여호와여 힘이 강한 자와 약한 자 사이에는 주밖에 도와 줄 이가 없사오니 우리 하나님 여호와여 우리를 도우소서 우리가 주를 의지하오며 주의 이름을 의탁하옵고 이 많은 무리를 치러 왔나이다 여호와여 주는 우리 하나님이시오니 원하건대 사람이 주를 이기지 못하게 하옵소서"

이렇게 간절한 마음으로 하나님을 의지했을 때 하나님은 그 기도를 외면하지 않으셨습니다. 기적의 손길을 펴사 이스라엘이 100만의 군사를 단숨에 무찌르게 하셨습니다. 놀라운 축복이요, 대승이었습니다. 그런데 왕이 된 지 36년이 되었을 때 또 큰 전쟁이 일어나게 되자 그는 하나님을 의지하지 않고 아람 왕을 의지했습니다. 하나니 선지자가 이 사실을 지적하자 왕은 오히려 그를 감옥에 가두었습니다. 이에 하나님은 진노하사 하나님을 의지하지 않는 그를 병들어 죽게 했습니다.

하나님은 하나님을 의지하지 않는 사람의 편에 서지 않습니다. 하나님을 철저히 의지하는 사람의 편에 서십니다.

이런 사람이 있지요. 가난할 때는 하나님만 의지하다가 먹고살 만하니까 돈만 의지하며 하나님을 멀리하는 사람, 하나님은 이런 사람의 편이 되어 주시지 않습니다. 몸이 약할 때는 하나님만 의지하다가 건강을 회복하니 하나님의 은혜를 잊고 사는 사람, 고생할 때는 하나님을 사랑하다가 평안해지고 환경이 괜찮아지니 오히려 들로 산으로 돌아치며 세상으로 가버리는 사람, 하나님은 이런 사람의 편이 되어 주시지 않습니다. 평소에는 하나님을 의지하는 것 같았는데 정작 중요한 순간에는 하나님을 의지하지 않고 자기 맘대로, 자기 뜻대로 행동하고 결정하는 사람, 하나님은 이런 사람의 편에 서지 않습니다.

평소에 하나님을 의지하는 것 같다가도 긴박감이나 불안감이 찾아올 때 즉각 사람이나 무당을 찾는 사람, 분노가 생길 때 기도하며 하나님의 뜻을 찾기보다 자기감정대로 결정하고 행동하는 사람에게 하나님은 편들지 않습니다.

중요한 것은 24시간 항상 하나님을 의식하는 것입니다. 긴박감이나 압박감 혹은 불안감이 생겨도, 평탄한 시간을 보내도 24시간 하나님을 의지하는 사람을 하나님은 홀로 내버려 두지 않습니다. 하나님은 그런 사람의 편에 서서 끝까지 책임지시는 것입니다.

R.A. 토레이 목사님은 아침마다 이런 기도를 드린다고 합니다. "성

령님, 오늘도 제 영혼 속에 충만 하사 나를 인도하소서. 나를 내버려 두시면 저의 연약한 본성이 실수할 수 있고 잘못을 저지를 수 있고 실패할 수 있습니다. 저의 타락한 본성이 생각과 마음과 감정으로 죄를 지을 수가 있습니다. 하나님의 뜻과 상관없는 자가 될 수 있습니다. 저의 마음과 뜻과 감정이 온전히 성령의 지배를 받아 성령의 생각, 성령의 마음, 성령이 주시는 감정으로 충만하여 온전히 성령의 인도함을 받게 하소서." 여기에 하나님을 온전히 의식하는 믿음이 있습니다.

여러분, 올 한해는 24시간 하나님을 의지하여 하나님이 내 편이 되게 하십시다. 오이 덩굴이 딱딱한 물체만 보면 꼭 붙습니다. 왜냐면 딱딱한 물체를 붙들지 않으면 자신이 죽는다는 것을 알기 때문입니다. 마찬가지로 우리도 하나님을 꼭 붙드는 사람이 되십시다. 그래야 결정적인 순간에 하나님이 도우시고 축복하십니다. 새해를 시작하면서 하나님을 철저히 의지함으로 하나님을 내 편으로 만들어 승리하는 여러분이 되시기를 바랍니다.

다윗이 하나님을 자기편으로 만든 또 다른 비결이 있습니다. 보세요. 우리는 죄를 지으면서 하나님께 우리 편이 되어 달라고 요청할 순 없습니다. 어느 지하철 소매치기가 하나님께 감사예물을 드리는데 다음과 같이 봉투에 글을 썼답니다. "하나님, 저의 경쟁자가 잡혀가게 하시고 저의 활동무대가 넓어지게 하시니 감사합니다." 하나님이 이런 기도를 받으실까요? 받지 않으십니다. 우리가 죄를 짓고 불순종하면서 하나님께 우리를 도와 달라고 말할 수는 없습니다. 왜냐면 하나님이 죄를 짓는 사람의 편에 서지 않기 때문입니다. 오직 우리가 하나님이 기뻐하시는 편에 서야 하나님이 우리의 편이 되시며 우리를 도우시는 것입니다.

하나님이 다윗 편이 되셨던 것은 그가 하나님을 기쁘시게 하며 하나님의 영광을 위하여 살았기 때문입니다. 보세요. 다윗은 하나님의 영광을 참으로 귀하게 여겼습니다. 다윗은 반역자들과의 싸움을 앞두었을 때 자기 이름을 내세우지 않았습니다. 오직 하나님의 이름을 내세우며 나아갔습니다. 10절에서 다윗은 이렇게 선언했습니다. "뭇 나라가 나를 에워쌌으니 내가 여호와의 이름으로 그들을 끊으리로다." 이와 비슷한 내용을 11절에서도 반복했습니다.

결국, 여호와의 이름으로 나아간다는 말은 여호와의 권능을 의지하고 여호와의 영광을 위하여 나아간다는 말입니다. 만약 다윗이 지면 여호와의 영광은 땅에 떨어지는 것입니다. 다윗은 여호와의 영광을 위해서라도 반드시 이겨야 했습니다. 그만큼 다윗은 여호와께 영광 돌리는 것에 생명을 걸었습니다. 여기에 하나님이 진정으로 다윗의 편에 서게 하시는 믿음이 있습니다. 평소에도 다윗은 하나님께 영광 돌리는 것에 관심이 많았습니다. 시편 24:7-8에서 그는 이렇게 고백합니다.

문들아 너희 머리를 들지어다 영원한 문들아 들릴지어다 영광의 왕이 들어가시리로다 영광의 왕이 누구시냐 강하고 능한 여호와시요 전쟁에 능한 여호와시로다 예배드릴 때도 아니었지만 어떤 장소에서라도 다윗은 하나님께 영광 돌리길 원했습니다. 이 믿음을 보시고 하나님은 늘 다윗의 편에 서셨던 것입니다.

안타깝게도 우리 인간은 오직 자기의 영광을 위하여 살아갑니다. 요한복음 12:43은 이렇게 말씀합니다. "그들은 사람의 영광을 하나님의 영광보다 더 사랑하였더라." 인간은 자기 영광을 더 사랑하고 자기 영광만을 추구합니다. 이렇게 살면서 도와 달라 할 때 하나님은 도와주지 않습니다.

그러나 우리가 하나님의 영광을 위하여 창조된 것을 알고 그 창조 목적에 부합하는 삶을 살아갈 때 하나님은 그런 우리를 도와주시며 앞길을 책임지시는 것입니다. 우리는 다윗처럼 하나님의 영광을 위해서 살아가는 믿음이 필요합니다.

성경이나 기독교 역사를 보면 하나님의 백성이 하나님의 영광을 위하여 목숨을 내놓거나 억울한 일을 당해도 참는 사람들이 많습니다. 때로는 양보하고 때로는 희생과 고통을 감수하며 순종하는 사람이 있습니다. 이런 성도의 신앙이 얼마나 아름답습니까? 하나님은 바로 이런 사람들을 지지하고 이런 사람들의 편에 서시는 것입니다.

노아는 한때 자녀들 앞에서 수치심을 드러낸 적이 있습니다. 술 먹고 하체를 벗고 잠을 잤습니다. 그때 그 모습을 보고 아버지의 허물을 들춰낸 둘째 아들은 저주를 받았고 뒷걸음쳐 들어가서 아버지의 하체를 가려준 첫째와 셋째는 하나님께 축복을 받았습니다.

왜 하나님이 노아의 허물을 감추어 주었느냐 주지 않았느냐로 그 사람의 허물을 판단하셨을까요? 이것은 하나님이 노아의 편이셨다는 것을 말합니다. 하나님이 왜 노아의 편이 되셨느냐? 그 이유는 그가 하나님께 온전히 순종하는 사람이었기 때문입니다. 노아는 하나님께 순종하고자 120년간 묵묵히 배를 만들었습니다. 누가 조롱하거나 비난하거나 상관하지 않고 오직 하나님 말씀에 순종하여 배를 만들었습니다. 왜냐면 오직 하나님께 영광을 돌리겠다는 믿음이었기 때문입니다. 하나님은 이런 노아의 믿음을 귀하게 여겼습니다.

이스라엘 백성들이 가나안 땅까지 가는 여정은 아주 험하고 고달팠지요. 사막과 광야를 통과할 때 많은 장애물과 대적들을 만나야 했습니다. 이런 상황에서 이스라엘이 어떻게 젖과 꿀이 흐르는 가나안 땅에 무사히 들어갈 수 있었을까요? 모세는 출애굽기 23:22에서 신언했습니다. "하나님의 목소리를 청종하고 하나님의 모든 말씀대로 하면 하나님은 전적으로 이스라엘의 편을 들어서 이스라엘이 승리하게 하실 것이라."

말씀을 잘 듣고 순종하는 자에게 하나님이 길을 열어 주시고 순종하는 자의 편에 서서 축복하시겠다는 약속입니다. 신앙생활에 순종이 이렇게 중요합니다. 왜인가요? 순종하는 믿음은 하나님의 영광을 나타내려는 믿음이기 때문입니다.

주님은 사역하시면서 항상 어떤 마음을 품으셨는지 아시지요? 한번은 이렇게 말씀하셨습니다. "내가 항상 그의 기뻐하시는 일을 행함으로 그가 나를 혼자 두지 않으셨도다." 여기서 "그의 기뻐하시는 일"은 바로 하나님의 영광을 위한 순종입니다. 주님은 늘 하나님이 기뻐하시는 일, 즉 순종함으로 하나님이 항상 주님 편에 서게 하셨습니다.

주님은 십자가를 지시기 직전에 겟세마네 동산에서 십자가의 무서움을 피하고 싶었습니다. 그래서 "하나님 이 잔을 내게서 멀리하소서." 기도했습니다. 하지만 응답이 없자 하나님의 뜻을 다시 한 번 확인하신 주님은 마음을 바꾸었습니다. "내 뜻대로 마시옵고 하나님 뜻대로 하소서." 자기 뜻을 내려놓고 하나님 뜻에 맞추었습니다. 그리고 기도하신 대로 일어나 순종하였습니다. 십자가에 못 박혀 처참하게 살이 찢기고 물과 피를 쏟으며 죽으셨습니다. 그렇게 온전히 순종한 예수님을 하나님은 어떻게 하셨어요? 사흘 만에 죽은 자 가운데서 일으키셨습니다. 하나님은 자신의 영광을 위하여 죽기까지 순종하신 주님의 편에 서셨던 것입니다.

우리가 하나님의 영광을 위하여 살며 하나님의 음성을 듣고 순종하며 따라갈 때 하나님은 우리 편이 되십니다. 우리가 말씀에 순종하며 믿음으로 살면 하나님은 우리 편에 서서 우리를 도우시는 것입니다.

사랑하는 여러분! 하나님은 우리가 어떤 경우에도 하나님만 의지하며 24시간 하나님을 의식하는 믿음으로 깨어있기를 원하십니다. 한해를 시작하며 24시간 하나님을 전적으로 의지하십시오. 오직 하나님의 영광을 위한 삶에 초점을 맞추며 사십시오. 이 믿음으로 살면 하나님이 내 편이 되십니다. 나를 도우십니다. 이 하나님의 도우심으로 올 한해 놀라운 축복과 승리를 체험하시기를 주님의 이름으로 축복합니다.

## ✱ Chain 스타일

'부정문제, 원인, 반대개념 및 유익들, 해결책을 찾아라'의 구성으로 진행되는 설교이며 처음에는 어려운 상황을 이야기 하지만 하나님을 철저히 의지하면 하나님이 주시는 승리와 축복을 경험한다는 흐름으로 구성되었다.

> **Chain 스타일**
> '꼬리에서 꼬리를 물라'의 구성

사도행전 3:1-10

# 예수의 능력으로 승리하는 한 해가 되라

**개요**

❶ 복된 사람은 약한 사람이 아니라 강한 사람이다
❷ 강한 성도는 예수의 능력을 통해 만들어진다
❸ 예수의 능력은 기도하는 사람에게 나타난다

## ❶ 복된 사람은 약한 사람이 아니라 강한 사람이다

한 해를 희망과 기대 속에 시작했습니다. 우리 모두 하나님의 도우심으로 한 해를 축복 속에 전진하시길 주님의 이름으로 축원합니다.

추위만 찾아오면 몸을 움츠리며 아무것도 못 하는 사람이 있습니다. 하지만 추위에도 눈 위에서 웃옷을 벗고 맨몸으로 뒹구는 사람이 있습니다. 비탈길 몇백 미터만 올라가도 다리가 후들거리는 사람이 있습니다. 하지만 높은 정상을 단숨에 오르는 사람이 있습니다. 강한 사람이 아름답습니다.

남의 말 한마디에 쉽게 상처를 받고 우울해 하는 사람이 있습니다. 하지만 상처를 받아도 훌훌 털어버리는 사람이 있습니다. 환란이 닥치면 극단적으로 반응하며 주변 사람을 불안하게 만드는 사람이 있습니다. 하지만 환난이 닥쳐도 유연하게 대처하며 주변 사람에게 안정감을 주는 사람이 있습니다. 강한 사람이 아름답습니다.

교회를 오래 다녀도 가룟 유다처럼 사탄에게 쉽게 넘어지는 사람이 있습니다. 하지만 요셉처럼 사탄을 단호하게 물리치는 사람이 있습니다. 신앙이 약하면 환난이 임할 때 쓰러집니다. 그러나 신앙이 강하면 환난이 임해도 이겨냅니다. 아브라함도, 야곱도, 요셉도, 모세도, 여호수아도, 욥도, 다윗도 환난을 만났으나 모두 이겨냈습니다. 그리고 하나님의 영광을 위하여 아름답고 존귀하게 쓰임 받았습니다. 이들 모두는 신앙이 강한 사람들이었습니다. 강한 사람이 아름답습니다.

올해 우리는 어떤 성도가 되어야 할까요? 대답은 한 가지입니다. 신앙이 강한 사람이 되는 것입니다. 특히 하나님은 우리가 믿음이 강한 사람이 되어 어려움을 이겨내고 승리하길 원하십니다. 한 해를 시작하면서 우리의 정신, 육체, 신앙 모든 면이 강해져서 어떤 난관도 이겨내는 성도가 되기를 바랍니다.

오늘 본문에 나오는 베드로는 아주 강한 사람이었습니다. 베드로는 성전 미문에서 나면서 앉은뱅이 된 지 40년 된 거지를 보았고 이에 불쌍한 마음이 들어 도와주고 싶었습니다. 하지만 가진 것이 없었습니다. 그러나 베드로는 더 귀한 보배를 지니고 있었습니다. 그것은 바로 예수였습니다. 예수의 이름으로 명령하면 환자가 벌떡 일어날 것으로 확신했습니다. 그래서 "우리를 주목하여 보라."고 말한 뒤 "은과 금은 내게 없거니와 내게 있는 것으로 네게 주노니 곧 나사렛 예수 그리스도의 이름으로 명하노니 일어나 걸으라."고 명령했습니다. 이 한 마디에 40년간 걷지 못했던 사람이 발목에 힘을 얻고 일어났습니다. 걷기도 하고 뛰기도 하면서 하나님을 찬양했습니다. 사람들은 이 신기한 일에 깜짝 놀라 입을 다물지 못했고 하나님께 영광을 돌렸습니다. 참 신기한 기적이었습니다. 한 해를 시작하면서 하나님께 영광 돌리는 이런 기적들이 여러분의 삶에도 자주 나타나길 바랍니다.

이 사건에서 베드로의 행위를 살펴보면 한 가지 뚜렷한 사실이 드러납니다. 믿음이 연약했던 베드로가 강한 사람이 되었다는 사실입니다. 베드로가 환자에게 일어서라고 명령했을 때 주변에 많은 사람이 주목했습니다. 만약 일어서라 명령했는데 일어서지 못하면 믿음이 가짜라는 오해를 불러일으키며 망신을 당할 수 있습니다. 그러므로 사람들 앞에서 예수의 이름으로 일어나라고 명령하는 것은 큰 용기가 필요한 일이었습니다. 그런데 베드로는 주저 없이 환자를 향해 명령했고 환자는 벌떡 일어나 하나님을 찬양했습니다! 할렐루야! 베드로의 강한 믿음이 역사를 일으킨 것입니다.

한때 베드로는 죽음이 두려워 사랑하는 주님을 모른다고 부인했고 아예 주님 곁을 떠났던 사람이었습니다. 그런데 베드로는 연약함을 벗어나 강하고 담대한 믿음을 보였습니다. 얼마나 놀라운 변화입니까?

성도 중에는 한때 신앙이 좋았으나 지금은 추락한 사람이 있습니다. 한때 사탄의 시험을 이겼으나 지금은 사탄의 밥이 된 사람이 있습니다. 한때 열심히 신앙생활 했으나 지금은 신앙의 명맥만 유지하는 사람이 있습니다. 이렇게 과거보다 현재에 신앙이 더 약해진 사람이 있습니다.

그러나 나약한 신앙이 더 강해진 사람이 있습니다. 하나님의 은혜와 사랑을 몰랐으나 요즘은 사랑과 은혜를 깊이 체험하고 하나님을 멀리했으나 지금은 하나님을 가까이하는 사람이 있습니다. 이렇게 현재의 신앙이 더 견고해진 사람은 복 있는 사람입니다. 베드로가 바로 이런 사람이었습니다. 여러분, 신앙은 현재가 중요합니다.

그래서 디모데후서 2:1은 말씀합니다. "내 아들아 그러므로 너는 그리스도 예수 안에 있는 은혜 가운데서 강하라." 여러분, 하나님은 저와 여러분이 하나님의 은혜 안에서 강한 성도가 되길 원하십니다. 오늘부터 강하고 담대한 믿음의 사람이 되어 올 한 해를 믿음으로 승리하시길 주님의 이름으로 축원합니다.

## ❷ 강한 성도는 예수의 능력을 통해 만들어진다

베드로는 어떻게 강하고 담대한 믿음의 사람이 되었을까요? 한 마디로 능력이신 예수를 의지했기 때문입니다. 베드로가 환자를 향해 일어나라고 명령했을 때 누구의 이름을 언급했습니까? 예수의 이름입니다. 보십시오. 주님은 하늘로 오르시기 전에 평소에도 죽은 자를 향해 일어나라 명령해서 살렸습니다. 한센병에 걸린 자, 귀신들린 자, 각종 몸이 아픈 자를 향해서 명령하여 깨끗하게 치유했습니다. 예수의 능력은 참 대단했습니다.

그런데 베드로는 지금 승천하신 주님의 이름을 불렀을 뿐인데 예수의 능력이 나타났고 환자가 고침 받았습니다. 이것은 주님이 여전히 살아 계신다는 뜻입니다. 여전히 살아계셔서 주님의 이름을 부르는 곳에 나타나셔서 역사하신다는 뜻입니다.

베드로는 여기서만 예수의 능력을 체험한 것이 아닙니다. 사도행전 9장에 보면 중풍으로 침상에 누운 지 8년 된 애니아에게 그리스도의 이름으로 '일어나라' 명령하자 환자가 그 자리에서 벌떡 일어났습니다. 이 신비한 광경을 지켜본 사람들은 기뻐하며 주를 믿었습니다. 할렐루야!

그것만이 아닙니다. 선행과 구제를 많이 한 신실한 사람, 여제자 도르가가 갑자기 병들어 죽자 베드로가 가서 그녀를 보고 "일어나라!" 명령하니 그녀가 눈을 뜨며 살아났습니다. 이 현장을 목격한 사람들이 입에서 입으로 소문을 전하며 온 욥바 사람들이 주님을 믿었습니다. 할렐루야!

이렇게 베드로는 예수의 이름으로 기적을 행했고 그를 통해 예수 그리스도의 능력이 드러났습니다. 주님은 이미 하늘로 오르셨음에도 예수의 이름이 선포되는 곳에 예수의 능력이 나타났습니다. 사도행전 16:8은 사람들이 예수의 이름으로 귀신을 쫓아냈다 했고, 사도행전 2:38은 사람들이 예수의 이름으로 죄 사함을 받았다 했습니다. 사도행전 4:30은 사람들이 예수의 이름으로 각종 병이 나았다 했습니다. 예수의 이름을 부르는 곳에 귀신이 떠났고, 치유가 나타났으며, 구원의 역사가 나타났습니다.

예수의 이름을 부른다는 것은 예수를 의지한다는 뜻입니다. 예수의 살아계심과 예수의 능력을 믿는다는 뜻입니다. 그래서 예수의 이름이 선포되는 곳에 예수의 능력, 지혜, 권세가 나타났던 것입니다. 이 사실을 확고히 믿고 기적을 일으키던 바울은 골로새 교인들에게 권면했습니다. "무엇을 하든지 말에나 일에나 다 주 예수의 이름으로 하라"(골 3:17). 할렐루야!

최근에 어느 성도님이 생생하게 간증했습니다. 이런저런 일을 해도 뜻대로 되지 않고 경제적으로 어려워지자 우울증이 생겨서 삶에 의욕이 생기지 않더랍니다. 외출하고 싶지도 않고 아예 죽어버릴까 하는 생각만 들더랍니다. 순간 "이러다가 정말 죽겠구나!" 싶어 우울한 생각을 떨쳐 버리려고 운동도 하고 기분 전환도 했습니다. 그러나 소용이 없었습니다. 그러자 어느 날 밤부터 '예수님의 이름으로 명하노니 내 속에 있는 어둠의 영들아, 떠나라!' 이 명령을 계속 반복했는데 점점 생기가 돌더니 괜찮아져서 지금은 마음도 몸도 아주 건강해졌습니다. 할렐루야!

여러분, 내 힘으로 살지 말고 예수의 이름으로 사십시오. 내 힘으로 해결할 수 없는 일들이 발생하면 예수의 이름을 부르십시오. 예수의 이름으로 명령하십시오. 그러면 어둠은 떠납니다. 누군가를 내 힘으로 용서할 수 없을 때 예수의 이름으로 용서하십시오. 그러면 용서할 수 있습니다.

예수의 이름으로 사랑하면 미운 사람도 사랑할 수 있습니다. 봉사를 중단하고 싶을 때 예수의 이름으로 봉사하면 지속해서 봉사할 수 있습니다. 교회를 사랑하고 하나님을 섬길 때 예수의 이름으로 행하면 지속해서 사랑하고 섬길 수 있습니다. 이렇게 예수의 이름으로 신앙생활을 하면 오랫동안 쓰임 받으며 하나님께 영광 돌릴 수가 있습니다.

여러분, 힘들고 답답할 때 예수의 이름을 부르십시오. 부족함을 느낄 때 예수의 이름을 부르세요. 한 해를 능력 있게 시작하고 싶을 때 그분을 찾으십시오. 그분을 의지하십시오. 예수의 능력이 내 속에 나타납니다. 나는 할 수 없으나 예수의 능력이 나를 도우십니다.

예수의 능력을 맛보는 한 해가 되시기를 바랍니다. 한 해를 시작하면서 예수의 이름을 부르며 예수의 능력으로 승리하는 우리가 되기를 바랍니다.

### ❸ 예수의 능력은 기도하는 사람에게 나타난다

예수의 이름을 부르는 사람은 분명 예수의 능력을 체험하며 승리합니다. 그런데 모든 사람이 다 그런 것은 아닙니다. 예수 이름의 능력은 오직 기도하는 사람을 통해 나타납니다. 베드로가 무기력한 사람에서 강한 사람이 될 수 있었던 것과 능력의 종이 될 수 있었던 것은 그가 기도하는 사람이었기 때문입니다. 오늘 말씀을 보십시오.

베드로가 요한과 함께 어딜 가던 중이었습니까? 성전으로 기도하러 가던 중이었습니다. 베드로는 하루에 세 번씩 기도했습니다. 그가 기도하지 않았을 때는 어리석었고, 시험에 넘어갔으며, 신앙심을 잃었고, 실망을 주었습니다. 그러나 그가 기도의 사람이 되고부터는 강해졌고, 지혜로워졌고, 기적을 일으키며, 능력을 나타냈습니다. 베드로가 강해진 것은 한 마디로 기도하는 사람이 되었기 때문이었습니다.

여러분, 기도 없이 살면 예수의 능력은 나타나지 않습니다. 따라서 강한 성도가 될 수 없습니다. 한번은 귀신을 쫓아내지 못한 제자들이 예수께 와서 조용히 물었습니다. "우리는 왜 쫓아내지 못하였습니까?" 그때 주님이 말씀하셨습니다. "기도 외에는 이런 종류가 나갈 수가 없느니라." 예수의 능력은 책을 많이 읽는다고 나타나는 것이 아닙니다. 똑똑하거나 지혜롭다고 나타나는 것도 아닙니다. 오직 기도할 때 나타납니다. 기도하는 사람에게 예수의 능력이 나타나는 것입니다

출애굽기 17장을 보십시오. 이스라엘이 아말렉과의 전투에서 모세가 기도하면 이스라엘 백성이 점점 우세해지고 기도를 중단하면 아말렉이 점점 우세했습니다. 모세가 손을 들고 기도하다가 피곤하여 손을 내리면 지고, 다시 올리면 우세했습니다. 이 사실을 알게 되자 아론과 훌이 모세의 손을 받쳤고 모세는 온종일 기도함으로 결국 하나님의 능력이 이스라엘 가운데 머물러 전쟁에서 승리했습니다.

다윗도, 히스기야도, 위기 시에 기도함으로 하나님의 도우심을 얻어 결국 승리하였습니다. 기도가 하나님의 능력을 불러옵니다.

전라남도 진도에 31살에 청상과부가 된 김 집사가 있습니다. 세 딸을 어떻게 키우나 고민하다가 기도하며 키우기로 작정했습니다. 갯벌

에서 일하거나 막노동으로 일하거나 남의 집 품을 팔아서 일하며 세 딸을 키우며 하나님께 매달렸습니다. "하나님 저는 자녀를 키울 능력도 재주도 없어요. 살길이 막막해요. 하나님이 키워주세요." 새벽마다 늘 기도하며 세 딸을 하나님께 맡겼습니다. 울타리도 없는 청상과부의 집에 진돗개가 파수꾼 역할을 했습니다. 진돗개가 새끼를 낳으면 팔아서 아이들 학비도 대고 헌금도 하며 어린 세 딸을 아름답게 키웠습니다. 첫째는 음악으로 대학원까지 공부하고 음악학원 원장이 되었고, 둘째는 초등학교 교사가 되었고, 셋째도 음악을 공부하여 교회에서 반주하며 네 식구가 얼마나 아름답고 행복하게 사는지요.

김 집사는 고백합니다. "내가 무일푼으로 세 딸을 잘 키운 것은 기적입니다. 나는 아무것도 몰라 오직 하나님께 새벽마다 눈물로 세 자녀를 위하여 기도드렸을 뿐인데 하나님이 딸들을 이렇게 훌륭하게 키워주네요." 그렇습니다. 하나님은 자녀를 키우는 능력도, 앞길을 헤쳐 나갈 능력도 기도하는 자에게 부어줍니다.

기도 열심히 하는 가정을 보십시오. 예수의 능력이 나타나 가족이 화목합니다. 기도 열심히 하는 성도를 보십시오. 예수의 능력이 나타나 신앙이 견고하게 성장합니다. 기도 열심히 하는 교회 일꾼들을 보십시오. 변덕이 없습니다. 충성심과 사랑의 힘이 강합니다. 기도 열심히 하는 교회를 보십시오. 작아도 아주 강합니다. 기도하는 성도들에게 전도의 능력이 나타납니다. 왜 그렇습니까? 기도할 때 하나님이 능력을 부어주시기 때문입니다.

마태복음 6:6에서 주님이 약속하셨습니다. "너는 기도할 때에 네 골방에 들어가 문을 닫고 은밀한 중에 계신 네 아버지께 기도하라. 은밀한 중에 보시는 네 아버지께서 갚으시리라." 여기에 기도의 축복과 능력이 있습니다.

이 기도의 축복과 능력을 잘 아는 바울은 데살로니가전서 5:17에서 "쉬지 말고 기도하라." 했습니다. 여러분, 기도하는 자에게 예수의 능력이 나타남을 믿으시길 바랍니다. 우리 하나님은 저와 여러분이 이 사실을 믿고 기도하는 자로 거듭나길 원하십니다.

올 한 해 예수의 능력으로 내 가정이 화목하길 원하시면 아멘 합시다! 예수의 능력으로 고난을 이겨내길 원하시면 아멘 합시다! 예수의 능력으로 문제를 헤쳐 나가길 원하시면 아멘 합시다! 예수의 능력으로 약한 자가 강한 자가 되고 모자란 자가 넘치는 자가 되길 원하시면 아멘 합시다! 내 자손들이 예수의 능력으로 승리하길 원하시면 아멘 합시다.

그렇다면 저와 여러분, 쉬지 말고 기도하는 사람이 되어야 할 줄 믿습니다. 따라 해 보세요. "기도하는 나에게 하나님이 승리하게 한다." 기도를 통하여 예수의 능력을 덧입고 승리하는 한 해가 저와 여러분의 것이 되시길 주님의 이름으로 축원합니다. 다 같이 두 손 높이 듭시다. "기도하는 자가 되겠으니 올 한 해 승리케 하소서!" 기도하며 한 해를 시작하시길 축복합니다.

**✱ Chain 스타일**

위의 체인 스타일 설교구성은 결과를 밝히고 이유를 찾고, 그 이유에 대한 또 다른 이유를 찾는 체인구성 즉 '꼬리에서 꼬리를 무는' 체인 스타일의 설교다. 이를 기억하며 논리에 흐트러짐이 없게 하는 것이 중요하다. 상당히 정교한 논리를 요구하는 구성이므로 정확한 논리전개가 핵심임을 기억해야 한다. 주제를 제외한 불필요한 아이디어는 언급하지 말아야 한다.

3~4월

제 2장

# 구원의 여정

" 자기성찰을 위하여 성도는 십자가의 은혜를 기억하며 그 은혜의 중심이신 주님을 깊이 생각합니다. 주님의 삶, 주님의 발자취, 주님의 마음을 헤아리며 주님을 닮아가는 것입니다. 오늘부터 부활주일 전날까지 사순절 동안 우리의 삶을 십자가에 맞추기를 바랍니다. "

# Ash Days
## 사 순 절

사순절은 영어로 Lent라 하는데 이는 그리스도의 수난을 기념하는 교회력 절기를 말한다. 사순절은 재를 머리에 얹거나 이마에 바르며 죄를 통찰하는 재의 수요일로 시작되며, 부활절 전 40일(사순, 四旬) 동안 지킨다. 주일을 제외하고 토요일을 포함한 40일을 사순절로 지킨다. 부활절 이전 6주 4일이 사순절이다. 즉, 재의 수요일부터 토요일까지, 주일을 제외하고 날수를 세면 40일이 된다. 이날에는 금식 등의 자기 절제와 회개의 기간을 갖는다.

사순절은 부활절 이전에 예수의 십자가 수난과 죽음을 기억하는 절기이며, 예수 그리스도가 침(세)례 요한에게 침(세)례를 받은 후 40일 동안 광야에서 시험받았던 사건을 떠올리기도 한다. 그러니까 사순절 기간은 성도가 자신의 삶을 돌아보고 자기성찰 및 회개하는 시간을 갖는 기간이다. 이때 설교자는 성도들이 자신의 삶을 돌아보고 성찰할 기회를 얻게 한다. 또한, 십자가의 은혜 속으로 들어가도록 설교한다.

## 이단 논법
### '결과를 밝히고 해결책(이유)을 찾아라'의 구성

**빌립보서 2:5-8**

# 겸손의 왕, 그리스도

**개요**

- **결과** : 그리스도는 겸손하시다
- **방법** : 자신을 비우고 순종하시다
- **반응** : 우리도 주님의 겸손을 닮아 비우고 순종하자

**결과 : 그리스도는 겸손하시다**

이제 사순절이 시작되었습니다. 사순절은 부활주일 전날까지 주일을 제외한 나머지 40일을 말합니다. 믿음의 선조들은 왜 사순절을 지켰을까요? 40일 동안 예수님의 십자가에 나타난 수난과 죽음을 기억하기 위함입니다. 주님의 십자가 공로를 기억하며 그 발자취를 따라가려는 것입니다. 이를 위하여 사순절 동안 성도는 자기의 삶을 돌아보고 자기성찰 및 회개하는 시간을 갖습니다. 또 죄를 씻어내고 세상의 모습을 벗겨내는 시간을 갖습니다.

자기성찰을 위하여 성도는 십자가의 은혜를 기억하며 그 은혜의 중심이신 주님을 깊이 생각합니다. 주님의 삶, 주님의 발자취, 주님의 마음을 헤아리며 주님을 닮아가는 것입니다. 오늘부터 부활주일 전날까지 사순절 동안 우리의 삶을 십자가에 맞추기를 바랍니다. 이 기간에 나 자신을 돌아보고, 주님의 발자취를 닮아가며, 주님의 삶이 저와 여러분의 삶에 깊이 투영되기를 주님의 이름으로 축복합니다.

여러분, 예수님은 평생 어떤 마음으로 사역하셨을까요? 주님은 백성들에게 주옥같은 말씀을 선포하셨지요?

"심령이 가난한 자는 복이 있나니 천국이 그들의 것임이요 애통하는 자는 복이 있나니 그들이 위로를 받을 것임이요 온유한 자는 복이 있나니 그들이 땅을 기업으로 받을 것임이요 외에 주리고 목마른 자는 복이 있나니 그들이 배부를 것임이요."(마 5:3-6)

주님은 어떤 마음으로 이런 주옥같은 말씀을 전하셨을까요?

주님의 사역 가운데 치유사역이 눈에 띄지요? 몸에 손을 대사 시각장애인의 눈을 뜨게 하셨습니다. 말씀 한마디로 오래 묵은 질병을 깨끗하게 하셨습니다. 능력으로 몸속에 흐르는 환자의 피를 단숨에 멈추게 하셨습니다. 주님은 불우한 삶을 살아온 환자들을 온전하게 했습니다. 새로운 삶의 장을 열어 주셨습니다. 주님은 어떤 마음으로 치유사역에 임했을까요?

주님이 물 위를 걸으시고, 바다를 명하여 바람과 물결을 잔잔케 하시면서 초능력을 행하실 때 사람들이 주님의 신비한 능력에 놀라기도 하고 두려워하기도 했습니다. 이럴 때 주님은 어떤 마음이었을까요?

주님의 사역을 보면 주님의 마음은 하나로 귀결됩니다. 마태복음 11:28 이하에서 주님이 손수 말씀하셨습니다.

"수고하고 무거운 짐 진 자들아 다 내게로 오라 내가 너희를 쉬게 하리라 나는 마음이 온유하고 겸손하니"

이 말씀을 통해 우리는 예수님이 가지신 마음이 '온유하고 겸손한 마음'이었음을 깨닫습니다.

주님은 공생애를 사시는 동안 일관된 마음을 보여주셨는데 그것은 바로 '겸손'이었습니다. 우리가 알다시피, '온유와 겸손'은 같은 의미입니다. 사람들과 하나님 앞에서 마음을 낮추는 것이 '온유'요 '겸손'입니다. 저는 주님이 사람들 앞에서 자신을 낮추셨다는 사실을 생각하면 온몸에 전율이 일어납니다.

왜냐면 주님은 겸손할 필요가 없는 왕 중 왕이었습니다. 비록 육신을 입고 이 땅에 오셨어도 하나님과 동등한 하늘 보좌의 주인이셨고 하나님 아버지와 온 세상을 다스리는 분이셨습니다. 하늘의 권세와 영광과 위엄을 세세 무궁토록 받으시기에 합당하신 분이셨습니다. 죄가 없는 깨끗하고 거룩하신 분이셨습니다. 하늘에 있는 자들과 땅에 있는 자들과 땅 아래에 있는 모든 자가 그분 앞에 무릎을 꿇어야 하는 위엄과 존귀의 주님이셨습니다.

온 세상을 지배하던 애굽의 바로 왕이나 로마의 황제는 백성 앞에서 전혀 겸손할 필요가 없습니다. 그들의 위치는 영광과 존귀를 받는 위치이기 때문입니다. 한 나라의 왕도 영광과 존귀를 받는데 온 세상의 주인이신 예수 그리스도는 더욱 큰 영광을 받으시기 합당한 분 아니겠습니까? 그래서 주님은 더욱 겸손할 필요가 없습니다. 그런데도 주님은 자신의 마음을 사람들 앞에서 낮추셨습니다.

군중들이 현장에서 간음한 여인을 잡아와 주님 앞에 내동댕이치자 주님은 말씀했습니다. "죄 없는 자가 먼저 돌로 쳐라." 성난 군중들은 돌을 내려놓고 하나둘 사라졌습니다. 주님은 여인에게 다시는 죄를 짓지 말라며 돌려보냈습니다. 주님은 여인이 죄를 지었다 하여 무시하지 않았습니다. 다만 사랑으로 죄인의 허물을 덮어주셨고 그녀가 자신 있게 살아가도록 용기를 주셨습니다. 여기에 주님의 겸손함이 있습니다.

주님이 오병이어의 기적을 행할 때 수많은 군중이 환호하며 주님을 이스라엘의 왕으로 삼고자 했습니다. 제자들은 우쭐댔습니다. 그때 주님은 제자들을 재촉하여 그 현장을 떠나게 하셨습니다. 주님은 군중들 앞에서 조금도 우쭐대지 않으셨고 다만 군중들의 배고픔을 해결하신 것으로 기뻐했습니다.

가끔 주님은 한적한 곳에서 홀로 기도하셨지요? 세상에 정의가 바르게 세워지도록 기도하셨고 하늘의 하나님께 새 힘을 얻고자 기도하셨습니다. 주님은 세상이 공정치 못하다고 원망하거나 불평하지 않았습니다. 다만 세상이 안타까워 울고 죄인들이 타락한 세상에서 거룩하게 살기를 기도하셨습니다. 또 하나님을 향해서는 자신에게 새 힘을 달라고 기도하시며 하나님을 철저히 의지하셨습니다. 주님의 언어, 행동, 마음은 겸손 그 자체였습니다. 만왕의 왕이신 주님이 자신을 낮춘 겸손이 얼마나 감동되는지요?

이러한 주님의 겸손을 잘 아는 사도 바울은 오늘 본문 빌립보서 2:5에서 이렇게 권면합니다. "너희 안에 이 마음을 품어라. 곧 그리스도 예수의 마음이라." 5절부터 8절에서는 예수님의 겸손이 잘 나타나 있습니다.

사랑하는 여러분, 만왕의 왕이신 주님이 우리에게 보인 것은 겸손이었습니다. 주님은 능력과 지혜와 영광과 구원의 왕이었을 뿐만 아니라 겸손의 왕이셨습니다. 주님께는 겸손이 배여 있습니다. 말에 배여 있고, 생각에 배여 있고, 행동에 배여 있습니다. 사순절을 맞아 우리는 주님을 바라보며 주님의 이러한 겸손을 닮아갈 수 있기를 바랍니다.

**방법** : 자신을 비우고 순종하시다

오늘 본문 6~8절을 보면 주님의 겸손은 어떤 겸손인지를 구체적으로 보여줍니다. 다 같이 읽읍시다.

"그는 근본 하나님의 본체시나 하나님과 동등됨을 취할 것으로 여기지 아니하시고 오히려 자기를 비워 종의 형체를 가지사 사람들과 같이 되셨고 사람의 모양으로 나타나사 자기를 낮추시고 죽기까지 복종하셨으니 곧 십자가에 죽으심이라"

이 말씀에서 동사들을 주의 깊게 살펴보십시오. "취하지 않으시고", "자신을 낮추시고", "비우셨다." 했습니다. 이 말씀은 주님이 위엄과 권위와 영광을 다 비우셨다는 뜻입니다. 그리고 중요한 사실은 스스로 연약한 인간과 하나가 되셨다는 사실입니다.

여러분, 개미를 구하기 위하여 스스로 인간의 모습을 버리는 상황이 된다면 기꺼이 개미가 될 수 있겠습니까? 아무리 생각해 봐도 못할 것입니다. 죽어도 인간이 되고 싶을 것입니다. 개미로 자신을 낮추고 싶은 마음은 없을 것입니다. 왜냐면 만물의 영장인 자신의 모습을 버리고 미물에 불과한 존재가 되고 싶지 않기 때문입니다. 그런데 주님은 하나님과의 동등 됨을 버렸습니다. 그리고 마침내 낮고 천한 사람의 모양이 되었습니다. 우리는 도저히 못할 것 같은 일을 주님은 했습니다. 하늘의 영광과 위엄을 버리시고 신의 모습을 비우시고 낮고 천한 인간이 되셨습니다.

이보다 더 낮아질 수 있나요? 이보다 더 무엇을 비울 수가 있을까요? 누구도 이보다 더 완벽하고 철저하게 자신을 비우고 낮아질 수는 없습니다. 주님은 자신을 낮추되 가장 낮고 천한 위치까지 자신을 낮추셨습니다. 여기에 주님의 겸손이 있습니다.

겸손이란 다른 사람들과 동등한 마음을 갖는 것이며 이를 위하여 자신의 높은 마음을 낮추는 것입니다. 자랑하고 싶은 것을 내려놓는 것입니다. 타인보다 내가 더 낫다는 생각, 남보다 더 똑똑하다거나, 더 뛰어나다거나 더 거룩하다는 생각을 내려놓는 것입니다. 상대에게 상처나 위화감을 줄 수 있기 때문입니다. 자신의 우월의식을 내려놓고 상대와 동등한 마음을 갖는 것이 진정한 겸손입니다.

좀 더 구체적으로 생각해 볼까요? 사람은 누구나 다 같다고 하는 동등한 의식을 갖지 못하면, 많이 배웠다는 사람은 많이 배우지 못한 사람을 무시할 수 있으며 우월의식을 가질 수 있습니다. 경험이 풍부한 사람은 초보자를 우습게 여기기 쉽습니다. 돈을 빌려준 사람은 빌린 사람 앞에서 우월감을 느끼기 쉽습니다. 교회에서 기존 신자는 새신자 앞에서 우월감을 느끼기 쉽습니다. 그러나 주님의 겸손을 닮아가려는 여러분은, 십자가의 주님을 바라보며 이런 우월의식에서 해방되기를 바랍니다.

**반응** : 우리도 주님의 겸손을 닮아 비우고 순종하자

또한, 주님의 겸손한 모습은 순종으로 나타납니다. 주님은 자신이 십자가에서 죽길 원하는 하나님의 뜻을 아셨고 이에 조금도 주저함이 없이 죽기까지 순종했습니다. 하나님을 사랑하기에 하나님의 뜻을 받들었고 하나님 앞에서 겸손하였기에 죽기까지 순종했습니다. 순종은

겸손하지 않으면 결코 할 수 없는 일입니다. 이런 관점에서 주님은 진실로 겸손했습니다.

8절을 보십시오.

"사람의 모양으로 나타나사 자기를 낮추시고 죽기까지 복종하셨으니 곧 십자가에 죽으심이라"

주님은 자기 죽음으로 온 세상을 구원하고자 하시는 하나님의 뜻을 이루기 위하여 주저 없이 십자가의 길을 가리라 작정하셨습니다. 그리고 작정하신 대로 순종으로 죽음에 이르셨습니다. 죽음에 이르는 순종은 겸손하지 않으면 결코 실천할 수 없는 순종이었습니다.

가끔은 불순종하는 성도들이 있습니다. 여러 이유가 있겠습니다만 근본을 살펴보면 순종하지 않는 마음이 자리 잡고 있기 때문입니다. 하나님의 음성을 들어도 순종하지 않는 것은 하나님 말씀을 우습게 여기는 교만 때문입니다. 하나님의 말씀을 들어도 차일피일 미루는 것은 아직도 자신의 교만이 깨지지 않아서 그렇습니다. 교만이 사라지고 겸손으로 순종하는 사람은 하나님의 음성이 들릴 때 주저 없이 "아멘!"하고 순종합니다.

교만하면 사람들을 대할 때 우월의식으로 대합니다. 교만하면 하나님의 말씀에 순종하지도 않습니다. 겸손은 사람 앞에서 자신을 비우고 하나님 앞에서 온전히 순종합니다. 여기에 진정한 겸손이 있습니다.

아람의 2인자였던 나아만 장군이 한센병에 걸려 비참하게 되었을 때 이스라엘에 가면 엘리사 선지자를 통해서 병이 나을 수 있다는 말을 들었습니다. 그는 군사들을 대동하고 엘리사에게 갔는데 엘리사는 나오지 아니하고 엘리사의 종인 게하시가 나와서 요단 강에 가서 7번 목욕하라 했습니다. 나아만은 "내가 아람의 2인자인데 나를 이렇게 푸대접하다니" 하면서 화를 내며 돌아가려 했습니다. 병이 자신을 찾아왔는데도 아직도 자기의 우월의식을 비우지 못한 것입니다.

그런데 부하의 직언을 듣고 마음을 바꾸었습니다. 그리고 요단 강으로 향했습니다. 가는 동안 자고한 마음과 태도를 더 내려놓았습니다. 그리고 더러운 요단 강물에서 한 번 두 번 세 번… 무려 일곱 번에 이르기까지 목욕을 했습니다. 그 단순한 말 한마디에 순종하는 동안 자신의 특권의식과 우월의식은 점차 사라졌습니다. 그리고 마침내 하나님 말씀에 온전히 순종할 수 있었습니다. 여기에 주님 닮은 진정한 겸손이 있습니다. 그때 어떤 일이 일어났나요? 7번 목욕을 마치고 물 밖을 나오니 그의 썩어 가던 살이 어린아이 살처럼 깨끗하게 되었습니다. 할렐루야! 자기의 우월의식을 비우고, 마음을 낮추고, 말씀에 온전히 순종하였을 때 그에게 놀랍고도 영원히 잊지 못할 기적과 축복이 나타났습니다. 여기에 겸손의 축복이 있습니다. 할렐루야!

여러분, 이 사순절 동안 십자가에 못 박히며 죽기까지 자신을 비우고 순종하신 주님의 겸손을 배웁시다. 세상에서는 힘을 가진 사람들의 '갑질'이 판을 칩니다. 그리고 연약한 사람들에게 상처를 줍니다. 나의 우월의식을 회개하며 내려놓읍시다. 주님처럼 남을 대할 때 동등한 마음으로 대합시다. 그리고 하나님 앞에서 불순종했던 교만을 내려놓읍시다. 불순종의 근원인 교만을 비우고 순종으로 나아갑시다. 다른 사람들과 동등 된 마음을 가지고 하나님께 온전히 순종하는 겸손에 이릅시다. 따라 해 보세요. "우월의식을 비우겠습니다.", "온전히 순종하겠습니다."

하나님은 우리가 주님의 겸손을 닮아가기를 원하십니다. 나아만처럼 비움과 순종을 실천하는 겸손의 사람이 되어 하나님의 복을 경험하고 하나님의 일꾼으로 세워지시기를 주님의 이름으로 축복합니다.

## ✱ 이단 논법

'이단 논법'은 모든 논리 가운데 가장 간단하면서도 논제를 강력하게 전하는 방식이다. 이 방식은 아리스토텔레스의 《수사학》에 잘 설명되어 있다. 이것을 설교에 접목할 때 설교는 단순하면서도 청중의 마음에 깊이 있게 다가가게 된다. 결과와 이유, 결과와 방법 등의 논리로 전개할 때 단순하면서도 강력한 설교가 된다.

**NPS 스타일**

'부정, 긍정, 해결책을 찾아라'의 구성

로마서 3:18-24

# 한 의가 나타났으니

**개요**

- **부정** : 인간은 죄 아래 놓여있다
- **긍정** : 그러나 하나님의 의는 죄를 씻는다
- **해결책** : 하나님의 의를 믿을 때 죄 용서받고 구원에 이른다

**부정** : 인간은 죄 아래 놓여있다

사순절을 맞아 우리 자신을 돌아보는 것은 매우 가치 있는 일입니다. 참회하며 근신하는 저와 여러분에게 진정으로 나를 돌아보며 새로워질 수 있는 기간이 되기를 바랍니다.

인간이 살아가면서 해결할 수 없는 3가지가 있습니다. 죄와 죽음, 고통입니다. 이 세 가지는 연관되어 있습니다. 죄로 인하여 고통이 왔고 죄로 인하여 죽음이 왔습니다. 죄가 고통과 죽음의 원인입니다.

한 여성이 글을 썼습니다. 남편이 바람을 피웠다가 용서를 빌기에

다짐받고 용서했는데 남편이 버릇을 끊지 못하자 아내는 복수하겠다며 맞바람을 피웠습니다. 부부가 싸우는 동안 청소년 자녀들이 가출했습니다. 가정이 풍비박산되었습니다.

이 글을 읽고 어떤 분이 토를 달았습니다. "당신들 집안 콩가루네요." 단란했던 가정에 행복, 사랑, 웃음이 사라졌고 원망, 증오, 후회, 고통, 반항만 남았습니다. 남편 한 사람이 죄를 불러오니 아내와 자녀들에게도 죄가 임했고 그로 인해서 가족이 풍비박산되었습니다. 여러분, 죄가 이렇게 무섭습니다. 죄에 빠지면 모든 것을 잃습니다.

세상에는 죄를 짓고 정신이상 된 사람이 많으며, 돈을 벌었으나 죄 때문에 우울하고 불행한 사람들이 많습니다. 그래요. 죄는 인격을 파괴하고 영혼을 핍절하게 만들며 마음의 평강, 기쁨, 행복을 앗아갑니다. 떳떳함을 사라지게 하고 얼굴을 어둡게 만듭니다. 선을 행할 용기도 앗아갑니다. 죄가 이렇게 무섭습니다.

죄의 힘이 얼마나 센지 사람들은 죄를 끊을 수가 없으며 죄의 노예가 되기도 합니다. 바람피운 남편이 아내에게 그러더랍니다. "아무리 끊으려고 해도 죄가 끌어당기는데 거부할 힘이 없더라." 사람은 가만히 있으면 죄가 생각나고 그 생각에 끌려갑니다. 죄를 이길 사람은 없습니다.

죄는 원죄와 자범죄가 있습니다. 원죄란 아담과 하와가 지은 죄로서 후손들에게 전가된 것을 말합니다. 어린아이들을 보십시오. 가르치지 않았지만, 친구의 장난감을 보면 빼앗습니다. 몸속에 죄의 피가 흐르기 때문입니다. 성경은 말씀합니다. "아담 한 사람으로 인하여 죄가 세상에 들어왔다." 이 말은 아담 이후로 모든 사람에게 죄의 피가 흐른다는 뜻입니다. 그 이후 인류의 피에는 죄가 강물처럼 흐릅니다. 그래서 아이라고 할지라도 배우지 않아도 스스로 나쁜 짓을 합니다. 이런 죄성 때문에 인간은 태어나면서부터 죄인입니다. 죄를 지어서 죄인이 아니라 죄인이기 때문에 죄를 짓는 것입니다. 그리고 이 원죄 위에 자범죄를 쌓습니다.

여러분, 인간이 얼마나 크고 깊은 죄를 짓고 살아가는지 성경은 증언합니다. 10절을 보세요. "의인은 없나니 하나도 없다." 죄로 인해 인간의 마음이 캄캄해져서 깨닫는 것이 없습니다. "다 치우쳐 함께 무익하게 되고 선을 행하는 자는 없나니 하나도 없도다." 죄가 선을 행할 마음을 앗아 갔습니다. 13절을 보세요. "그들의 목구멍은 열린 무덤이요." 이것은 인간의 부패한 상태를 말합니다. 모든 인간의 마음이 부패했다는 겁니다. 그 부패한 입술에는 "저주와 악독이 가득하고, 그 혀로는 속임을 일삼으며, 진실을 말하기보단 거짓"을 일삼습니다. 여러분, 인터넷을 보면 사람들이 가명으로 온갖 비방을 일삼는 악성 댓글자들을 봅니다. 정말 사람인가 싶어요. 죄는 인간과 너무 친숙해 보입니다.

그것만이 아닙니다. 15절에 "그 발은 피 흘리는데 빠른지라." 인간은 선한 일을 하는 데는 미적거립니다. 하지만 남을 험담하고 욕하는 데에는 얼마나 빠른지 모릅니다. 그 결과 성경은 말씀합니다. "사람들이 파멸과 고생의 길로 향한다."

선을 행하기보단 악을 행하려는 태도, 착한 말을 하는 것보다 추한 말을 하려는 근성, 사람을 세우기보단 허물려는 심리, 남 잘되는 것을 보고 축하하기보다 시기하는 마음, 남이 잘못되면 안타까워하기보다 고소하게 느끼는 감정 등은 모두가 죄의 속성 때문입니다. 이렇게 죄 속에 살다 보니 무슨 길을 알지 못합니까? 말씀을 보니 "평강의 길을 알지 못한다." 했습니다. 죄의 길을 가기 때문에 하나님이 주신 평강을 잃고 마음이 어두워지고 양심이 마비되고 하나님조차 두려워하지 않게 되었습니다.

이러한 죄의 영향이 삶의 곳곳에 미치지 않은 곳이 없습니다. 죄 없인 살 수 없을 정도입니다. 전적으로 타락하여 회복 불능상태입니다. 아무리 선한 생각을 하려 해도 불가합니다. 오히려 타락한 생각, 행동을 따라갑니다. 이 죄의 결과를 성경은 "죄의 삯은 사망이라." 했습니다. 죄를 지은 결과는 구원이 아닙니다. 죽음입니다. 죄로 인하여 고통이 왔고 죽음이 왔습니다.

인간은 이렇게 죄로 인하여 고통과 죽음에 이르자 죄에서 벗어나려고 철학적 사유를 하고, 윤리적인 삶을 살려 하고, 도를 닦으려고 합니다. 불교에서는 큰 공덕을 쌓으면 죄를 용서받고 극락에 갈 수 있다고 말합니다. 하지만 죄를 해결했다며 극락 갈 것이라고 자신하는 불자를 본 적이 없습니다. 누구도 죄의 권세를 벗어날 수 없습니다.

이스라엘 백성도 율법을 지키며 죄에서 벗어나고 구원받기를 희망했습니다. 그래서 613가지 율법조항을 지키려 했습니다. 가령 "거짓말하지 말라."는 말씀을 지키려 했다고 할지라도 율법은 인간이 거짓말쟁이라는 사실을 확인시켜 주었습니다. 율법을 통하여 인간은 선을 행할 수 없는 존재임을 깨닫고 더 큰 절망과 좌절에 이르게 됩니다. 죄의 권세를 깨트릴 힘도, 죄를 거부할 능력도, 죄로부터 자유로울 자신감도 없습니다. 다만 죄의 흔적을 가지고 하나님의 심판대 앞에 서야 할 존재입니다. 19절, 20절을 보세요.

"우리가 알거니와 무릇 율법이 말하는 바는 율법 아래에 있는 자들에게 말하는 것이니 이는 모든 입을 막고 온 세상으로 심판 아래에 있게 하려 함이라 그러므로 율법의 행위로 그의 앞에 의롭다 하심을 얻을 육체가 없나니 율법으로는 죄를 깨달음이라"

율법으로는 그 누구도 구원받을 수 없고, 의로워질 수도 없습니다. 그래서 사도 바울은 고백했습니다. "오호라 누가 나를 이 사망에서 건져내랴!"

**긍정 : 그러나 하나님의 의는 죄를 씻는다**
그런데 오늘 말씀은 절망적인 탄식만으로 그치지 않습니다. 21절에서 소망을 말씀합니다.

"이제는 율법 외에 하나님의 한 의가 나타났으니!"

할렐루야! 율법은 인간을 고발했습니다. "너는 죄인이야 너는 하나님의 심판대 앞에 서게 될 거야." 율법이 사람을 절망케 할 그때 하나님의 한 의가 나타났습니다.

결론부터 말씀드리면 이 하나님의 의는 첫째, 인간의 죄를 끊어버립니다. 율법이나 다른 종교는 죄의 문제를 해결할 수 없습니다. 죄인의 신분에서 벗어나게 하지도 못합니다. 하지만 하나님의 의는 죄의 사슬을 끊고 죄의 노예에서 벗어나게 했습니다.

둘째, 하나님의 의는 인간이 지은 죄의 흔적을 씻어냅니다. 죄로 인한 상처를 씻고, 주름진 마음을 펴게 하고 마음을 평안케 하였습니다.

셋째, 하나님의 의는 죄인 된 인간을 죄 없다 인정하게 합니다. 하나님이 죄의 흔적을 씻었기 때문에 인간은 죄 없는 의인이 되었습니다. 착한 일을 해서 의인이 된 것이 아니라 죄를 씻어주셨기에 의로운 자가 된 것입니다.

어제까지는 죄인이었으나 이제는 죄 없는 자가 되었습니다. 이것이 하나님의 의입니다. 하나님은 인간이 스스로 구원할 수도 스스로 깨끗하게 할 수도 없음을 아시고 인간의 죄를 씻어내는 의를 직접 행하셨습니다.

이 의로움을 어떻게 행하셨을까요? 바로 하나님이 아들 예수님을 십자가에 못 박으시고 살을 찢고 피를 흘려 죗값을 치르게 하심을 통해 의를 이루셨습니다. 그 의는 예수의 보혈을 통해 이루신 것이었습니다. 24절을 보십시오.

"그리스도 예수 안에 있는 속량으로 말미암아 하나님의 은혜로 값 없이 의롭다 하심을 얻은 자 되었느니라"

예수 안에 있는 속량으로 의롭다 하심을 얻었다 했는데 여기서 '구속'이란 '대속'이란 뜻과 같은 맥락입니다.

상처를 입은 어떤 노예가 노예시장으로 끌려갈 때 한 어진 사람이 그 광경을 보고 노예를 불쌍히 여겨 값비싼 몸값을 내고 치료해 준 후에 말했습니다. "너는 이제 자유의 몸이니 가라!" 세상에 이렇게 고마울 데가 있나요? 치료받은 것도 감사하지만, 자유를 베푼 은혜를 잊을 수가 없습니다. 세상의 그 무엇과도 바꿀 수 없는 이 은혜는 순전히 어진 사람의 긍휼로 인한 것이었습니다. 그 덕에 신분이 바뀌고 운명이 바뀌었습니다. 이렇게 베푼 은혜를 구속이라고 합니다. 인류에게 이 놀라운 구속을 베푸신 분은 예수였습니다.

예수님은 우리를 살리고자 우리 대신 십자가 위에서 죽었으며 우리의 죗값을 치르셨습니다. 반면 우리는 아무런 죗값을 내지 않고 죄를 용서받고 의로운 자가 되었습니다.

대가 없이 의로운 자가 된 것은 전적으로 주님의 은혜입니다. 은혜 받을 자격이 없음에도 주님이 베푼 은혜로 죄인이 의로워졌습니다. 죄인의 관점에서 이보다 값진 선물도 없습니다. 이 놀라운 사실을 깨달은 저는 요즘 주님의 은혜에 감격하며 다음과 같이 찬양 드립니다. "은혜 아니면 살아갈 수가 없네. 호흡마저도 다 주의 것이니… 예수, 예수뿐이네."

그리스도 예수의 구속 은혜로 인간은 의롭다 하심을 얻었습니다. 죄는 분명 무섭고 굉장한 힘을 가지고 있어 아무도 그 사슬을 끊을 수가 없습니다. 그러나 그것보다 더 강력한 힘을 가진 것이 있으니 바로 예수 그리스도의 보혈입니다. 주님의 보혈로 끊지 못할 죄 사슬이 없고, 씻지 못할 죄가 없으며 지우지 못할 허물이 없습니다. 마약에 중독된 사람의 죄도, 정욕에 붙들린 사람의 죄도, 세상의 허탄한 생각에 사로잡힌 사람의 죄도, 마귀에게 눌림 받은 죄도, 예수의 십자가 보혈로 모두 끊어집니다. 예수 보혈은 그 어떤 죄의 권세로부터도 자유롭게 하는 힘이 있습니다. 이것이 하나님의 의입니다.

하나님의 의가 임할 때 죄인은 하나님의 의의 종이 됩니다. 저와 여러분이 이런 하나님의 의를 덧입기를 바랍니다. 할렐루야!

**해결책 :** 하나님의 의를 믿을 때 죄 용서받고 구원에 이른다

문제는 하나님의 의가 어떻게 내 것이 되느냐 하는 것입니다. 22절을 보십시오.

"곧 예수 그리스도를 믿음으로 말미암아 모든 믿는 자에게 미치는 하나님의 의라"

그리스도를 믿음으로 하나님의 의가 나타났다 했습니다. 예수의 보

혈이 나의 죄를 씻었음을 믿을 때 비로소 하나님의 의가 나의 것이 됩니다. 믿음이 의인을 만듭니다. 의인이 되는데에 믿음이 절대적으로 중요합니다.

백부장의 종이 아프자 백부장이 주님 앞에 나아와 말합니다. "주여 내 하인을 낫게 하소서. 다만 말씀만 하셔도 나을 줄 믿습니다." 주님은 이 믿음을 보시고 "이스라엘에서 이만한 믿음을 본 적이 없다."고 하셨습니다. 그리고 그 즉시 하인의 병을 고쳐 주셨습니다. 백부장의 믿음을 보시고 주님이 고쳐 준 겁니다.

여기서도 믿음이 얼마나 중요한가를 봅니다. 병이 낫는 것도 믿음이 있어야 하듯이 의로워지는 것도 믿음이 있어야 합니다. 아브라함이 바랄 수 없는 중에도 믿음으로 자녀 응답의 축복을 받았는데 이 또한 행위로 얻은 것이 아니라 믿음으로 얻은 것이었습니다.

종교개혁자 마르틴 루터는 자신의 죄를 씻고 의로워지기 위하여 스콜라 산타(Scola Santa) 계단을 무릎으로 기어오르면서 계단마다 입을 맞추었습니다. 루터의 행위는 죄로부터 구출 받기를 원하는 영혼의 애타는 심정이었습니다. 그러나 그는 이 같은 고행을 통해서 죄에서 해방될 수 없음을 깨달았습니다. 계단을 오르며 고행을 한다고 죄의 문제가 해결되는 것은 아니었습니다. 그것을 깨달은 그는 계단을 걸어서 내려왔습니다. 그러나 그는 더 큰 고민에 빠졌습니다.

어느 날 로마서를 읽다가 사람이 믿음으로 의로워진다는 사실을 알았습니다. 십자가 위에서 못 박히신 우리 주님의 피가 나의 죄를 씻기 위한 보혈임을 믿을 때 죄 용서받고 의로워지며 구원받는다는 사실을 알았습니다. 마침내 그는 예수의 보혈을 믿음으로 받아들였고 비로소 마음에 평화를 얻었으며 구원을 확신했습니다. 그는 외쳤습니다. "의인은 오직 믿음으로 말미암아 살리라!"

물에 빠져 죽어가던 사람이 구원받는 길은 던져진 밧줄을 꼭 붙드는 겁니다. 구원의 밧줄을 잡고만 있으면 상대가 줄을 당겨 살게 됩니다. 마찬가지로 하나님이 우리에게 구원의 밧줄을 던지실 때 믿음으로 잡으면 되는 것입니다.

지금도 하나님은 저와 여러분에게 구원의 밧줄을 던지며 그 밧줄을 잡으라고 말씀하십니다. 구원을 위하여 다른 일을 할 필요가 없습니다. 다만 주님의 보혈 밧줄을 믿음으로 잡으면 하나님이 우리의 죄를 용서하시고 구원하시는 은혜를 베푸는 것입니다.

실제 죽기 직전에 구원의 밧줄을 꼭 붙든 사람이 있습니다. 예수가 십자가 위에 매달렸을 때 함께 매달렸던 한 강도는 예수님을 향해 비난했습니다. 그러자 다른 한 강도는 그 강도를 꾸짖고 난 뒤에 "예수여 당신의 나라에 임하실 때 나를 기억하소서." 하였습니다. 절실하고 진실한 믿음으로 주님을 붙들었습니다. 예수님은 그의 간절함을 보고 말씀하셨습니다. "네가 오늘 나와 함께 낙원에 있으리라." 마지막 순간에 주님을 믿음으로 붙들자 주님은 그를 구원하셨습니다.

저는 강의 할 때마다 칠판에다 빼곡히 글을 쓰고 다 썼으면 또 깨끗이 지웁니다. 지울 때마다 주님의 보혈을 생각하곤 합니다. '우리가 이렇게 많은 죄를 지어도 주님의 피가 우리의 허물을 매 순간 지워주시겠지.' 생각하면 한없이 고마워 눈물이 나기도 합니다.

여러분, 우리가 아무리 많은 죄를 지었어도 십자가의 보혈을 믿고 의지하면 죄 사함을 받고 의로운 자가 됨을 믿으시길 바랍니다. 주님의 보혈이 죄의 권세에 묶인 내 영혼을 풀어줍니다. 죄의식으로부터 자유롭게 하며, 죄의 흔적을 지워버립니다. 이 사실을 믿으시길 바랍니다. 사순절에 이 믿음으로 충만하시길 바랍니다. 그리고 황홀한 구원에 날마다 보답하며 사는 저와 여러분 되기를 주님의 이름으로 축원합니다.

## ✽ NPS 스타일

NPS(Negative and Positive Solution) 구성의 설교는 설교자가 서론에서 부정적인 내용을 언급하여 청중의 감성을 자극함으로써 시작을 연다. 충격적 내용의 서론을 통해 청중의 방어심리를 깨뜨린다. 이후 긍정적인 내용을 언급함으로 주의를 환기한다. 긍정적인 내용이란 설교 주제의 '긍정적인 면'을 알리는 것이다. 이를 통해 청중의 감성을 슬픔에서 기쁨으로 전환한 후 어떻게 하면 기쁨과 감사를 오랫동안 간직할 수 있는지를 제시하는 해결책으로 설교를 전개한다.

# Passion Sunday

고 난 주 일

부활주일 직전 주일을 고난 주일이라고 말한다. 즉, 고난주간이 시작되는 주간의 첫날이다. 흔히 이날을 예수님께서 예루살렘에 입성하실 때 그곳 사람들이 종려나무 가지를 길에 깔고 '호산나 찬송하리로다'를 환호했다고 해서 '종려 주일'(Palm Sunday)이라고 부른다(요 12:12-16). 고난 주일부터 부활주일 전날까지 성도들의 마음은 가장 무겁다. 왜냐면 주님의 수난에 동참하는 기간이기 때문이다. 그러므로 설교자는 어떤 때보다 성도들이 주님의 고난 의미를 깊이 이해하고 그 은혜에 감사로 보답하며 살게 독려한다.

### PRS 스타일
'명제, 반전, 반전의 이유를 밝혀라'의 구성

마태복음 27:35-44

# 사랑의 손

**개요**

- **명제 :** 주님의 손은 사랑의 손이다
- **반전 :** 사랑의 손이 무기력하게 십자가에 못 박히다
- **반전이유 :** 사랑의 손이 못 박힌 것은 인간을 구원하기 위한 더 큰 사랑의 행위다
- **우리의 반응 :** 사랑을 덧입은 여러분이 사랑의 손이 되라

**명제 : 주님의 손은 사랑의 손이다**

고난주간을 맞은 한 주 동안 저는 십자가에 못 박힌 주님의 손을 생각했습니다. 묵상하는 동안 십자가의 은혜가 큰 감동으로 다가왔습니다. 여러분도 고난 주일을 맞아 저와 함께 십자가의 놀라운 은혜 속으로 들어가시길 주님의 이름으로 축복합니다.

어린 시절 저의 부모님은 농사와 노동을 하시느라 손이 매우 거칠었

습니다. 어린 저는 부모님의 거친 손을 친구들이 볼까 봐 걱정하곤 했습니다. 하지만 철이 들자 부모님의 거친 손은 가족들을 위한 헌신의 흔적이었다는 사실을 알고 오히려 자랑스럽게 여겼습니다.

예수님은 공생애를 시작하기 전에 목수 일을 하셨지요. 성실하신 분이었기에 손이 거칠었을 것입니다. 그런데 공생애 기간에 주님의 거친 손에는 권세가 나타났습니다. 주님 손이 닿는 곳마다 병든 자가 나았고 죽었던 자가 살아났으며 귀신이 쫓겨났습니다.

마가복음 8:22-26에 보면 주님이 시각장애인의 손을 붙잡고 마을 밖으로 데리고 나가셔서 눈에 침을 뱉고 안수하시자 눈이 밝아졌습니다. 누가복음 7:11-17에 보면 주님은 과부 아들의 시신이 든 관에 손을 대시며 "청년이여, 일어나라." 명령하시자 죽은 청년이 일어났습니다. 장례행렬을 따르던 사람들은 깜짝 놀랐고 어머니의 슬픔은 한순간에 기쁨이 되었습니다. 마태복음 8:15에 보면 예수께서 베드로 장모의 열병 걸린 손을 만지자 열병이 즉시 떠났습니다. 그 결과 집안의 우환이 사라지고 행복이 찾아왔습니다. 마태복음 14:31에 보면 예수께서 물에 빠져가는 베드로에게 즉시 손을 내밀어 "믿음이 작은 자여 왜 의심하였느냐?" 하시며 그를 구출하셨습니다. 주님은 배고픈 군중들을 안타까워하시며 한 끼의 도시락을 손에 들고 기도하신 후에 나눠주니 만여 명이 먹고도 12광주리나 남았습니다. 이 놀라운 기적을 본 사람들은 예수님을 이스라엘 왕으로 삼으려 했습니다.

주님의 손은 축복의 손이었습니다. 주님의 손은 기적을 일으키며 생명을 살리는 손이었습니다. 주님의 손은 긍휼을 베풀고, 사람의 마음을 치유하고, 영혼을 구원하는 능력의 손이었습니다. 주님 손이 닿는 곳마다 기적과 능력, 사랑과 행복, 회복의 은총이 나타났습니다. 한 마디로 주님의 손은 신비하고 고귀한 사랑의 손이었습니다.

여러분, 마음이 아프고 몸이 괴로운 사람이 있습니까? 주님께 "주여 그 사랑의 손으로 나를 만져 주소서. 아픈 곳을 만져 주시고 상처 난 마음을 어루만지시며 기적을 베푸소서." 그렇게 기도하시길 바랍니다. 간절한 마음으로 간구할 때 주님 사랑의 손이 우리를 치유하십니다. 그 사랑의 손을 통해 치유 받는 성도가 되시기를 주님의 이름으로 축원합니다.

**반전** : 사랑의 손이 무기력하게 십자가에 못 박히다

세상에서 주님의 손보다 아름답고 고귀한 손이 있을까요? 그런데 오늘 말씀에 보면 슬픈 장면이 보입니다. 이렇게 놀랍고 위대한 사랑의 손이 저주의 십자가에 못 박힙니다. 평생을 깨끗하고 진실하게 사셨던 주님, 영광과 찬양받기에 합당하신 주님, 아름답고 선한 일만 행하신 주님이 처참하게 못 박히셨습니다.

굵은 대못이 주님의 손목, 중추신경을 관통했습니다. 얼마나 아팠을까요? 혹자는 말하길 너무 아파서 주님이 경악했을 것이라 했습니다. 제가 허리를 아파 봤는데 신경을 살짝 건드리기만 해도 "으악!" 소리를 지를 만큼 고통스럽습니다. 그런데 주님의 경우 중추신경 한가운데를

관통했으니 그 고통은 형언할 수 없었을 것입니다. 그것만이 아닙니다. 고통이 조여 오자 주님의 손은 점점 오므라들었습니다. 너무 아프니 펼 수가 없었던 것입니다. 능력의 손이 고통스러운 손이 되었습니다. 활발하게 사랑을 전하던 손, 사람들로부터 열광을 받던 손이, 무기력한 손, 저주받은 손이 되었습니다.

37절을 보니 십자가 머리에는 '유대인의 왕 예수라.' 쓴 죄 패를 붙였습니다. 주님을 조롱하기 위하여 써 붙인 것이었습니다. 사람들이 하나님의 아들 예수를 거부했습니다. 만왕의 왕을 십자가에 매달았습니다. 사랑의 손을 저주의 손으로 만들었습니다.

39절을 보면 지나가는 자들은 자기 머리를 흔들며 예수를 모욕했습니다. 또한 "네가 만일 하나님의 아들이어든 자기를 구원하고 십자가에서 내려오라. 그리하면 우리가 믿겠노라." 했습니다. 주님은 마음만 먹으면 당장 내려올 수도 있었지만, 십자가에서 내려오지 않았습니다.

영광 받으셨던 손이, 수많은 생명을 살리고 육체를 고쳤던 손이, 기적을 일으키며 사람들에게 용기를 주었던 손이, 죄인의 손이 되었고 저주의 손이 되었고 무기력한 손이 되었습니다. 이보다 슬픈 일이 있을까요?

**반전이유 : 사랑의 손이 못 박힌 것은 인간을 구원하기 위한 더 큰 사랑의 행위다**

생각해 봅시다. 주님의 손이 왜 십자가에서 저주받은 손이 되셨을까요? 주님이 왜 창에 찔리고, 가시면류관을 쓰시고, 멸시와 모욕과 고통을 받으며 죽으셔야 했습니까? 왜 존경받아야 할 거룩한 손이 저주받은 손이 되었습니까? 이유는 하나, 주님이 인간의 죗값을 치르길 원하셨기 때문입니다. 주님은 십자가에 죽으러 오셨다고 자주 말씀했습니다. "내가 온 것은 양으로 생명을 얻게 하고 이를 더욱 풍성히 얻게 하려 하심이라." 주님은 양 된 인간을 살리기 위하여 인간의 죗값을 치르며 죽길 원하셨습니다. 그래서 주님께서 의도적으로 십자가에서 죽으셨고 사랑의 손이 못 박혔습니다. 성경은 말씀합니다. "주님이 피 흘려 죽지 않으면 인간의 죄가 그대로 있도다." 또 에베소서 1:7은 분명히 말씀합니다. "오직 예수의 피가 속죄, 곧 죄 사함을 이루셨도다."

주님이 십자가의 모진 고통을 당하시며, 모욕과 멸시를 받으시고, 피 흘리신 이유는 바로 저와 여러분의 죗값을 치르기 위함이었습니다. 주님이 피 흘리심으로 저와 여러분의 허물을 씻고 죄를 용서하기 위함이었습니다. 여러분, 저와 여러분의 죄를 씻고자 피 흘려 죽으신 이 놀라운 주님의 피 공로를 기억하기를 바랍니다. 주님의 보혈로 씻지 못할 허물이 없고 지우지 못할 죄가 없으며 용서하지 못할 죄가 없습니다.

한번은 집안 대청소를 하는데 묵은 때가 얼마나 많은지 아무리 물로 씻어도 깨끗해지지 않는 곳이 있었습니다. 이에 세정제를 뿌리고 몇 분 후에 보니 묵은 때가 흔적도 없이 사라졌습니다. 그때 저는 주님의 보혈이 생각나 눈물이 흘렀습니다. 왜냐면 주님의 보혈은 씻어내지 못할 죄가 없거든요. 주님의 보혈은 세정제보다 강하고 용광로보다 강하여 녹이지 못할 죄가 없습니다.

　보혈의 능력과 권세, 그 공로는 절대적입니다. 그 절대적인 피 공로는 바로 주님의 절대적인 사랑이었습니다. 그래서 로마서 5:8은 말씀합니다.

"우리가 아직 죄인 되었을 때에 그리스도께서 우리를 위하여 죽으심으로 하나님께서 우리에 대한 자기의 사랑을 확증하셨느니라"

　주님의 피 흘림은 우리를 향한 사랑의 확증이었습니다. 우리를 사랑하기에 십자가 위에서 사지를 비틀며 괴로워하면서도 참고 견디며 죽으셨습니다. 주님의 피 흘리는 사랑, 그것은 고통보다 강했고 죽음보다 강했습니다. 세상에서 이보다 숭고한 사랑은 없습니다.

　몇 년 전에 어느 크리스천이 지하철역에서 나오는데 동냥을 하는 한 사람이 있었습니다. 돕고 싶은 마음에 주머니를 털었더니 일만육천 원이 있더랍니다. 그 돈을 다 주고 나니 버스 탈 돈이 없더랍니다. 마침 비까지 오는데 빗속을 한참을 걸어갔더랍니다. 구슬땀을 흘린 이 분의 사랑도 아름답고 숭고하지만, 십자가의 사랑에 비교할 수 있을까요?

　지독한 냄새를 풍기는 거지가 교회에 찾아왔는데 마침 돈이 없던 목사님은 미안하다며 그를 힘있게 끌어안았습니다. 얼마 만에 맛보는 타인의 따스함이었는지 거지는 눈물을 흘렸습니다. 목사님의 따스한 사랑이 거지의 굳었던 마음을 녹였습니다. 목사님의 사랑, 참 놀랍지만 십자가의 사랑은 이보다 더 숭고합니다.

　100여 년 전에 타이태닉호가 침몰할 때 노약자들과 아녀자들을 먼저 구명보트에 옮겨 태우고 건장한 남자들만 남았습니다. 그런데 구명보트에 옮겨 탄 한 여성이 다시 배로 가겠다고 고집을 부려 할 수 없이 선원은 침몰하는 배로 옮겨주었습니다. 남편은 깜짝 놀라서 구명보트로 가라고 설득했지만, 그녀는 남편 곁으로 와서 남편의 손을 꼭 잡았습니다. 함께 수장되겠다는 것입니다. 부인의 사랑은 죽음보다 강했습니다. 참 아름답습니다. 하지만 이보다 더 숭고한 사랑은 십자가의 사랑입니다.

　2년 전에 이탈리아에서 지진이 일어났을 때 당시 9세 소녀가 4세 된 여동생을 꼭 껴안아 살리고 자신은 숨졌습니다. 동생을 감싸느라 가냘픈 온몸은 피투성이가 되었습니다. 자신은 죽고 동생을 살린 언니의 희생, 그것은 인류에 빛날 숭고한 사랑이었습니다. 그러나 주님의 사랑은 이보다 더 숭고합니다.

　주님의 죽음이 이토록 숭고한 이유가 있습니다. 주님의 사랑은 저와 여러분의 죄를 용서하시고 영생을 주시려고 택한 희생이기 때문입니다. 멸시와 모욕과 조롱의 길을 택하셨고, 살이 찢기고 유혈이 낭자한 길을 택하셨고, 중추신경에 구멍이 나고 사지가 뒤틀리는 고통의 길을 택하셨습니다. 그것은 우리를 향한 사랑이었습니다. 누군가를 사랑하기에 몇 푼의 돈을 줄 수 있고 자기 재산을 나눠줄 수 있고 더러운 냄새를 마다치 않을 수 있으며 대신 고통을 겪을 수 있습니다. 하지만 누군가를 사랑하기에 자신을 고통 가운데 내어주는 사람은 없습니다. 멸시와 모욕을 대신 받는 사람이 없으며, 사지가 찢어지고 몸이 뒤틀리는 고통을 참는 사람이 없으며, 죽음 가운데 자신을 내어주는 사람은 없습니다.

오직 주님만이 저와 여러분을 사랑하기에 피 흘리셨고 고통을 당하셨고 처참하게 죽임을 당하셨습니다. 누가 우리를 위하여 사랑이란 이름으로 이처럼 처참한 고통을 당하며 죽어갈 수 있을까요? 인류 역사에 한 분, 오직 주님뿐이었습니다. 보세요. 주님의 사랑은 한 사람만을 살린 것이 아니라 수천 년의 역사에 걸쳐 수많은 생명을 살린 사랑이었습니다. 그 사랑의 범위에서 누구도 따라올 수가 없습니다. 그래서 주님의 사랑보다 위대한 사랑이 없는 것입니다.

여기 고난의 십자가가 보이나요? 이 십자가에서 주님의 사랑을 느낄 수 있기를 바랍니다

> "그가 찔림은 우리의 허물 때문이요 그가 상함은 우리의 죄악 때문이라 그가 징계를 받으므로 우리는 평화를 누리고 그가 채찍에 맞으므로 우리는 나음을 받았도다 우리는 다 양 같아서 그릇 행하여 각기 제 길로 갔거늘 여호와께서는 우리 모두의 죄악을 그에게 담당시키셨도다"
> (사 53:5-6)

십자가의 사랑이 저와 여러분에게 평화를 주었고 나음을 얻게 하였으며 구원과 영생에 이르게 했습니다.

주님의 십자가의 손은 세 가지를 이루셨습니다. 첫째 우리를 하나님의 진노하심에서 벗어나 구원받게 하셨습니다. 둘째, 하나님과 화목하게 하셨습니다. 셋째, 죄인에서 의인 되게 하셨습니다. 주님의 손은 우리를 살리는 생명의 손, 사랑의 손이었습니다.

아직도 많은 사람이 주님 사랑의 손이 우리의 운명을 바꾸어 놓았음을 모르며 우리의 미래를 새롭게 하였다는 사실을 모릅니다. 우리는 이 놀라운 사랑을 기억해야 합니다. 그리고 기뻐하며 감사하는 삶을 살아야 합니다.

**우리의 반응 :** 사랑을 덧입은 여러분이 사랑의 손이 되라

참혹한 십자가 앞에 서면 우리는 큰 죄인이란 사실을 깨닫습니다. 우리는 죄 없는 자 같으나 죄가 크고, 평안한 것 같으나 불안하고, 여유로운 것 같으나 근심 걱정이 떠나지 않습니다. 화려한 성공의 길을 가면서도 죄로 인해 고통을 품고 삽니다. 행복한 것 같지만, 불행의 그림자를 떨쳐 버리지 못합니다. 경건한 것 같은데 악한 모습으로 삽니다. 인간은 죄로 인해 불완전한 존재입니다.

그런데 보십시오. 이런 불완전한 인간이 십자가의 큰 사랑을 깨닫고 그 사랑을 받아들일 때, 비로소 완전한 존재가 됩니다. 놀라운 십자가의 사랑 안에 거할 때 죄로 인한 불안과 두려움이 사라집니다. 죄의 사슬이 끊겨 죄와 상관없이 삽니다. 불평, 원망, 미움이 사라집니다. 그 대신 평안, 기쁨, 감사, 행복이 찾아옵니다. 요한일서 4:18은 말씀합니다.

"사랑 안에 두려움이 없고 온전한 사랑이 두려움을 내쫓는다."

그렇습니다. 십자가의 사랑은 블랙홀과 같아서 우리의 어떤 괴로움과 슬픔, 미움도 다 빨아들여 녹여버립니다. 그리고 순수한 영혼으로 만들어 성령의 9가지 열매 사랑, 희락, 화평, 온유, 자비, 양선, 충성, 인내, 절제 등을 맺게 합니다. 십자가 사랑은 영혼을 살리고 새롭게 하는 사랑입니다.

몇 년 전 치유상담학교 교장이신 정태기 목사님이 하는 일이 잘 안 되어 실망하고 피곤하여 나환자들이 모인 전라도 소록도에 갔습니다. 컬컬한 마음으로 도착하여 첫날 예배를 드리는데 뒤에 앉은 나환자가 울면서 하나님께 감사하다고 계속 고백했습니다. "하나님, 이것에 감사하고 저것에 감사하고 감사합니다." 계속 양손도 없이 양팔로 박수를 치며 감사했습니다. 정 목사님은 가슴이 뭉클했습니다. 예배가 끝나고 그분에게 무엇이 감사하느냐고 물었더니, "볼품없는 나를 하나님이 사랑하시니 감사하고 지금도 나와 함께하시니 감사하고 천국에서는 온전케 하시니 이보다 큰 감사가 어디 있나요?" 했습니다.

이 말을 듣고 정 목사님은 다시 한 번 가슴이 뭉클해지며 자신의 믿음 없음을 회개했습니다. '저토록 불행한 삶을 살면서도 하나님의 사랑에 감사하는데 나는 감사할 줄 몰랐구나' 하고 회개했습니다. 그리고 앞으로 하나님의 사랑을 잊지 않고 감사하며 살겠다고 결단했습니다. 그 이후에 목사님의 삶에는 힘들어도 감사가 떠나지 않았다고 합니다. 십자가의 주님 앞에 서 있는 여러분, 우리는 십자가 사랑에 감사하며,

십자가의 아름다운 손을 닮아갈 수 있기를 바랍니다.

    십자가의 사랑을 깨달은 어느 성도님은 예배만 시작되면 그냥 계속 웁니다. 십자가 사랑이 너무 크고 감사하기 때문입니다. 십자가의 사랑을 깨달은 어느 집사님은 하루아침에 죄를 끊고, 술과 담배를 끊고, 전도하는 사람으로 바뀌었습니다. 그리고 그 사랑이 나를 새롭게 했다고 자주 고백했습니다. 십자가의 사랑을 깨달은 어느 성도님은 교만을 버리고 겸손한 사람, 순종하는 사람이 되었습니다. 십자가의 사랑을 깨달은 살인범 김현량은 사형장에서 십자가의 주님을 찬양하며 "주여 내 영혼을 받으소서." 하며 평안하게 죽음을 맞았습니다.

    십자가의 사랑에 감동한 《거듭남》의 저자 찰스 콜슨은 죄를 완전히 끊고 출소 후에 전 세계를 향한 전도자가 되었습니다. 십자가의 사랑을 깨달은 영국의 W. 카우만은 원인을 알 수 없는 불안과 두려움으로부터 자유를 얻었습니다. 그 이후 세상이 줄 수 없는 평화를 누렸으며 훗날 '샘물과 같은 보혈은' 찬송을 지어 영광을 돌렸습니다. 십자가의 사랑을 깨달은 영국의 앨버트 슈바이처 박사는 십자가 사랑의 손이 되겠다며 안락한 삶을 버리고 아프리카의 오지에서 일생을 보냈습니다. 십자가의 사랑을 깨달은 독일의 진젠도르프 성주는 주님 사랑의 손이 되겠다며 자신의 전 재산을 털어 가난한 사람을 섬겼습니다. 십자가의 사랑을 깨달은 미국의 백화점 왕 존 워너메이커는 자신의 시간, 물질을 하나님의 영광을 위하여 바쳤습니다. 십자가의 사랑을 깨달은 사람마다 거듭났고 새로워졌고 하나님께 영광 돌렸습니다. 주님의 사랑의 손이 되었습니다.

　다시 말씀드립니다. 십자가의 사랑은 내 영혼을 살리기 위한 고통이요 죽음이었습니다. 이 사랑을 믿음으로 받아들인 사람들은 십자가의 사랑으로 거듭났고, 영혼의 평안과 기쁨을 얻고, 새 삶을 살았으며, 주님 사랑의 손을 닮아갔습니다.

　사랑하는 여러분, 오늘 이 아침, 고난 주일에 십자가 사랑의 손이 여러분의 가슴에 깊이 만져지길 바랍니다. 주님 사랑의 손이 저와 여러분의 손을 잡아주시길 원하십니다. 그리고 우리의 손이 바로 주님의 손이 되길 원하십니다. 우리의 손이 십자가의 아름다운 손이 되어 하나님 앞에 가는 그날까지 존귀하게 쓰임 받으시길 주님의 이름으로 축원합니다.

### ✽ PRS 스타일

'PRS(Proposition and Reversal, Solution) 스타일은 명제, 반전, 반전의 이유를 밝혀라'의 구성으로 영화나 소설에서 자주 사용하는 구성방법이다. 한 명제를 제시한 후 이에 대한 반전으로 설교를 진행한다. 청중들은 갑작스러운 반전에 불안해하며 어떻게 해결할 것인가를 고민한다. 이때 결론으로 반전의 이유 즉 해결책을 제시함으로써 청중들의 궁금증을 해결하는 방식으로 진행되는 설교방식이다.

## 이단 논법

'결과를 밝히고 방법을 찾아라'의 구성 혹은
'본문의 자연스러운 흐름을 타라'의 구성

로마서 3:23-28

# "세상에서 가장 고귀한 피"

### 개요

- **결과** : 놀라운 하나님의 은혜
- **방법** : 예수의 보혈을 통해 임한 은혜
- **우리의 반응** : 보혈을 믿음으로 받으라

**결과 : 놀라운 하나님의 은혜**

주님의 고난 겪으심을 묵상하고자 고난 주일에 이곳에 오신 저와 여러분에게 주님의 사랑과 은혜가 충만하기를 바랍니다.

한 청년이 면접시험을 치르고자 말끔하게 차려입고 집을 나섰는데 빗방울이 한두 방울 떨어집니다. 우산을 가지고 갈까 하다가 괜찮겠지 하며 버스를 올라탔어요. 그런데 장대 같은 비가 쏟아지기 시작했습니다. 청년은 "큰일 났구나!" 하며 노심초사했는데 30분 후 버스에서 내릴 즈음 비가 뚝 그쳤습니다. 잘못을 자책하던 젊은이는 가슴을 쓸어내리며 감사했습니다.

때때로 환경이 나를 도와줄 때가 있습니다. '바쁜 일이 생겨 바쁜 걸음으로 건널목에 막 도착했는데 신호등이 척 바뀌더라. 급하게 차를 모는데 약속이나 한 듯이 차들이 비켜주더라. 시험 준비가 제대로 안 돼서 걱정하며 시험장에 갔는데 시험 날짜가 연기되었더라.' 때때로 이런 고마운 일들이 발생합니다. 이것을 은혜라 합니다. 은혜란 실수가 가려지고 부족한 것이 채워지는 것을 말합니다.

그런데 이런 은혜를 뒤늦게 깨닫는 예도 있습니다. 어릴 때는 몰랐는데 철이 들고 나서 부모님의 은혜를 깨닫습니다. 부부가 격렬하게 싸우던 중에 화목했던 때를 회상하며 "그때가 참 행복했구나!" 깨닫습니다. 사람은 때때로 늦게 은혜를 깨닫습니다.

신앙생활도 마찬가지입니다. 초대교회 성도들은 주님 은혜를 뒤늦게 깨달았습니다. 우리가 알다시피, 예수님이 십자가에 못 박힐 때 제자들은 주님의 무기력함에 실망하여 뿔뿔이 흩어졌습니다. 정확하게 표현하면 다들 도망갔습니다. 예수님을 십자가에 못 박으라고 외쳤던 군중들은 광기로 가득했고 예수를 십자가에 못 박은 후에는 더 의기양양했습니다. 그렇게 십자가 사건은 막을 내린 듯했고 그렇게 예수님의 시대는 끝난 것 같았습니다. 그런데 예수님은 십자가에 못 박히신 지 3일 만에 살아나셨고 조용했던 예루살렘이 발칵 뒤집혔습니다. 주님 곁을 떠났던 제자들이 돌아왔고 주님을 십자가에 못 박으라 외쳤던 군중들이 가슴을 치며 "어찌하면 좋을꼬!" 하며 회개했습니다.

그들은 훗날 주님의 죽으심은 주님의 죄 때문이 아니라 인간의 죗값을 치르기 위한 주님의 자발적인 죽음이었음을 알았습니다. 제자들도, 군중들도 놀라운 십자가의 은혜를 깨닫고 주님께 회개하며 은혜에 감격했습니다. 은혜의 상징인 십자가를 자랑하기 시작했습니다. 그때부터 주님의 은혜는 사람들의 가슴에 감동으로 전해졌습니다.

십자가의 은혜는 인간에 관한 관심에서 출발했습니다. 우리가 알다시피, 인간은 자신이 지은 죄로 인하여 하나님의 형벌을 받아야 했습니다. 하나님께서는 이 형벌을 피하게 하려고 인간에게 율법을 주셨습니다. 율법은 "율법이 말한바 이것을 행하고 저것을 행하지 말며 율법이 말하는 대로 원칙을 지키며 살라. 그러면 살리라."고 했습니다.

문제는 타락한 인간이 율법대로 살지 못했다는 데에 있습니다. 하라는 것은 하지 않고 하지 말라는 것을 골라 행했습니다. 한 마디로 율법을 어기며 살았습니다. 그 결과 하나님의 진노를 샀고 인간과 하나님 사이에 틈이 벌어졌습니다. 하나님의 진노 결과는 사망이었습니다. 오늘 말씀 23절은 이렇게 증언합니다.

"모든 사람이 죄를 범하였으매 하나님의 영광에 이르지 못하더니"

이 세상의 누구도 죄악에서 벗어날 수 없고 그 결과 하나님의 진노를 피할 수 없는 존재가 되고 말았습니다. "죄의 값은 사망이라." 인간은 사망이라는 죗값을 치러야 했습니다.

바로 그때 예수께서 인간이 받을 죗값을 대신 치르셨습니다. 24절 말씀은 이렇게 증언합니다. "인간은 그리스도 예수 안에 있는 속량으로 말미암아 하나님의 은혜를 얻었다." 그리스도가 인간의 죗값을 대신 갚아 주셨고 그 결과 인간은 하나님의 은혜를 덧입게 되었음을 의미합니다. 그러니까 주님이 인간의 죗값을 대신 치르심으로 인간의 죄가 용서받았습니다. 하나님의 은혜요 십자가의 은혜입니다.

여러분, 나를 사랑하는 사람이 내가 진 빚을 대신하여 갚아줄 수 있습니다. 나를 사랑하는 사람이 나 대신 노동을 해줄 수 있습니다. 그러나 내가 죽어야 할 그 자리에 대신 죽는 것은 어렵습니다. 그것은 너무도 고통스럽기 때문입니다.

그런데 놀랍게도 우리 주님은 그 길을 가셨습니다. 십자가 위에서 살이 찢기며 물과 피를 쏟으며 유혈이 낭자한 채 죽어가며 우리가 치러야 할 죗값을 대신 치르셨습니다. 우리가 당해야 할 고통을 대신 당하셨습니다. 우리가 죽어야 할 자리에 대신 죽으셨습니다. 그렇게 우리를 대신하여 하나님의 형벌을 받으셨습니다. 그래서 24절은 선언합니다. "너희가 의로워졌도다." 주님의 피 공로로 인간의 죄가 사라졌습니다. 참으로 위대한 선언입니다. 우리가 알다시피, 죄인에게 "의롭다"라는 말을 붙이지 않습니다. 죄 없는 깨끗한 자에게 의롭다고 합니다. 예수께서 인간의 죗값을 대신 치러주시고 인간의 모든 죄를 용서하시자 하나님은 인간을 향해 의롭다고 선언하셨습니다. 주님이 우리를 죄 없는 자, 의로운 자로 만드신 것입니다.

분명히 어제까지만 해도 우리는 지은 죄로 인해 불안하고 두려웠습니다. 그러나 주님의 십자가 공로로 사형을 면제받고 평안한 사람이 되었습니다. 우리는 이제 죄인이라고 불릴 수가 없습니다. 왜냐면 우리의 죄가 사라졌기 때문입니다. 우리가 한때 죄인이었으나 이제 누구도 우리에게 죄를 물을 수가 없습니다. 예수가 우리의 죗값을 치렀기 때문입니다. 할렐루야!

더 놀라운 사실은 인간이 죄인에서 의인이 되기까지 한 일은 아무것도 없습니다. 그래서 27절에서 "우리는 자랑할 것이 아무것도 없다."고 했습니다. 오직 주님이 행하신 일 때문에 우리는 용서받은 죄인, 의로운 사람이 되었습니다. 할렐루야! 따라 해 보세요. "나는 죄 용서받았다. 의인이 되었다." 할렐루야! 이 사실을 믿으시면 "아멘!" 합시다. 이 은혜를 기억하며 살아가시길 주님의 이름으로 축원합니다.

**방법** : 예수의 보혈을 통해 임한 은혜

주님은 어떻게 우리를 죄 없는 사람으로 만들었습니까? 25절에서 말씀합니다.

"이 예수를 하나님이 그의 피로써 믿음으로 말미암는 화목제물로 세우셨으니 이는 하나님께서 길이 참으시는 중에 전에 지은 죄를 간과하심으로 자기의 의로우심을 나타내려 하심이니"

주님이 피 흘리심으로 우리의 죗값을 치르신 겁니다. 주님의 피가 우리의 죄를 씻고 우리의 죄를 용서하셨습니다. 그래서 우리가 죄 없다 인정받고 죄인에서 의로운 사람이 되었습니다.

한때 이스라엘 백성들이 애굽에서 탈출하려 했지만 애굽 왕이 허락하지 않아서 빠져나올 수가 없었습니다. 그러자 하나님은 "애굽의 모든 집의 장자는 다 죽게 될 것이다. 그러나 양의 피로 문설주에 바르는 이스라엘 백성의 가정에는 장자가 죽어 나가는 일이 없을 것이다."고 하셨습니다. 이 말씀을 믿은 이스라엘 백성들은 그날 밤 양을 잡아서 그 피를 문설주에 발랐습니다. 그러자 그날 밤에 애굽에서 태어난 모든 장자는 다 죽었고 양의 피를 문설주에 바른 이스라엘의 가정은 누구도 죽지 않았습니다. 양의 피가 수많은 생명을 구했습니다.

우리 주님께서 흘리신 피도 이와 같습니다. 양의 피가 생명을 살림같이 주님이 십자가 위에서 흘리신 피가 인간의 죄를 씻어주고 사망에서 생명으로 옮겨주었으며 죄인에서 의인이 되게 하셨습니다.

이스라엘 백성들이 죄 용서받을 때는 성막 앞으로 양을 끌고 와서 그 양을 죽이며 이렇게 기도합니다. "하나님 내가 지은 모든 죄를 이 양에게 전가하시고 저의 죄를 용서하소서." 그렇게 기도한 후에 양을 처참하게 각을 떠서 피 흘려 죽입니다. 마침내 양이 죽으면 제사장은 그 피를 제단에 뿌립니다. 하나님은 인간의 죗값을 그 양에게 전가하고 인간의 죄를 사하셨음을 선언하셨습니다. 죄인은 피 흘려 죽어가는 양을 보며 "하나님! 어린 양에게 내 죄를 전가하고 저의 죄를 사하심에 감사합니다." 하고 기도합니다. 그러나 이러한 제사의 방법은 일시적인 효과만이 있을 뿐입니다. 죄가 있으면 언제든지 다시 양을 잡아야 했습니다. 인간에게 존재하는 죄의 근원을 제거하지는 못합니다. 무엇보다 이러한 제사의 방식은 단순히 그리스도의 죽으심을 예표할 뿐이었습니다.

마치 어린 양이 인간의 죄를 전가 받고 피 흘려 죽임을 당하는 것과 같이, 주님은 십자가 위에서 인간의 죗값을 치르고자 피를 뿌리셨습니다. 가시면류관이 박힌 머리에서 흐르는 피는 얼굴을 피로 덮었고 못으로 관통된 양팔과 양다리에서도 피가 흘러나왔습니다. 머리부터 발끝까지 주님의 온몸은 피로 적셨습니다. 그렇게 주님께서는 피 흘리시며 우리의 죗값을 치르셨습니다. 마치 도살당하는 양같이, 버림받은 짐승같이, 저주받아 나무에 매달려 죽었습니다. 주님이 십자가 위에서 흘린 피는 인간의 죗값을 치르기 위한 피였고 죄인이 의인 되게 하는 피였으며 영혼을 살리기 위한 피였습니다.

그래서 로마서 5:9는 선언합니다.

"우리가 그 피로 말미암아 의롭다 하심을 받았으니 더욱 그로 말미암아 진노하심에서 구원을 받을 것이니"

에베소서 1:7은 말씀합니다.

"우리는 그리스도 안에서 그의 은혜의 풍성함을 따라 그의 피로 말미암아 속량 곧 죄 사함을 받았느니라"

베드로전서 1:18-19는 말씀합니다.

"너희가 알거니와 너희 조상이 물려 준 헛된 행실에서 대속함을 받은 것은 은이나 금 같이 없어질 것으로 된 것이 아니요 오직 흠 없고 점 없는 어린 양 같은 그리스도의 보배로운 피로 된 것이니라"

**우리의 반응 : 보혈을 믿음으로 받으라**

예수의 피가 우리의 허물과 죄를 씻었고 예수의 피가 우리를 구원의 길로 인도했습니다 전승에 의하면 긴 창으로 예수님의 옆구리를 찔렀던 로마 병정이 그 창을 빼는 순간 예수님의 핏방울이 그의 눈과 몸에 튀었습니다. 그런데 그 순간 오랫동안 고생했던 그의 안질이 나았다고 합니다.

여러분, 예수 피는 보배로운 피, 즉 보혈입니다. 예수의 보혈로 죄 씻음 받기를 원하고 죄와 고통과 사망에서 자유롭길 원하십니까? 그렇다면 주의 보혈을 의지해야 합니다. 오늘 말씀 28절을 보세요.

"사람이 의롭다 하심을 얻는 것은 율법의 행위에 있지 않고 믿음으로 되는 줄 우리가 인정하노라"

주님이 흘리신 피가 인간의 죄를 깨끗하게 했음을 믿어야 합니다. 그래야 보혈의 능력이 죄로 인한 고통을 제거하고 죄 씻음의 은총이 나타납니다.

할렐루야 교회의 김상복 목사가 설교한 '예수의 보혈'이란 제목의 설교 테이프를 듣고 은혜를 받았던 어떤 권사가 뉴욕에 있는 언니를 방문했다고 합니다. 언니는 장기간 병원에서 퇴원하지 못하고 있었습니다. 동생은 자신이 은혜받았던 목사님의 설교 테이프를 주면서 들어보라 했습니다. 환자는 그 테이프를 다 듣고 마음이 뜨거워졌고 예수의 보혈이 내 모든 죄를 씻어 버렸다는 확신이 들어 '예수 보혈로 나의 죄를 씻어주시고 날 구원해 주심을 감사합니다.' 하고 기도했습니다. 그러고 나니 마음의 무거운 짐이 사라졌습니다. 기분이 상쾌했고 몸도 가벼워졌습니다. 며칠 뒤에 의사는 깜짝 놀라며 몸이 완치되었으니 퇴원하라 했습니다. 예수 보혈에 대한 믿음이 마음도, 몸도 치료했습니다.

어느 목사의 간증을 읽었습니다. 자기 교회 성도 중에 귀신들린 자를 보혈의 능력으로 깨끗하게 하였다 했습니다. 또 다른 어느 목사의 간증은 자기 교회 성도가 당뇨로 고생할 때 보혈의 능력을 의지하며 기도하니 치유되었다고 했습니다. 어느 성도는 자신이 지은 죄로 늘 괴로워했는데 보혈의 능력을 의지하니 죄로 인한 고통이 사라졌다는 것입니다. 할렐루야! 주님의 보혈을 의지하는 사람마다 마음이 뜨거워지며 치유의 역사가 일어났습니다.

여러분, 지금도 주님의 보혈은 우리를 치유하는 능력이 있습니다. 우리의 그 어떤 죄도 깨끗이 씻어버리는 능력이 있습니다. 따라 해 보세요. "예수의 보혈이 내 죄를 씻었다.", "예수의 보혈이 사망 권세를 무너트리고 내게 생명을 주셨다." 할렐루야! 그래요. 예수의 보혈을 의지하는 성도마다 죄가 씻겨집니다. 죄인에서 의인이 되며 사망에서 생명으로 옮겨집니다. 믿으시면 아멘 하시기 바랍니다!

주의 보혈 능력 있도다 주의 피 믿으오 주의 보혈 그 어린 양의 매우 귀중한 피로다(찬양으로)

어린 양이 흘리신 보혈은 능력이 있어서 씻지 못할 죄가 없습니다. 용서하지 못할 죄가 없습니다. 구원하지 못할 죄인이 없습니다. 할렐루야! 중요한 것은 이 보혈의 능력을 믿는 것입니다. 그래야 보혈의 능력이 나타납니다. 고난 주일 아침, 이 놀라운 진리를 믿으시면 아멘 합시다. 이 믿음으로 죄 용서받으시길 바랍니다! 이 믿음으로 새사람이 되시기를 바랍니다! 이 믿음으로 치유의 능력을 덧입길 바랍니다! 구원에 이르기를 원합니다! 이 모든 것을 믿으시면 아멘 합시다. 이 믿음을 가진 자마다 구원받아 천국 백성이 다 되시기를 주님의 이름으로 축원합니다.

### ✱ 이단 논법

'이단 논법'은 모든 논리 가운데 가장 간단하면서도 논제를 강력하게 전하는 방식이다. 위의 설교에서는 결과와 방법에 관해 이야기하고 적용점을 찾는 방식으로 설교를 진행하였다. 결과와 방법 간의 논리적 연결이 허술하지 않도록 연결고리를 잘 찾아야 한다.

# Easter

부활절

부활절은 십자가에서 죽은 예수가 다시 살아남을 기념하여 찬양하며 영광 돌리는 날이다. 부활절은 죽은 자 가운데서 살아나신 예수 그리스도에 대한 확신과 성도의 부활과 영생에 대한 확신을 선포하는 절기이다. 그러므로 부활절을 맞아 설교자는 인간의 죽음을 뛰어넘는 부활과 영생의 소망, 그리고 이에 대한 전도를 강조한다. 설교자가 주의할 것은 많은 사람, 심지어 성도조차 부활에 대한 의심 내지 불신을 하고 있다는 사실을 인식하고 그들의 눈높이에 맞춰서 설교를 시작하는 것이 중요하다. 결국, 결론에 이르러 부활·영생의 확신을 끌어올리는 것이 중요하다.

**GFT 스타일**

'본문의 흐름을 타라'의 구성

마가복음 15:42-47

# 세상에서 두 번째로 아름다운 이야기

**개요**

❶ 그토록 시끄럽던 갈보리가 조용해지다
❷ 피의 갈보리에 믿음의 영웅이 나타나다
❸ 신앙의 영웅은 자신보다 십자가의 주님을 더 생각하다
❹ 주님을 위한 영웅적인 행동은 주님의 부활을 준비하는 믿음이 되다

## ❶ 그토록 시끄럽던 갈보리가 조용해지다

주님이 부활한 이 새벽, 밤잠을 설치며 주님의 부활을 축하하기 위하여 이곳에 나오신 여러분을 주님의 이름으로 축복합니다. 이 시간 부활하신 주님의 영광과 기쁨이 여러분에게 가득하길 바랍니다.

금요일 아침 9시부터 오후 3시까지 6시간 동안 주님은 십자가에 처참하게 매달리셨습니다. 사람들은 십자가에 매달린 주님을 바라보며 낄낄거렸고, 군인들은 포도주로 주님을 희롱하였으며, 주님과 함께 십

자가에 매달린 강도들은 주님을 비웃었습니다. 머리에 가시면류관, 양 손과 발의 대못은 주님의 통증을 극대화했습니다. 목이 탔고 정신은 혼 미하였고 온몸은 고통뿐이었습니다. 얼마나 괴로웠는지 주님은 소리 를 지르셨고 하나님께 "왜 날 버리셨느냐"며 절규하셨습니다.

　그런데도 하나님은 아무런 대답이 없었습니다. 하나님이 아들 예수 를 완벽하게 내친 것입니다. 가장 슬픈 순간이었습니다. 낮 12시부터 오후 3시까지 갑자기 하늘이 어두워졌습니다. 이스라엘의 태양은 굉장 히 강렬한데도 이날 3시간 동안은 어두웠습니다. 사람들이 이 무슨 기 이한 일인가 할 때 주님은 "다 이루었다!" 선언하셨습니다. 이 의미는 "인간의 죗값을 치르며 인류를 구원하라는 사명을 다 이루었다."는 뜻 입니다.

　하나님의 뜻을 이루시자 주님은 "하나님 내 영혼을 맡기나이다." 하 시며 고개를 떨구었습니다. 생명이 끊어지는 순간까지 하나님을 신뢰 했습니다.

　바로 이 순간이 인간의 죗값을 치른 순간이었습니다. 주님은 평소에 말씀했습니다. "내가 의인을 부르러 온 것이 아니오. 죄인을 부르러 왔 노라." 또 주님은 "내가 온 것은 양으로 생명을 얻게 하고 이를 더욱 풍 성히 얻게 하려 하심이라." 주님은 우리에게 생명을 주시고 그 생명을 더 풍요롭게 하시려고 인간의 죗값을 대신 치르셨습니다. 그 결과에 대 하여 일찍이 이사야 선지자는 이렇게 선언했습니다.

"그가 찔림은 우리의 허물 때문이요 그가 상함은 우리의 죄악 때문이라 그가 징계를 받으므로 우리는 평화를 누리고 그가 채찍에 맞으므로 우리가 나음을 받았도다"(사 53:5)

주님이 죗값을 치렀기 때문에 인간은 완벽하게 나음을 얻었습니다. 주님의 시신이 축 늘어지자 주님을 조롱하고, 비난하고, 모욕하던 구경꾼들이 하나둘 흩어졌고 갈보리 언덕은 주님을 향한 조롱도, 비방의 함성도 사라졌습니다. 주님을 몇 시간 동안 지켜본 로마의 백부장은 하나님께 영광을 돌리며 이르되 "이 사람은 정녕 의인이었다."고 했습니다. 구경꾼들은 주님이 돌아가심을 보고 가슴을 치며 "아! 우리가 의인을 죽였다." 했습니다. 주님이 죽고 나서야 사람들은 주님이 의로웠음을 알았습니다. 하지만 십자가 옆에서 주님의 생명이 끊어진 것을 지켜보던 여인들은 억장이 무너졌습니다.

### ❷ 피의 갈보리에 믿음의 영웅이 나타나다

이제 주님의 시신은 점점 굳어서 까마귀 밥이 될 처지였습니다. 누군가 주님 시신을 무덤에 안치해야 했습니다. 하지만 주님을 따랐던 제자들은 등을 돌렸습니다. 수제자 베드로는 주님을 부인하고 도망갔고, 엠마오의 두 제자도 실망하여 예루살렘을 떠났고, 가룟 유다는 스스로 목숨을 끊었습니다. 남은 제자들도 꼭꼭 숨어버렸습니다. 의리와 지조, 믿음을 버리고 그들은 두려워 숨었거나 도망갔습니다. 외로운 주님만 십자가에 매달렸습니다. 아! 불쌍한 예수여!

　우리가 알다시피, 나방들은 화려한 불빛에 모여들고 사람들은 권력과 돈과 인기 있는 사람에게 몰려듭니다. 예수께서 오병이어의 기적을 일으키시고 병든 자를 치료하시며 인기가 치솟을 때 제자들은 주님께 앞다투어 충성했습니다. 하지만 지금의 그들은 충성과 헌신, 사랑을 헌신짝처럼 버렸습니다.

　그런데 놀라운 일이 있습니다. 제자의 신분을 숨긴 채 주님 곁을 끝까지 지킨 사람이 있었습니다. 아리마대 요셉입니다. 그는 공회원이었고 권세와 부, 지성과 덕망을 지닌 이스라엘에 몇 안 되는 훌륭한 사람이었습니다. 오늘날로 말하면 국회의원쯤 됩니다. 그는 이전에 주님을 영접했고 주님을 진심으로 사랑했습니다. 주님이 십자가에 못 박히시자 마음 아파하며 주님 곁을 지켰고 주님의 시신을 자신의 빈 무덤에 안치하고자 했습니다.

　하지만 주님 시신을 요청하는 것은 위험한 일입니다. 잘못하면 산헤드린 회원의 자격을 박탈당하거나 친구들에게 왕따를 당하거나 더 심하면 빌라도 총독에게 끌려갈 수도 있습니다. 신분이 밝혀지면 자신뿐만 아니라 가문과 후손이 해를 입을 수 있습니다. 그래서 요한복음은 그가 자신의 신분을 노출하는 것을 두려워했다고 증언했습니다.

　그러나 신실한 그의 양심은 멈추지 않았습니다. 사랑하는 주님을 그대로 내버려 둘 수가 없어서 빌라도를 찾아가 '당돌히' 예수의 시체를 달라 했습니다. 여기서 '당돌히'는 '뜻밖에'란 뜻입니다. 해서는 안 될 상식을 벗어난 행동을 말할 때 쓰는 표현입니다. 시신을 달라는 것은 자기 안위를 보장할 수 없는 어리석은 행동일 수 있습니다. 그런데도 그는 주님 시신을 요구했습니다. 예수를 사랑하지 않으면 결코 할 수 없는 담대함이었습니다.

주님이 도움이 필요할 때 몸을 사리지 않았던 아리마대 요셉, 그는 특별한 사람이었습니다. 주님을 사랑하되 끝까지 사랑했고 존경했고 충성했던 요셉, 그는 세상에서 가장 아름다운 용기를 가진 사람이었습니다. 실망스러운 상황을 맞아도 주님 곁을 끝까지 지키는 사람은 주님을 사랑하는 사람입니다. 여러분은 실망스러운 일이 생겨도 끝까지 주님을 붙드는 믿음 잃지 않기를 바랍니다.

### ❸ 신앙의 영웅은 자신보다 십자가의 주님을 더 생각하다

그런데 아리마대 요셉이 아무리 훌륭해도 인류를 구하기 위하여 목숨을 내던진 주님보다 위대하지는 않았습니다. 마태복음 26장에 보면 주님은 십자가에 못 박히기 전에 겟세마네 동산에서 기도하셨습니다. 죽음을 앞두고 주님은 십자가형이 얼마나 고통스러운가를 아셨고 따라서 매우 두렵고 떨렸으며 슬픔과 고민이 가득하여 죽을 지경이었습니다. 그런데도 그는 세 번씩이나 하나님 앞에서 "하나님의 뜻이라면 그 길을 가겠습니다." 하고 결단했습니다.

그리고 제자들에게 "일어나라! 함께 가자."고 했습니다. 죽으러 가겠다는 결단입니다. 자신의 피를 쏟아 인류의 죄를 씻겠다는 결단입니다.

인류의 죗값을 대신 치르며 고통을 담당하겠다는 뜻이며 희생 제물이 되겠다는 뜻입니다.

결국, 주님은 십자가 위에서 자신의 살을 찢고 물과 피를 쏟으셨습니다. 극심한 고통 속에 죽임을 당하셨습니다. 그렇게 주님은 구원의 길을 완성했습니다. 세상에 이보다 더 숭고한 희생은 없으며 이보다 더 가치 있는 죽음은 없습니다. 이보다 더 거룩하고 아름다운 죽음을 세상 어디서 볼 수 있을까요?

주님의 죽음을 목격한 아리마대 요셉은 세상에서 가장 아름다운 결단을 내렸습니다. 빌라도에게 찾아가 '죽으면 죽으리라.'는 심정으로 주님의 시신을 요구했을 때, 44절에 보니 빌라도가 허락하였습니다. 놀라운 일입니다. 옛말에 "뜻이 있으면 길이 있다."고 했습니다. 뜻을 세우니 일이 생각보다 수월하게 해결되었습니다. 하나님이 도왔습니다.

십자가에서 주님을 내리니 주님 시신이 축 늘어졌습니다. 심장은 멈추었고 온화한 얼굴은 일그러져 새파랗게 굳었으며 머리는 가시에 찔려 피범벅이 되었고, 양손과 발, 옆구리는 피로 얼룩졌습니다. 어디 하나 성한 곳이 없는 핏빛으로 물든 몸이었습니다. 존귀한 주님의 몸이 만신창이가 되었습니다. 여러분 같으면 어떻게 하시겠습니까?

주님의 어머니 마리아는 오열했습니다. 아리마대 요셉 또한 뜨거운 눈물을 쏟았습니다. 그는 흰 수건으로 주님 얼굴을 조심스럽게 덮었습니다. 주님 몸이 상할세라 하얀 세마포로 조심스럽게 감쌌습니다. 그리고 자신의 빈 무덤에 주님을 정성껏 안치했습니다. 주님이 아무것도 할 수 없을 때 아리마대 요셉은 제자로서 정성과 사랑을 다 했습니다.

아, 의롭고 아름다운 신앙이여!

## ❹ 주님을 위한 영웅적인 행동은 주님의 부활을 준비하는 믿음이 되다

아리마대 요셉의 행동은 여기서 끝나지 않았습니다. 그의 행동 뒤에 정말 놀라운 일이 일어났습니다. 이런 경우가 있지요? "별생각 없이 맑은 날에 우연히 우산을 들고 나갔는데 갑자기 소나기가 쏟아져 비를 피했다." "아무 생각 없이 복권 한 장을 샀는데 당첨되었다." 이렇게 가끔은 우연한 행동에 기분 좋은 일이 일어나기도 합니다. 우연히 한 행동에 큰 복으로 돌아오는 경우를 '샐리의 법칙'이라 합니다.

수십 년 전 뉴욕에 비바람이 세차게 휘몰아치는 밤에 한 중년 신사가 거리를 돌아다니며 호텔을 찾았습니다. 하지만 객실이 만원이었습니다. 마지막으로 한 곳을 찾아갔는데 젊은 종업원은 "고객님 누추하지만, 오늘 저녁 제 방을 쓰시겠습니까?" 하였습니다. 중년 신사는 "그러면 젊은이는 어떻게 하고?" 젊은이는 "저는 괜찮습니다." 하더니 침대 시트와 베개 시트를 갈고 중년 신사에게 방을 내주었습니다. 그리고 젊은이는 뜬눈으로 밤을 새웠습니다.

다음 날 아침 중년 신사는 고맙다고 인사를 했습니다. 이 신사는 몇 년 뒤에 한 통의 편지를 젊은이에게 보냈습니다. 그리고 청년에게 신세를 진 사실을 언급한 뒤 "젊은이 보게나. 나는 최근에 세계에서 가장 큰 호텔을 신축했다네. 자네를 초대 사장으로 초청하네. 응해주겠나?"

이 젊은이는 세계에서 가장 큰 힐튼 호텔 초대 사장으로 임명되었습니다. 이 사람을 사장으로 임명한 사람은 누구였을까요? 힐튼 호텔 창업주 콘레드 힐튼이었습니다. 청년이 단 한 번 친절을 베풀었을 뿐인데 그 친절은 그의 운명을 바꾸어 놓았습니다.

보세요. 아리마대 요셉이 정성을 다해 주님 시신을 무덤에 안치했지만, 그것이 끝이 아니었습니다. 3일이 지난 주일 새벽에 주님이 소리 없이 살아났습니다. 멈추었던 주님의 심장에 피가 돌기 시작했고 체온이 따뜻해졌고 피부 색깔이 정상으로 돌아왔으며 감았던 눈을 뜨셨습니다. 주님은 완벽하게 다시 살아나셨습니다. 살아나시는 순간 지축이 흔들리고 큰 소리가 났으며 봉인되었던 무덤이 흔들리며 무덤 문이 저만치 나뒹굴어 졌습니다. 무덤을 지키던 병사들은 혼비백산하여 흩어졌습니다. 주일 아침 이른 새벽에 주님은 약속한 대로 사망을 이기고 부활하셨습니다. 할렐루야!

아리마대 요셉의 행동은 주님의 부활을 준비하는 믿음이었습니다. 그가 정성껏 주님 시신을 안치했을 뿐인데 그 일은 곧 주님을 살리는 일에 결정적으로 쓰임 받았습니다. 이런 놀라운 일이 일어날지 누가 상상이나 했겠습니까? 아리마대 요셉은 정말이지 세상에서 가장 가치 있는 일을 했습니다.

주님의 부활을 아직도 몰랐던 막달라 마리아와 다른 마리아는 주님 시신에 향유를 부으려고 이른 아침 무덤으로 달려갔습니다. 그런데 무덤 문은 열려 있었고 병사들은 보이지 않았습니다. 두려움 속에 동굴로 들어가 보니 놀랍게도 주님 시신이 사라졌습니다. 깜짝 놀란 그때 천사가 말합니다. "놀라지 말라. 너희가 십자가에 못 박히신 나사렛 예수를 찾는구나! 그가 살아나셨고 여기 계시지 아니하니라. 보라 그를 두었던 곳이니라." 정말이지 시신을 감쌌던 세마포는 개켜있었고 주님 시신이 놓였던 자리는 비어 있었습니다. 주님은 죽음을 박차고 살아나셨던 것입니다!

본문의 설명은 예수님이 부활했음을 증명합니다. 예수 부활에 대한 정확한 시간, 장소, 정황은 그리스도의 부활이 실제였음을 보여줍니다. 여러분! 예수님은 다시 살아났습니다. 약속하신 대로, 예언하신 대로 인간에게 영생의 소망을 주시려고 죽은 자 가운데서 다시 살아나셨습니다! 믿으시면 아멘 하시기 바랍니다! 할렐루야!

여러분, 주님은 죽어있는 3일 동안 무엇을 했을까요? 주님의 육신이 죽었을 때 주님의 영은 3일 동안 지옥에 가서 하늘의 뜻을 선포하셨습니다. 베드로전서 3:18은 이렇게 증언합니다.

"그리스도께서도 단번에 죄를 위하여 죽으사 의인으로서 불의한 자를 대신하셨으니 이는 우리를 하나님 앞으로 인도하려 하심이라 육체로는 죽임을 당하시고 영으로는 살리심을 받으셨으니 그가 또한 영으로 가서 옥에 있는 영들에게 선포하시니라"(벧전 3:18-19)

주님 시신이 무덤에 있는 동안 주님의 영은 지옥에서 승리를 선포하셨습니다. 이 선포 후에 주님이 다시 살아났습니다. 흩어졌던 제자들이 기쁨과 소망을 되찾았습니다. 주를 위한 일사 각오의 신앙이 되었습니다. 제자들은 완전히 새롭게 변했습니다. 예수 부활의 승리였습니다.

주님의 부활은 우리에게 부활의 소망을 주었습니다. 주님이 하늘로 오르심으로 우리도 죽지 않고 영원히 살게 되었습니다. 이보다 더 복된 소식이 없습니다. 만약 주님이 부활하지 않았다면 우리는 여전히 사망 가운데에 있었을 것입니다. 만약 주님이 부활하지 않았다면 우리는 영생의 소망을 갖지 못했을 것이며 하늘나라를 기대하지도 못했을 것입니다. 그가 부활했기에 우리에게 부활의 소망이 생겼습니다! 그가 사망을 이기셨기에 우리도 사망을 이깁니다! 그가 하늘에 오르셨기에 우리도 영생 길로 들어갑니다! 사망을 이기신 주님, 영생을 주신 주님께 찬양과 경배를 드립니다. 부활의 기쁨을 주신 하나님께 영광을 돌립니다.

주님이 말씀했습니다. "나는 부활이요 생명이니 나를 믿는 자는 죽어도 살겠고 무릇 살아서 나를 믿는 자는 죽지 않고 영원히 살리라." 주님 부활을 믿을 때 우리도 주님처럼 죽지 않고 영원히 산다고 말씀하셨으며 죽지 않고 영생에 이른다고 하셨습니다.

주님의 부활을 목격한 사람들은 입에서 입으로 예수 그리스도의 부활을 전했고 그 부활소식은 예루살렘과 온 유대와 사마리아에 급속히 퍼져나갔습니다. 사람들은 불신을 회개하고 또 회개했고, 감사 또 감사했습니다. 부활하신 주님을 목숨 걸고 전했습니다. 예수 그리스도의 완벽한 승리였습니다. 이 아침 승리하신 주님의 부활이 여러분의 가슴에 활활 타오를 수 있기를 바랍니다.

또 아리마대 요셉의 주님을 무덤에 안치한 믿음은 주님의 부활로 이어지게 한 세상에서 가장 아름답고 가치 있는 믿음이었습니다. 여러분도 주님이 다시 오시기 전까지 가장 귀하고 충성스러운 믿음을 주님께 드릴 수 있기를 바랍니다. 특히 부활하신 예수를 담대하게 전하는 성도가 되시기를 바랍니다. 부활신앙을 가슴에 품고 아리마대 요셉처럼 끝까지 충성하며 존귀하게 쓰임 받는 저와 여러분 되시기를 주님의 이름으로 축원합니다.

## ✱ GFT 스타일

'본문의 흐름을 타라(Get on the Flow of the Text )'의 구성은 본문의 흐름으로는 시간적인 순서를 따라가는 것이 자연스러울 때 사용할 수 있다. 이 구성은 본문이 시간적인 순서로 따라가든지 아니면 본문이 인간 심리의 자연스러운 흐름에 부합될 때 사용한다. 심리의 흐름에 관한 연구는 저자의 저서 《청중 심리를 파고드는 설교》와 《설교가 전달되지 않는 18가지 이유》를 참조하라.

> **AMO 스타일**
> '논쟁하고 확신을 주고 순종하게 하라'의 구성

사도행전 3:11-16

## "예수 부활, 나의 부활"

**개요**

❶ 부활의 가설과 사실을 격렬하게 논쟁하라
❷ 부활의 결론에 의미를 부여하라
❸ 부활의 확신에 순종을 요구하라(적용하라)

### ❶ 부활의 가설과 사실을 격렬하게 논쟁하라

성도들에게 "사랑의 사람이 되십시오."하고 설교하면 "아멘"하고 받아들입니다. 그런데 "예수가 부활하였으니 믿으시오." 하면 "글쎄요." 하면서 의심합니다. 성도들이 교회를 오면서도 예수님의 부활에 대해 의심하는 이유는 무엇일까요?

회의론자들의 영향이 크기 때문입니다. 회의론자들은 이성적으로 이해가 되지 않으면 믿지 않습니다. 그들은 이성으로 이해되거나 증거가 제시되어야만 믿습니다. 죽은 자가 살아난 것은 상식적으로 이해할 수 없고 현존하는 증거도 없기에 그들은 예수의 부활사건을 부정합니다. 어떻게 부정합니까?

첫째, 회의론자들은 인간은 죽었다가 다시 살아날 수 없다는 '고정관념'에 집착합니다. 지금껏 죽었다가 살아난 사람이 없고 의학적으로도 불가능하기에 부활은 불가능하다고 생각합니다. 물론 인간 편에서 보면 이 고정관념을 깨트리기가 어렵습니다. 그러나 이들에게 한 가지 문제가 있습니다. 기적을 주님 편에서 바라보는 시각을 간과했습니다. 주님 편에서 기적을 보면 말이 달라집니다.

예수님의 공생애를 보세요. 예수님은 공생애 동안에 많은 기적을 일으켰습니다. 병든 자들을 만나면 손으로 만지거나 혹은 말씀으로 명령하여 환자를 치유하셨습니다. 치유 받은 사람들은 예수님이 하나님의 아들이심을 즉각 믿고 따랐습니다. 또 예수님은 죽은 자들을 말씀으로 살렸습니다. 또 자연을 명하여 바람을 잔잔케 하시고 때론 물 위를 걷기도 하셨습니다. 또 한 끼의 도시락으로 10,000여 명을 먹이셨습니다.

이런 기적들을 체험한 사람들은 그 신기한 능력에 매료되어 예수를 이스라엘의 왕으로 삼고자 했습니다. 기적을 목격한 사람들은 예수님의 전능하심에 놀라 주님을 믿고 따르지 않을 수 없었습니다. 그래서 짧은 시간 내에 예수님을 추종하는 사람들이 급격히 늘어났습니다. 주님의 삶은 곧 기적의 삶이었습니다. 기적은 주님에게 매우 자연스러운 일이었습니다. 그러므로 주님이 죽었다가 살아난 기적 또한 자연스러운 일이라고 볼 수 있습니다.

인간의 처지에서만 생각하면 주님이 부활하신 기적을 믿기가 어려울 것입니다. 그러나 주님은 기적을 베푸셨고 그것을 많은 사람이 봤습니다. 죽으셨던 주님께서 다시 살아나는 기적 또한 주님께는 굉장히 자연스러운 일이었습니다. 오늘 이 아침, 기적의 주인공이신 주님의 관점에서 주님을 볼 수 있기를 바랍니다.

둘째, 회의론자들이 내세우는 주장은 예수님은 십자가에서 사실상 기절했지 죽지 않았다는 가설입니다. 그들은 예수님의 숨이 여전히 붙어 있었고 무덤에서 며칠 쉬는 동안 기절했다가 다시 살아났다는 것입니다. 하지만 이것은 지나친 상상입니다. 예수는 숨이 끊어졌고 이를 확인하기 위하여 로마 병정이 긴 창으로 옆구리를 찔렀을 때 피와 물이 쏟아졌습니다. 날카로운 창이 예수님의 심장까지 이르렀던 것입니다. 심장에 구멍이 났고 피가 빠져나왔습니다. 예수님이 기절했다가 정신을 차릴 가능성은 제로입니다. 성경은 증언하길 "군인들은 주님이 이미 죽은 것을 확인하였다."고 했습니다.

유명한 회의론자인 제임스 테이버는 예수가 로마 정부의 십자가형에 처형당했다면 예수의 사망에 대해 의심할 필요가 없다 했습니다. 이유는 철저하고 완벽하게 군사를 훈련하는 로마 군사들은 원칙에 따라 생사를 확인한다는 겁니다. 그러므로 예수가 죽지 않았다는 것은 의학적으로나 정황적으로 볼 때 근거가 없는 가설입니다.

셋째, 예수의 부활은 제자들이 환상을 본 것에 불과하다는 가설입니다. 예수님이 십자가에 죽자 예수를 너무도 그리워하던 성도들이 예수의 환상을 보고 예수가 살아났다고 외쳤다는 것입니다. 그러자 이 사람 저 사람이 예수가 정말로 부활하셨다고 믿게 되었다는 것입니다.

이에 대하여 유명한 심리학자 게리 콜린스는 이렇게 반박했습니다. "개인이 예수님에 대한 환상을 볼 수는 있지만, 사도행전에서처럼 주님의 부활 승천을 500여 성도들이 동시에 보는 것은 불가능하다. 여러 사람이 보았다면 그것은 실제 부활의 모습인 것이 자연스럽다."고 했습니다.

그렇습니다. 주님은 부활하신 후에 제자들과 함께 먹었고 대화도 나누었습니다. 그리고 500여 명의 사람이 지켜보는 앞에서 승천하셨습니다. 그리고 성도들은 기쁨 속에 예루살렘으로 돌아와 기도하며 성령 받길 원했습니다. 이것은 주님의 부활에 대한 확신 때문에 나타난 반응이었습니다. 그러므로 주님의 환상을 보았다는 가설보다는 예수가 부활했다는 사실이 더 설득력을 얻습니다.

넷째, 회의론자들의 가설은 예수님을 따르던 사람들이 주님이 부활했다고 거짓을 유포하였고 그것이 발전하여 전설이 되었다고 주장합니다. 이 가설에도 문제가 많습니다. 전설은 보통 많은 시간이 흘러서 만들어집니다. 하지만 고대 로마 그리스에 대한 역사학자인 A. N. 셔윈 화이트는 예수 부활에 대한 소식이 전설로 발전하기에는 너무 빨리 퍼졌다고 합니다. 예수님의 부활로 불과 며칠 만에 예루살렘이 발칵 뒤집혔으니까요.

그리고 예수의 부활에 관한 사건을 기록한 복음서들도 예수 부활이 있고 난 뒤 30년 이내에 작성되었습니다. 예수의 부활사건이 사실이 아니고서는 이렇게 빨리 전설이 만들어질 수가 없습니다. 그러므로, 예수 부활이 거짓이 발전하여 전설이 되었다는 가설은 불가능한 것입니다.

다섯째, 예수님의 제자들이 무덤에 안치된 예수 시신을 몰래 훔쳐갔다는 가설입니다. 예수님이 십자가 위에서 돌아가시자 빌라도는 예수님의 시신을 무덤에 넣어 안치하고 그 문을 지키라고 했습니다. 그런데 예수님을 따르는 무리가 예수님의 무덤을 찾아가서 그 시신을 훔쳐갔다는 가설입니다. 그런데 대제사장의 병정들이 많게는 14명 정도가 지키는 무덤을 평범한 시민들이 그들을 헤치고 시신을 빼내 갈 수 있었을까요?

이 가설은 아무 증거도 없는 그야말로 가설일 뿐입니다. 가설은 사실이 아닌 추정에 근거한 이론이란 뜻입니다. 오히려 예수님을 따랐던 여성들이 주일 새벽에 갔을 때는 대제사장의 군인들이 무서워서 사방으로 흩어져 도망간 흔적을 보였습니다. 이것은 주님이 정말로 부활하시자 병정들이 혼비백산해서 도망간 것으로 보는 것이 더 자연스럽습니다.

## ❷ 부활의 결론에 의미를 부여하라

지금까지의 가설은 실제가 아닌 추측 이론입니다. 그러면 이번에는 예수 부활이 사실이라는 관점에서 살펴봅시다. 첫째는 예수님이 십자가에 죽으시자 흩어졌던 제자들이 다시 모였습니다. 제자들이 다시 모인다는 것은 굉장히 위험한 일입니다. 왜냐면 예수님처럼 잡혀서 죽을 수 있기 때문입니다. 그런데도 그들이 다시 모여든 것은 그럴만한 이유가 있었습니다. 바로 예수님의 부활 때문이었음을 의심할 여지가 없습니다. 또 제자들은 다시 모였을 때 실망, 절망, 우울함 등이 사라지고 잃었던 기쁨, 감사, 소망을 되찾았습니다. 그리고 말할 수 없는 흥분상태에 있었습니다. 그 이유 또한 예수가 부활하셨기 때문임을 알 수 있습니다.

제자들에게 더 큰 변화가 일어났는데 그들은 죽음을 두려워하지 않는 공동체를 만들었습니다. 그들은 매일 모여서 예배하며 떡을 떼며 기도했습니다. 그 이유는 무엇입니까? 예수의 부활과 승천을 보았기 때문이었습니다. 만약 예수님의 부활이 거짓이었다면 위험 속에서 날마다 예배, 기도, 전도하지 않았을 겁니다. 예수님의 부활이 있었기에 그들은 위험조차 두려워하지 않았던 것입니다.

우리가 알다시피, 예수님은 부활 후에 약 40일간 지상에 계시며 사람들에게 자신의 모습을 보여주셨습니다. 그리고 하늘로 오르실 때는 500여 명의 성도가 지켜보았습니다. 주님의 부활과 승천으로 인하여 초대교회 성도들은 자신들도 주님처럼 죽지 않고 부활하여 승천할 것을 믿었습니다. 그래서 그들은 복음 전파에 목숨을 아끼지 않았습니다. 더 놀라운 것은 예수님 부활 이후 신앙의 길에서 이탈한 초대교회 성도들이 없다는 사실입니다. 모두가 복음을 전하며 죽음도 마다치 않았습니다. 어떻게 그럴 수가 있습니까? 이유는 단 하나 예수의 부활이 나의 부활이란 믿음 때문이었습니다.

　만약 예수님의 부활이 거짓으로 유포된 것이라면 제자들이 그토록 진지하게 복음 전파의 길을 걸어갈 수가 없습니다. 역사학자 폴 존슨은 《유대인의 역사》라는 저서에서 "기독교가 거짓에 근거한 종교라면 한 사람도 빼놓지 않고 그렇게 목숨을 걸 수는 없다."고 했습니다. 법학자인 존 워릭 몽고메리는 "서기 56년 당시 사도 바울은 500명이 넘는 사람들이 살아난 예수를 보았으며, 그들 중 대부분이 살아있다고 했는데 만약 바울의 말이 거짓이라면 어떻게 살아있는 사람들에게 들키지 않겠습니까?"라고 반문했습니다. 예수의 부활은 역사적으로 너무도 분명한 사건이었습니다.

　영국 성서학자 마이클 그린은 이렇게 말했습니다. "예수가 부활했음은 고대에 일어난 어떤 사건만큼이나 사실임이 입증된 일이며 부활이 실제라는 점에 대해서 의심하기는 불가능하다." 성서학자 모리슨은 겁쟁이에 불과하던 제자들이 갑자기 모욕과 고문, 죽음까지 이기는 의지를 보였다는 점, 즉 모두 순교자로 죽임을 당한 것은 그들의 믿음이 거짓에 기초하지 않았음을 보여준다고 했습니다.

　세계 최고의 법학자인 사이먼 그린리프 박사는 하버드 법대생들을 키워낸 교수입니다. 무신론자인 그는 학생들에게 '예수의 부활은 단순한 전설에 불과하다. 따라서 예수의 부활은 불가능하다.'고 전하였습니다. 그런데 학생들이 거짓이라면 그 증거를 제시해 달라는 요청을 하자, 그는 성경에 나오는 모든 증거를 수집 분석하여 예수 부활이 거짓임을 밝히려 했습니다. 하지만 그린리프 교수는 성경과 당대의 역사 기록을 깊이 파고 들어갈수록 예수가 실제로 무덤에서 살아나셨다는 주장을 뒷받침하는 뚜렷한 증거에 할 말을 잃었습니다.

그리고 제자들의 행동이 변한 점, 한두 명도 아니고 제자들 모두가 예수의 부활을 주장했고 모두가 죽음의 길을 갔던 점은 예수가 부활한 사실이 아니고서는 설명이 불가하다고 했습니다. 그는 뚜렷한 예수 부활의 증거에 깊은 인상을 받고 독실한 기독교도가 되었습니다.

예수의 부활은 심리학자나 역사학자나 법학자의 주장만 보더라도 예수가 부활하셨음을 인정하는 것이 훨씬 자연스럽고 당연해 보입니다.

오늘 말씀 사도행전 3:2-6을 보세요. 예수가 부활하셨다는 증거를 분명하게 보여줍니다. 베드로는 나면서 앉은뱅이 된 거지를 향해 "우리를 주목하여 보라!" 하더니 "은과 금은 내게 없거니와 내게 있는 것으로 네게 주노니 곧 나사렛 예수 그리스도의 이름으로 명하노니 걸으라." 하자 환자는 발목에 힘을 얻고 걷기도 하고 뛰기도 하면서 하나님께 영광을 돌렸습니다. 그러자 모였던 사람들이 깜짝 놀라며 어리둥절해 했습니다. 바로 그때 베드로가 설교합니다. 설교 내용은 세 가지로 압축됩니다.

첫째 "너희가 죽인 예수는 살아나셨다."라는 증언입니다. 보세요. 베드로는 기적을 일으키고 난 뒤에 입을 열어 목숨 걸고 설교했습니다. 자칫 설교하다가 잡히면 죽을 수도 있습니다. 그것을 알면서도 이렇게 담대하게 목숨 걸고 설교하는 것은 예수 그리스도의 부활이 사실이기 때문입니다. 따라서 그의 비장한 설교는 예수가 부활했음을 웅변적으로 보여주는 증거입니다. 설교 내용을 보면 더욱 놀랍습니다. 지금 환자를 낫게 한 분은 우리가 아니고 바로 너희들이 죽였던 예수였다고 상기시키고 있습니다. 동시에 회개도 촉구하고 있습니다.

이미 당시 사람들은 예수가 살아났다는 소문을 들었거나 혹은 직접 부활하신 예수를 경험했습니다. 이런 사람들에게 베드로의 설교는 엄청난 충격으로 다가왔을 것입니다. 그들은 "예수를 십자가에 못 박았으니 어쩌면 좋을까!" 하며 한탄하고 있었습니다. 공황 상태의 사람들에게 베드로는 불에 기름을 붓듯 예수 부활의 확실함을 전했습니다. 그리고 사람들에게 회개를 촉구했습니다.

이때 그 설교 한 번으로 몇 명이 주님을 믿었습니까? 무려 5,000명이 회개하고 주님을 영접했습니다. 이 당시 예루살렘 인구가 4만에서 8만 명 정도로 추정되었으니 5,000명이 한 번에 예수님을 믿게 된 것은 실로 엄청난 숫자입니다. 한 마디로 예루살렘이 발칵 뒤집힌 겁니다. 이유는 그들이 부활한 예수를 직접 보았거나 들어서 알고 있는 상태에서 부활에 관련된 직접적인 설교를 듣게 되자 회개하며 부활을 받아들이기 시작했기 때문입니다. 그래서 쉽게 마음 문을 열고 주님을 믿을 수가 있었습니다.

두 번째, 이 환자를 낫게 하신 분은 예수라고 강조합니다. 3:12에서 베드로는 이렇게 말합니다. "이스라엘 사람들아! 이 일을 왜 놀랍게 여기느냐? 우리 개인의 권능과 경건으로 이 사람을 걷게 한 것처럼 왜 우리를 주목하느냐? 이 사람을 성하게 한 것은 예수 그리스도라. 주님은 부활하셨을 뿐만 아니라 지금 살아계셔서 그분이 이 환자를 낫게 하였느니라." 할렐루야!

한 걸음 더 나아가 4:10에서 베드로는 말합니다.

"너희와 모든 이스라엘 백성들은 알라 너희가 십자가에 못 박고 하나님이 죽은 자 가운데서 살리신 나사렛 예수 그리스도의 이름으로 이 사람이 건강하게 되어 너희 앞에 섰느니라"

베드로는 주님이 부활하신 것을 이미 인정했을 뿐만 아니라 지금도 살아계셔서 여전히 환자의 병을 고치고 있으며 심지어 믿는 자에게 구원을 베푼다고 말씀합니다.

4:12에 보면 "다른 이로써는 구원을 받을 수 없나니 천하 사람 중에 구원을 받을 만한 다른 이름을 우리에게 주신 일이 없음이라."고 했습니다. 베드로는 주님이 부활하셨고 여전히 살아계셔서 병든 자를 치료하시는 기적을 베풀고 계신다는 사실을 조금도 의심 없이 전하고 있습니다.

여러분, 지금까지의 정황과 근거로 볼 때 주님의 부활은 의심할 것 없는 사실임을 인정할 수밖에 없을 것입니다. 주님은 부활하셨고 하늘에 오르셨습니다. 그리고 베드로의 간절함에 응답하셨습니다. 이것은 주님은 죽지 않고 지금도 살아계셔서 우리의 간구에 귀를 기울이시고 응답하시는 분이심을 보여줍니다. 여기에 우리가 지금도 주님의 이름으로 기도하는 이유가 있습니다.

셋째, 베드로는 주님의 부활에 자신들이 증인이라고 했습니다. 14-15절을 보세요.

"너희가 거룩하고 의로운 이를 거부하고 도리어 살인한 사람을 놓아주기를 구하여 생명의 주를 죽였도다 그러나 하나님이 죽은 자 가운데서 그를 살리셨으니 우리가 이 일에 증인이라"

베드로만큼 주님의 부활을 정확히 보고 확인한 사람이 있을까요? 베드로는 부활하신 주님을 만났고 함께 먹고 마셨습니다. 특히 갈릴리 바닷가에서 개인적으로, 구체적으로 분명히 만났고 주님의 사랑으로 다시 용기를 내어 전도자가 되었습니다. 그리고 40여 일 동안 주님과 동행하다가 주님이 하늘로 오르시는 모습을 보았습니다.

베드로만큼 확실한 증인이 없습니다. 그래서 다른 제자들과 더불어 베드로는 목숨을 내걸고 예수 부활을 전하였습니다. 예수 부활이 곧 자신의 부활이기에 일사 각오로 복음을 전하다가 순교하면서도 끝까지 충성하였습니다. 여기에 부활신앙이 있습니다.

❸ **부활의 확신에 순종을 요구하라(적용하라)**

지금까지의 내적, 외적 증거만 보더라도 예수가 부활하셨다는 것은 기정사실입니다. 이 부활신앙으로 충만하시길 주님의 이름으로 축복합니다. 예수의 부활이 사실이라면 우린 어떻게 되나요? 우리도 다시 삽니다. 주님의 말씀을 잊지 마십시오.

"내가 나 있는 곳에 너희를 데려가리라." 할렐루야! 언젠가 우리도 부활할 것입니다. 주님 계신 그곳으로 믿는 우리를 데리고 가실 것입니다. 누구를 데려가나요? 믿음의 사람들, 부활의 확신으로 주님을 위하여 충성하는 저와 여러분을 주님이 영생의 길로 인도합니다. 여러분과 저는 주님이 보여주신 부활신앙으로 충만하여 초대교회 성도들처럼 죽음을 두려워하지 않기를 바랍니다. 그들처럼 부활의 은혜를 베푸신 주님을 위하여 죽도록 충성하기를 바랍니다. 주님의 부활이 나의 부활, 주님의 영생이 나의 영생임을 확신하며 하늘나라를 사모하며 사시기를 바랍니다.

이 확신이 있을 때 이 땅보다 하늘나라를 그리워하며 하늘나라에 더 많은 것을 쌓아가며 살게 됩니다. 장차 주어질 부활을 확신하며 오늘도 내게 생명 주신 부활의 주님을 위하여 죽도록 충성하시길 주님의 이름으로 축원합니다.

❋ AMO 스타일

'논쟁(argument)하고, 의미(meaning)를 찾고, 순종(obey)하게 하라'의 구성이다. 주제에 대한 격렬한 논쟁을 보여줌으로 주의를 환기하고 올바른 성경적 의미를 찾은 뒤 하나님의 뜻에 순종할 수 있는 적용점을 제시하는 것으로 설교를 구성한다.

5~6월

제 3 장

# 성령 안의 하나 됨

> "성령님은 수시로 우리에게 말씀합니다.
> 그 음성을 듣고 순종하면 성령의 충만함이 지속합니다.
> 성령의 지속적인 인도하심을 받을 수 있습니다.
> 성령이 주시는 지혜, 능력, 기쁨으로 살길 원합니다."

# Month of Family

## 가정의달

가정을 바르게 세우는 것은 크리스천에게 매우 중요한 일이다. 따라서 5월은 가정의 화목을 위한 설교를 통해 설교자는 부부관계, 부모와 자녀 관계를 다룰 필요가 있다. 더 좋은 부모, 더 좋은 배우자, 더 좋은 자녀, 더 좋은 가정을 세울 수 있도록 목회자는 관심을 가져야 한다. 설교자는 이를 위하여 성경뿐만 아니라 동서고금의 소중하고도 감동적인 이야기들을 예화로 사용할 수 있다. 설교의 결론 부분에서 성성의 권위를 드러내며 좋은 가정을 이루도록 깨닫고 도전받도록 한다.

**NPS 스타일**
'부정, 긍정, 해결책을 찾아라'의 구성

**Husband and Wife's Day**
부부 주일

에베소서 5:25-28

# 남편이여, 똑똑하게 사랑하라

> **개요**
> - **부정** : 아내를 사랑할 줄 모르는 남편
> - **긍정** : 아내를 제대로 사랑하는 남편
> - **방법** : 아내를 효과적으로 사랑하는 법

### 부정 : 아내를 사랑할 줄 모르는 남편

미국에 사는 어떤 젊은이는 불행한 가정에서 자랐습니다. 그의 아버지는 알코올 중독자였고 날마다 어머니를 구타했습니다. 견디다 못한 어머니가 이혼했습니다. 두 번째 새 아버지가 들어왔는데, 구타는 하지 않았지만, 어머니의 돈을 빼앗곤 했습니다. 견디다 못한 어머니가 이혼했고, 세 번째 결혼했는데 새 아버지마저도 성격이 괴팍했습니다. 이런 환경에서 자란 청년의 성격은 공격적으로 변했습니다. 폭력이 심해서 고등학교에서 퇴학을 당했고 해병대에 지원했다가 동료들과의 불화로 불명예제대를 했습니다. 나이 서른이 넘어서 한 여인과 결혼했습니다. 하지만 거칠고 공격적인 성격 때문에 결혼생활을 제대로 이어가지 못했습니다.

그러던 어느 날, 그는 총을 집어 들고 옥상에 올라가서 누군가를 기다렸습니다. 1963년 11월 12일, 시곗바늘이 정오를 가르칠 때 그는 댈러스 시내 한복판에서 방아쇠를 당겼습니다. "탕!"하는 총성과 함께 존 F. 케네디 대통령을 암살했습니다. 미국에서 가장 위대한 대통령을 죽였습니다. 오스왈드의 이야기입니다.

그의 불행한 가정생활은 그의 빗나간 심리에서 생겨났고 그의 빗나간 심리는 부모의 불행한 결혼생활에서 영향을 받았습니다. 결국, 부모의 불행한 결혼생활이 그의 인생을 파탄으로 몰았습니다. 그러고 보면 저와 여러분의 결혼생활은 자식을 생각해서라도 행복해야 합니다. 그렇게 하길 원하시면 다 같이 아멘 합시다.


**긍정 :** 아내를 제대로 사랑하는 남편

미국 워싱턴 공항공단 찰스 스넬링 회장은 40년 동안 행복한 결혼생활을 했습니다. 그런데 결혼생활 끝에 아내가 치매를 앓기 시작하자 스넬링은 곧바로 일터를 떠나서 아내를 뒷바라지했습니다. 그 와중에 자신도 두 번이나 수술하며 몸에 보조기를 달고 다녔지만, 변함없이 아내를 보살폈습니다. 남들은 아내가 아프면 "이때다." 하며 바람을 피우거나 아내를 멀리하기도 하지만 스넬링은 오히려 아내가 죽을 때까지 6년 동안 정성을 기울였습니다. "아플 때나 건강할 때나 사랑하겠노라."는 결혼식의 약속을 죽을 때까지 지켰던 것입니다. 참 좋은 남편이었습니다.

놀라운 사실은 그들 부부의 행복한 삶에 영향을 받은 5남매도 모두가 행복했습니다. 다들 사회의 저명인사가 되었고 행복한 가정생활을 이어갔습니다. 부모의 행복한 삶이 자녀들에게 긍정적으로 영향을 미쳤던 것입니다. 한번 따라 해 보세요. "나의 불행이 자녀를 불행하게 만들고, 나의 행복이 자녀를 행복하게 만든다."

부부 사랑이 견고할 때 결혼생활도 행복합니다. 돈이 부족하거나 몸이 아파도 부부간에 사랑이 견고하면 가정은 행복하고 자녀들도 행복합니다. 여기에 행복의 비결이 있습니다.

우리나라가 세계적으로 1등 하는 것들이 있습니다. 흡연율, 음주율, 혼외정사율, 이혼율 등입니다. 좋은 것을 1등 해야 하는데 안 좋은 것들만 1등입니다. 흡연은 조기 사망이나 심각한 질병을 가져옵니다. 음주는 폭력가정을 만듭니다. 혼외정사는 부부간의 사랑을 깨트리고 행복한 가정을 망가트립니다. 이혼율 1위는 우리나라 가정이 상처받고 불행한 가정임을 말합니다.

여러분, 부부간의 사랑에 금이 가고 불행한 가정을 만드는 원인 제공자는 대부분 남자입니까? 여자입니까? 대부분 남자인 경우가 많습니다. 우리 남편들, 그리고 남자 청년들은 이 사실을 알아야 합니다. 여자들은 대부분 결혼하면서 한 남자를 사랑하고 자녀를 잘 키우며 행복하게 살기를 꿈꿉니다. 그런데 여자의 꿈을 무너트리고 가정의 행복을 깨트리는 것은 여자가 아닌 남자입니다. 많은 남자가 결혼 후에 가장의 역할을 제대로 하지 않습니다.

가장이란 무엇입니까? 가정을 지키는 대장입니다. 맹수가 양 새끼들을 공격하면 목자가 목숨 걸고 막듯이 사악한 것이 가정을 공격하면 가장은 보호막이 되어야 합니다. 비바람이 몰아치면 큰 우산이 되어 가정의 비바람을 막아야 합니다. 울타리 안에 든 내 가족을 보호하기 위해 위험한 것들은 온몸으로 막고 보호해야 합니다. 이것이 가장입니다.

이러한 행위를 오늘 말씀을 빌리면 한마디로 '사랑'이라 말합니다. 사랑으로 아내를 돌보고 사랑으로 자녀를 돌보고 사랑으로 가정을 돌보는 것입니다. 이럴 때 가정의 행복은 유지됩니다. 여기에 남편이 가야 할 길이 있습니다. 남편이 아내를 사랑하고 가정을 사랑하면 가정의 행복은 지켜집니다. 남편들이여 아내를 사랑하시길 바랍니다.

**방법** : 아내를 효과적으로 사랑하는 법

문제는 어떻게 아내를 사랑하느냐입니다. 오늘 성경은 말씀합니다. 25절에 "남편들아 아내를 사랑하라." 했고 28절에 "남편들아 아내를 사랑하되 자기 자신을 사랑함과 같이하라." 했습니다. 사람은 자기 몸을 가장 사랑합니다. 그런데 오늘 하나님 말씀은 아내를 사랑하되 자기 몸처럼 사랑하라고 하셨습니다. '자기 몸을 귀하게 여기듯 아내를 귀하게 여겨라. 자기 몸을 아끼듯 아내를 아껴라.' 자기가 행복해지고 싶어 하듯이 아내를 행복하게 만들라는 겁니다. 이러면 아내도 가정도 행복해지고 결국 남편 역시 행복해집니다.

그러면 왜 남편들에게 아내 사랑하기를 자기 몸을 사랑하듯 하라 하셨습니까? 아내를 내 몸처럼 사랑하지 않는 남편들이 많기 때문입니다. 보세요. 가끔 혼외정사를 하거나 바람을 피우는 남편이 있습니다. 이런 남편의 태도는 아내를 사랑하지 않는 이기적이고 잘못된 태도입니다. 아내에게 상처를 주면 아내는 더는 행복할 수 없고 결국 가정의 행복이 깨집니다. 남편으로부터 시작된 혼외정사가 아내의 행복뿐 아니라 남편 자신의 행복마저 무너트리고 결국 자녀들에게 고통을 안깁니다. 하나님은 우리 크리스천 남편들이 정결한 남편, 가정을 지키는 남편이 되길 원합니다. 이 사실을 가슴에 새깁시다. '정결한 남편이 되겠습니다.' 하시는 남편은 아멘 합시다.

아내가 술을 많이 마시는 남편에게 "제발 술 좀 줄이세요." 합니다. 하지만 소귀에 경 읽기입니다. 술이 너무 좋아 못 끊습니다. 하루라도 술을 먹지 않으면 못 넘어가는 남편이 있습니다. 습관이 잘못 든 겁니다. 그런데 그렇게 술을 많이 마시면 인사불성이 되고 결국 아내에게 상처를 주고 가정에 고통을 줍니다. 남편의 주벽 때문에 온 가족이 몸살을 앓습니다. 이럴 때 가정을 어렵게 만든 장본인은 누구입니까? 남편입니다. 아내가 강청할 때 남편이 술 좀 줄이면 얼마나 좋습니까?

여러분, '아내를 내 몸처럼 사랑하라.' 했습니다. 아내를 사랑한다면 아내의 사랑 어린 충고에 남편은 귀를 기울여야 합니다. 성령의 도움으로 정말로 술을 끊는 결단을 내려야 합니다. 그래야 아내를 사랑하는 것이고 아내를 행복하게 만드는 것입니다. 남편들이여, 술을 끊으며 아내를 행복하게 만드는 남편이 되시기를 바랍니다.

여러분, 자유롭게 살던 총각도 결혼하면 방종하던 삶을 절제하고 아내에게 맞출 줄 알아야 합니다. 그것이 아내를 사랑하는 것이며 결혼 생활의 기본입니다. 그런데 결혼 후에도 마치 총각 때처럼 들로, 산으로, 동호회로 자유롭게 활동하며 아내를 외롭게 만드는 남편이 있습니다. 이러면 가정에 위기가 찾아옵니다. 이러면 남편이 위기를 자초하는 것입니다. 아내를 정말 사랑한다면 남편은 아내의 정서에 맞춰줄 줄 알아야 합니다. 아내를 외롭게 해서는 안 됩니다. 아내가 사랑받고 있다는 느낌이 들게 해 주어야 합니다.

하나님은 말씀합니다. "아내를 내 몸처럼 사랑하라!" 내 몸을 사랑하듯 아내를 사랑하기에 아내의 감정, 아내의 생각, 아내의 마음에 맞춰주는 것입니다. 그러면 아내는 외로움이나 적적함이 사라지게 되는 것입니다. 이것이 남편이 아내를 사랑하는 것입니다. 따라 해 보세요. "아내에게 맞춰주면 아내가 행복해진다." "나 또한 행복해진다." 남편들이여, 아내의 마음을 헤아리기를 바랍니다.

아내를 향해 지배하려는 욕구가 강한 남편이 있지요? 특히 돈을 잘 벌거나 능력 있는 사람이 이런 경우가 많습니다. 또 성격적으로 지배 욕구가 강한 남편이 있습니다. 아내가 남편에게 대꾸도 못 하게 만드는 남편이 있습니다. 이런 남편을 둔 부인은 남편의 지배에서 벗어나려고 발버둥 치다가 서서히 영혼이 병들어갑니다.

부부가 상호 존중하면 좀 좋습니까? 힘센 남편이 연약한 아내를 귀히 여기면 얼마나 좋을까요? 힘의 방향이 일방적이 아닌 쌍방으로 흐르면 더할 나위가 없겠지요. 하지만 그렇지 못할 때 아내는 기를 펴지 못하고 서서히 병들어갑니다. 이렇게 되면 아내는 행복할 수 없습니다. 결국, 자녀들 결혼시키고 아내가 황혼 이혼을 요구합니다. 아내가 복수하는 것입니다. 아내가 필요할 나이에 남편은 오히려 아내로부터 버림받는 것입니다.

여러분, 행복을 깨트리는 원인 제공자는 대부분 아내가 아니라 남편입니다. 능력 있고 힘이 세다 하여 연약한 아내를 막 다루어서는 안 됩니다. 상처를 줘선 안 됩니다. 특히 지배하려고 해서도 안 됩니다. 젊어서부터 연약한 아내를 조심스레 아끼고 사랑해야 합니다. 아내가 혹 상처받지는 않는지 아내의 마음이 불편하지는 않는지 수시로 헤아려 주는 남편, 이런 남자가 아내를 자기 몸처럼 사랑하는 것입니다.

이 아침, 성전을 떠나기 전에 아내를 조심스럽게 대하는 남편 되겠다고 결단하세요. 그래야 하나님이 잘했다 칭찬하시며 여러분의 가정생활이 행복하도록 축복하십니다. 남편들이여, 아내를 조심스럽고 귀하게 대하시길 바랍니다.

가끔 보면 일 중독에 사로잡힌 남편이 있지요? 새벽에 나가서 밤늦게 들어오며 아내와 감정교류가 없어 아내를 외롭게 만드는 남편이 있습니다. 특히 성공 주의에 사로잡힌 사람이 이러합니다.

포항의 유명한 연구소에 다니는 한 박사는 성과주의에 시달리며 연구에만 몰두하다가 아내가 병에 걸린 줄도 몰랐고 자녀들의 자라나는 얼굴도 제대로 보지 못했다고 했습니다. 아내가 죽고 난 뒤에 자신은 가장 소중한 것을 잃었다며 자책했습니다.

여러분, 아내를 내 몸처럼 사랑한다면 아내를 살펴야 합니다. 아내가 외롭지는 않은지, 무슨 생각을 하고 사는지, 무엇을 느끼며 사는지, 무엇을 원하는지, 무엇에 불만이 있는지, 아내의 마음에서 불만이 사라지도록 아내의 마음을 헤아려줘야 합니다. 성공이나 출세보다 아내가 먼저입니다.

아내를 자주 바라보십시오. 그 얼굴에서 무엇을 원하는지 살피세요. 연애하듯이 자주 데이트하며 때론 결혼기념일, 아내의 생일을 챙기며 아내의 마음을 헤아리십시오. 자식들 생일에 아내에게 선물 주면서 아이들 낳느라고 수고했다고, 평생 갚으며 살겠다고 고백하며 성의를 표시할 때 아내는 위로를 얻고 행복해합니다. 아내의 감정을 살피며 위로하고 마음을 헤아려주는 것이 아내를 내 몸처럼 사랑하는 것입니다.

아내의 눈에서 분노와 슬픔의 눈물을 흘리게 하면 남편 눈에서도 피눈물이 납니다. 아내의 눈에서 감사의 눈물, 기쁨의 눈물, 행복의 눈물을 흘리게 하면 남편 눈에서도 감사, 기쁨, 행복의 눈물이 흐릅니다. 따라 해 보세요. "아내가 행복하면 나도 행복해진다." 남편들이여! 세상에서 가장 소중한 사람, 아내의 마음을 헤아리며 짚어주세요. 그래야 아내의 얼굴이 밝고 목소리가 청아해지고 행복한 모습이 됩니다. 아내를 살피는 남편으로 새로워지시길 바랍니다.

오늘 하나님 말씀은 "아내 사랑하기를 자기 몸처럼 사랑하라." 하셨는데 25절은 보다 구체적입니다. 보세요.

"남편들아 아내 사랑하기를 그리스도께서 교회를 사랑하시고 그 교회를 위하여 자신을 주심 같이 하라 이는 곧 물로 씻어 말씀으로 깨끗하게 하사 거룩하게 하시고 자기 앞에 영광스러운 교회로 세우사 티나 주름 잡힌 것이나 이런 것들이 없이 거룩하고 흠이 없게 하려 하심이라"
(엡 5:25-27)

남편들에게 하나님께서 도전을 주십니다. "아내 사랑하기를 그리스도가 교회를 사랑하심과 같이 하라." 여기에 크리스천 남편들이 가져야 할 남편상이 있습니다.

주님이 교회를 어떻게 사랑했습니까? 죽기까지 사랑하셨습니다. 우리를 사랑하사 우리 대신 십자가에 매달려 죗값을 치르셨고 우리 대신 죽으셨습니다. 조건 없이 그렇게 하신 것은 우리를 사랑하기 때문이었습니다. 이처럼 남편도 아내를 사랑하되 죽을 만큼 아내를 사랑하라는 것입니다. 한 마디로 희생하는 남편이 되라는 것입니다. 여기에 진정한 남편상이 있습니다.

남편의 덕목은 결혼과 동시에 아내에게 희생하며 사는 것입니다. 거기에 남편다움, 아버지다움, 가장다움이 있습니다. 이 세상에는 아내 몰래 바람피우는 남자, 아내가 병 걸려 죽게 되자 속으로 웃는 남자, 아내 몰래 보험 들어 놓고 아내를 죽이고 새 출발 하겠다는 남자, 아내가 화를 내거나 불만을 터트리면 웬 불만이 그렇게 많으냐며 아내의 투정을 받아줄 줄 모르는 속 좁고 남자들이 있습니다.

이런 남편은 아내를 사랑하기를 포기한 것이며 가장의 권위와 책임을 버린 것입니다. 궁극적으로 하나님 말씀에 불순종하는 사람이며 남편다움을 포기한 사람입니다.

여러분, 이런 남편은 오늘부터 변해야 합니다. 좋은 남편으로, 믿음직한 남편으로, 아내를 위하여 몸을 던질 수 있는 넓은 가슴의 남편으로 새롭게 변해야 합니다. 하나님은 남자라면 이런 남편이 되길 원합니다.

프랑스의 최고 철학가 앙드레 고르는 아내가 치매에 걸리자 무려 20년 동안 아내를 보살피다 죽었습니다. 자신의 모든 것을 희생했습니다. 그는 이렇게 말했지요. "아내 없는 세상은 텅 비었다. 살 의미를 모르겠다." 아내를 얼마나 사랑하였으면 치매에 걸려 자기를 알아보지 못하는데도 그토록 긴 세월 아내 곁을 지키며 희생한 걸까요? 여기에 아내를 진정으로 사랑하는 남편의 모습이 있습니다.

성경은 말씀합니다. "아내를 사랑하되 주님이 교회를 사랑하사 교회의 주름 잡힌 것이 없이 깨끗하게 하라." 이것은 남편이 아내의 마음에 티가 생기거나 주름이 잡히지 않게 하라는 것입니다. 아내를 기쁘고 행복하고 당당하게 살아가게 해 주라는 겁니다. 아내의 마음에 어둠이 찾아오지 않도록, 그늘진 부분이 없도록, 상처가 쌓이지 않도록, 행복하게 해 주라는 것입니다.

여러분, 남편이 이 세상에서 가장 사랑해야 할 사람은 아내입니다. 그런데 어떤 사람은 "부모입니다."하는 분이 있습니다. 아니에요. 아내가 먼저입니다. 결혼한 지 10년이 넘어도 부모 말이라면 껌뻑 죽으면서 아내 말은 들은 척도 하지 않는 남편이 있습니다. 사랑을 잘 못 하는 겁니다. 아내가 우선입니다. 우리 부모들은 아들이 장가가서 부인 말을 듣는다는 것을 서운하게 생각해선 안 됩니다. 그것이 잘하는 겁니다. 그렇게 하도록 도와주는 부모가 되어야 합니다.

남편은 아내를 외롭게 만들지 마세요. 아내와 함께 행복한 모습으로 부모를 섬기는 것입니다. 그래야 잘하는 겁니다. 남편이 아내를 기쁘고 행복하게 만들어 줄 때 가정은 행복해집니다. 자녀들도 그 모습을 보고 행복해합니다. 그럴 때 힘을 합쳐 부모를 섬기는 것입니다.

아내들이여, 남편을 향한 소원이 있지요? 신앙생활을 잘해 보자고 아내가 남편에게 간청하지요? 그런데 평생 그 소원을 외면한 남편들이 있습니다. 정말 행복한 부부가 되려면 남편과 아내가 함께 신앙생활을 잘하는 것입니다. 남편이 뒤처지면 아내는 늘 힘들어합니다.

남편이여, 아내의 마음을 왜 시원하게 못 합니까? 가장이 아내의 신앙을 왜 앞장서서 이끌지 못합니까? 함께 기도하고, 성경 읽고, 교회를 섬기며 아내를 영적으로 이끄는 남편으로 왜 거듭나지 못합니까? 아내는 남편을 따라가는 사람이 되길 원하지, 아내가 남편을 이끌기를 원치 않습니다. 남편이 아내와 함께 신앙이 성장해야 아내도 기뻐하는 것입니다. 그렇게 되도록 도와주는 것이 아내를 사랑하는 것입니다.

하나님이 아내를 사랑하라고 선물로 주셨습니다. 하나님이 남편에게 주신 선물, 아내를 제대로 사랑하세요. 똑똑하게 사랑하세요. 아내가 기뻐서 눈물이 쏟아지도록 똑똑하게 사랑하세요. 그래야 아내가 행복하고 가정이 행복하고 남편도 행복해집니다.

아내 되시는 성도들에 부탁합니다. 여러분의 남편을 가정의 신앙을 이끄는 가장으로 세우십시오. 남편이 사람들 앞에서 당당히 설 수 있도록 도와주십시오. 내 남편 참 잘한다고, 이런저런 면이 참 훌륭하다고 인정하며 자주 칭찬하시길 바랍니다. 남편은 아내를 위하여 영웅이 되고 싶은 심리가 있습니다. 아내에게 인정받을 때 남편은 최고의 남편이 되려고 노력합니다. 아내에게 칭찬받을 때 더 잘하고 싶고 최고로 행복해합니다. 잘한다고 남편을 인정하고 칭찬해 주세요. 그럴 때 남편은 아내를 위하여 목숨도 바칩니다.

남편은 아내가 있을 때 빛이 나고 아내는 남편이 있으므로 행복합니다. 남편들이여, 아내를 사랑하고 귀히 여기십시오. 한마디로 똑똑하게 사랑하세요. 아내가 최고로 행복하도록 만들어 주십시오. 이 말씀을 실천하며 하나님이 축복하시는 천국 가정으로 세워지시길 주님의 이름으로 축원합니다.

## ✱ NPS 스타일

본 설교는 원 포인트 설교 스타일 중 NPS(Negative and Positive Solution) 스타일로 작성되었다. 아내를 존귀하게 여기지 않는 남편의 모습을 보임을 통해 부정적 모습을 보여 주의를 환기하고, 성경에서 말하는 남편상을 제시한 후 적용점을 제시한다. 설교자는 청중들의 감정선을 터치하면서 진리로 인도하도록 감성적이면서도 논리적인 설교를 준비해야 한다.

**NPS 스타일**
'부정, 긍정, 해결책을 찾아라'의 구성

**Father & Mother's Day**
어버이 주일

출애굽기 20:12

# 부모공경은 인간의 근본이다

**개요**

- **부정** : 부모를 공경하지 않는 후손
- **긍정** : 부모를 공경하는 후손
- **방법** : 효과적으로 부모를 공경하는 길

**부정** : 부모를 공경하지 않는 후손

오늘은 어버이 주일입니다. 우리의 부모님을 다시 한 번 돌아보며 감사와 경의를 표하시길 바랍니다. 또 우리 부모님을 주신 하나님에게 감사하시길 바랍니다.

모 교수가 서울시에 거주하는 대학생을 상대로 설문을 조사했는데, '아버지에게 원하는 것이 무엇인가?'라는 질문에 약 40% 정도가 '돈을 원한다.'고 했답니다. 또한, 모 대학교 학생을 대상으로 '부모가 언제쯤 죽으면 가장 적절할 것 같은가?'라는 질문에는 63세'라고 답한 학생이 가장 많았다고 합니다.

그 이유로는 은퇴한 후 퇴직금을 남겨놓고 사망하는 것이 자식에게 가장 도움이 되기 때문이랍니다. 어쩌다 이 시대 젊은이들이 피땀 흘려 모은 부모 재산을 노리는 강도가 되었는지 모르겠습니다. 나만 잘 살려고 생각하지 나를 키워주신 부모를 사랑하고 섬기는 데에는 무관심합니다.

어린 자녀들에게는 유명상표 옷이나 신발을 척척 사주면서 부모에게 옷 한 벌 사주는 것을 주저합니다. 어린 자식 뒷바라지에 돈을 펑펑 쓰면서 부모님 용돈 드리길 아까워합니다. 친구들에게 전화는 잘하면서 부모에게는 전화하기를 싫어합니다. 친구들과 자주 어울리면서 부모와 식사하는 것은 꺼리고, 어린 자식이 아프면 깜짝 놀라 병원에 가면서도 부모가 아프면 시큰둥합니다.

어느 자녀는 부모가 싫어서 아예 멀리 이사를 가버립니다. 부모를 부양하는 것에 대해서 상당한 부담감을 가집니다. 부모님으로부터 마음이 점점 멀어집니다. 부모를 공경하지 않는 사람들이 많습니다. 그런 자식을 보면서 부모님은 슬퍼합니다. 외로워합니다. 지나치면 우울증에 걸리거나 고독사에 이릅니다. 성경은 말씀합니다.

"너를 낳은 아비에게 청종하고 네 늙은 어미를 경히 여기지 말지니라"

(잠 23:22)

여러분, 오늘 이 아침 어버이를 가볍게 여기지 말라는 말씀을 가슴 깊숙이 새기시길 바랍니다.

**긍정** : 부모를 공경하는 후손

6·25 때 있었던 실화입니다. 지뢰가 터져 한 청년이 눈을 잃고 수술을 받게 되었습니다. 의사는 "수술을 하겠지만, 눈은 다시 뜰 수 없을 것이네."라고 했습니다. 시각장애인으로 살아야 한다는 겁니다. 청년은 소리를 지르며 발악했습니다. "시각장애인으로 살 바에야 죽는 게 나아! 수술을 받지 않겠어!" 그러나 의사는 "설사 시력을 잃는다 해도 자네는 살아야 하고 나는 살려야 할 것이네!" 하며 설득했습니다. 결국은 의사는 강제로 수술했습니다. 그리고 며칠이 지나 눈을 가린 붕대를 풀게 되자 의사는 또 말했습니다.

"자네는 시각장애인이 될 수밖에 없었는데 고맙게도 안구를 제공한 사람 덕에 한쪽을 볼 수 있게 되었네." 그래도 청년은 소리를 질렀습니다. "애꾸눈으로 사느니 차라리 죽는 것이 나아!" 의사 왈 "여보게 눈을 제공한 분을 생각해서라도 그런 말을 하지 말게." 하면서 의사는 천천히 붕대를 풀었습니다. 뿌옇게 무언가 보이기 시작했습니다. 차츰 앞이 밝아졌는데 가만히 보니 눈앞에 어머니가 서 있었습니다.

그런데 어머님의 눈 하나가 없는 것이었습니다. 그 순간, 청년은 어머니 앞에 털썩 무릎을 꿇었습니다. 그리곤 외쳤습니다. "어머니!" 눈을 잃고 살 소망을 잃은 청년을 다시 살린 것은 어머니였습니다.

이번 터키 지진에서 발굴된 시신 가운데 하나는 웅크린 채 위에서 쏟아지는 건물더미에 깔려 죽은 한 어머니였습니다. 웅크린 가슴 속에는 살아있는 아기가 있었습니다. 어머니의 손에는 휴대전화가 들려 있었습니다. 거기에는 마지막 엄마의 메시지가 있었습니다. "아가야 네가 만약 살아난다면 꼭 기억해라. 내가 너를 사랑한다고." 죽어가면서도 최후의 순간까지 자식의 생명을 지킨 사람은 어머니였습니다. 여자는 약하지만, 어머니는 강합니다. 자식을 위해서라면 목숨도 내놓는 것이 어머니입니다. 그래서 어머니는 숭고합니다.

그래서일까요? 영국 문인협회가 세계 102개국, 4만 명을 대상으로 설문 조사를 한 결과 세상에서 가장 아름다운 단어는 'mother(어머니)'였습니다. 이 세상 모든 사람이 어머니란 이름에 감사하고 그 이름을 숭고하게 여깁니다.

보세요. 우리가 어릴 때 가장 쉽고 자주 부르는 이름은 '어머니'였습니다. 위험에 처할 때나 도움이 필요할 때나 두려움이 찾아들 때도 가장 먼저 부르는 이름은 어머니였습니다. 군인이 전쟁터에서 죽어가면서 마지막으로 부르는 이름도 어머니, 죽음을 앞두고 마지막으로 보고 싶어 하는 분도 어머니입니다. 딸이 시집갈 때 고맙고 죄송한 마음이 들게 하는 분도 어머니, 시집가서 서러울 때 가장 생각나는 분도 어머니입니다. 가장 슬플 때나, 가장 기쁠 때 함께하고 싶은 사람도 어머니입니다.

얼마 전에 90이 넘은 할아버지가 자기 어머니 산소 앞에서 "어머니에게 불효했던 사실을 평생 잊을 수 없습니다." 하며 눈물을 흘렸습니다. 나이가 아무리 많아도 잊을 수 없는 분이 어머니요, 가장 보고 싶은 분도 어머니입니다. 가장 고마운 분도 어머니입니다. 이유가 무엇일까요? 자식에게 가장 큰 은혜를 끼쳤기 때문입니다.

　제가 미국에서 유학을 마치고 한국에 막 왔을 때 시골에 계신 어머니께 "내일 찾아뵙겠습니다."하고 전화를 드리면 전날부터 식사를 못 하시고, 잘 주무시지 못합니다. 이튿날 새벽부터 저를 기다리십니다. 그러다가 제가 도착하는 차 소리가 나면 맨발로 달려 나오셨습니다. 물론 추운 겨울에도 마찬가지였습니다. 저는 어머니의 맨발을 보면서 눈물이 흐르곤 했습니다. 그리고 울면서 제발 이렇게 하지 마시라고 부탁드려도 소용이 없습니다.

　젊어서부터 온갖 고생을 다 하며 우리 5남매를 키워내시고 이제 90세가 다 되어가는 그분의 마음속엔 오직 자식뿐이었습니다. 자식이 건강하게 지내는 것이 유일한 소원일 뿐입니다. 젊을 때는 어린 자식에게 자신의 단물을 다 짜내 주시고 늙어서도 자식을 걱정하며 살아가는 존재가 우리의 어버이들이십니다.

　이런 부모를 향해서 오늘 하나님 말씀은 우리에게 명령합니다. "네 부모를 공경하라!" 10계명 중에 1계명부터 4계명까지는 "하나님을 사랑하라"고 말씀하시고 5계명부터 10계명까지는 "인간을 사랑하라"고 말씀하셨는데 그 첫 계명이 바로 "부모를 공경하라."였습니다. 부모를 공경하라고 첫 번째 말씀한 이유는 인간에게 가장 중요한 분이 바로 부모님이기 때문입니다. 부모를 공경하는 것이 인간의 첫 번째 의무이기 때문입니다. "네 부모를 공경하라. 그리하면 네 하나님 여호와가 네게 준 땅에서 네 생명이 길리라." 부모를 공경하는 자에게 하나님께서 장수의 복을 주신다 했습니다.

성경에 보면 '룻'이란 여성이 나오는데 결혼을 한 지 얼마 안 되어 남편이 죽었습니다. 시어머니 나오미는 혼자된 며느리들에게 말합니다. "난 내 고향으로 가련다. 너희는 젊으니 새 출발 해라." 큰 며느리는 어머니의 말을 듣고 살길을 찾았습니다. 그런데 둘째 며느리 룻은 "저는 돌아가지 않겠습니다." 하고 시어머니를 모시고 어머니의 고향으로 돌아왔습니다. 효성이 지극했던 며느리 룻은 놀랍게도 그곳에서 보아스라는 의로운 부자를 만나 결혼했습니다. 그 덕에 시어머니는 고생이 끝나고 행복이 시작되었습니다. 무엇보다 그들에게 후손이 생겼는데 그 후손에서 다윗이 나왔습니다. 부모에게 효도하니 하나님 말씀대로 복을 받은 것입니다. 할렐루야!

오늘 이 아침 우리의 부모를 공경하겠다고 마음먹는 분들은 다시 한 번 "네 부모를 공경하라"는 말씀에 순종하시길 바랍니다. 이 부모공경의 믿음이 저와 여러분의 것이 되시기를 주님의 이름으로 축원합니다.

**방법** : 효과적으로 부모를 공경하는 길

어떻게 부모를 공경할 수 있을까요? 첫째, 부모의 은혜를 깊이 이해하는 데서 부모 공경이 시작됩니다.

어느 학자는 "하나님의 사랑을 보길 원하느냐? 그렇다면 어머니의 사랑을 보라." 했습니다. 어머니의 사랑은 신의 사랑에 빗댈 만큼 절대적입니다. 부모는 하늘이 우리에게 내려 준 최고의 선물입니다. 부모의 몸을 통하여 우리가 생명을 얻었고 자라났습니다. 오늘의 우리가 있게 된 것은 순전히 부모 때문입니다. 이것을 기억하는 것이 부모공경의 시작입니다.

어머니 은혜가 얼마나 큰지 소학에 보면 이런 말이 있습니다.

부인이 아이를 배면, 잘 때는 옆으로 기울여 눕지 아니하고, 앉을 때는 몸을 구석진 곳에 치우쳐 앉지 않는다. 또 설 때는 한쪽으로 기울어지게 서지 아니하며, 사특한 맛의 음식을 먹지 아니하고, 칼로 벤 것이 바르지 않으면 먹지 아니하고, 자리가 바르지 않으면 앉지 않는다. 또 눈으로 사특한 빛을 보지 아니하고, 귀로 음란한 소리를 듣지 아니하고, 밤이면 소경이 시를 외게 하며, 바른 일을 말하게 하였다.

뱃속에 가진 아기를 반듯하게 키우기 위하여 어머니가 얼마나 신경 쓰는가를 보여주는 대목입니다. 자녀를 위해서라면 무엇이든지 시행하려는 것이 부모입니다. 이것이 부모 은혜입니다.

부모 은혜의 흔적을 보십시오. 모진 아픔을 통해 아이를 낳은 뒤 먹이고, 씻기고, 기저귀를 갈아줍니다. 아기가 울면 안아주고, 아프면 부랴부랴 병원에 데려가고, 오만 가지 예방접종을 챙깁니다. 말을 가르치고, 앉고서는 법을 가르치고, 보행기에 태워서 다리에 힘을 얻게 하고,

또 세워놓고 '이리 와!' 하면서 예쁜 장난감을 흔들며 걸음마를 시킵니다. 아기가 아장아장 걸을 때 박수를 치며 그렇게 좋아할 수가 없습니다. 겨울엔 추울까 봐 아기에게 두툼한 옷을 입히고 여름엔 더울세라 잠든 아기에게 부채를 살랑살랑 부쳐주며 모기가 달려들면 쫓아주고 깰라치면 자장가를 불러줍니다. 동화책을 읽어주고 틈틈이 맛있는 것을 만들어 먹입니다. 때론 업고, 안고, 손잡고, 산책도 하면서 '저건 꽃,' '저건 자전거' 하면서 말을 가르칩니다. 자식이 자랄 때까지 숭고한 헌신을 합니다.

또한 잘못하면 잘되라고 야단치고, 마음이 서운하면 다독여 풀어줍니다. 심성이 바르게 자라나서 세상에 어엿한 일꾼이 되도록 가지가지 신경 쓰며 가르칩니다. 이것이 부모 은혜입니다.

불교 경전인 《부모은중경》에 보면 부모의 10가지 은혜가 있습니다. 아기를 잉태해 열 달 동안 온 정성을 기울여 지키고 보호해 준 은혜, 해산할 때 새 생명을 얻기까지 괴로움을 겪으며 참았던 은혜, 자식을 낳고 모든 근심을 잊으며 기뻐하던 은혜, 입에 쓴 음식은 삼키고 단 음식은 아기에게 먹여주는 은혜, 마른자리 골라 이부자리 눕힌 은혜, 때맞춰 젖을 먹여 길러준 은혜, 똥오줌 가려 더러운 것을 씻어주는 은혜, 자식이 먼 길을 떠나면 그리워하고 염려하는 은혜, 자식을 위해서라면 어려운 일도 서슴지 않는 은혜, 그리고 열 번째, 늙어 죽을 때까지 자식을 사랑하는 은혜가 있습니다. 자식에 대한 사랑이 죽을 때까지 변하지 않는 것이 부모입니다.

우리 부모님 말고 이런 은혜를 누가 베풀까요? 부모님 외에 누구도 이렇게 크고, 깊고, 숭고한 은혜를 베풀지 않습니다. 그런데 자식은 이 놀라운 부모 은혜를 쉽게 잊습니다. 한 걸음 더 나아가 연약해진 부모를 무시합니다. 묻는 말에 불손하게 대답하고 눈을 부라리며 욕설을 퍼붓기도 합니다. 어떤 자식은 '내가 부모 잘못 만나서 이 꼴'이라며 부모를 원망합니다. 또 부모의 힘든 상황은 모른 체하며 저만 잘 먹고 잘 살려고 합니다. 어른이 되어서도 부모 덕만 보려고 합니다. 급기야 부모가 늙어 부양이 필요한 상황이 오면 부모를 귀찮게 여깁니다. 부모의 은혜를 모르는 겁니다. 부모를 몰라보는 자식은 행복하게 살 자격이 없습니다. 친구들에게 칭찬받을 자격도 없습니다. 자식들에게 존경받을 자격이 없습니다. 하나님의 축복을 받을 자격도 없습니다.

어느 집안에 연로한 어머니의 병이 오래되자 형제들이 한자리에 모였습니다. 한 자녀가 "어머니가 빨리 죽어야지 저렇게 오랫동안 아프시니 우리 자식들 등골이 휘어져."라고 말합니다. 긴 병에 효자 없단 말이 생각납니다. 그런데 다른 자식은 "어머니가 없었더라면 우리가 어떻게 존재할 수 있었겠어? 살아계신 것만으로도 감사해."라고 말합니다.

똑같이 배 아파 난 자식인데 한 아들은 어머니를 짐으로 여깁니다. 어머니 은혜를 잊었기 때문입니다. 그러나 다른 아들은 자식 된 도리를 다하려 합니다. 은혜를 기억하기 때문입니다.

"네 부모를 공경하라 그리하면 네 하나님 여호와가 네게 준 땅에서 네 생명이 길리라"(출 20:12)

하나님은 우리가 부모의 은혜에 보답하며 공경하길 원하십니다. 이 믿음이 저와 여러분의 것이 되시기를 바랍니다.

'부모공경'의 시작은 부모의 은혜를 기억하는 것이라 했습니다. 더욱 중요한 것은 은혜를 베푸신 부모님을 높여드려야 합니다. 그것이 부모공경입니다. 어떻게 높여드려야 할까요? 살아계시는 동안 부모님을 가장 귀한 분으로 여기는 것입니다. 하나님 다음으로 귀하게 여기는 것이 부모를 공경하는 것입니다.

룻은 시어머니가 자기를 며느리로 따뜻하게 감싸주었던 일들을 기억하는 데서 그치지 아니하고 '평생 갚으며 살리라.' 마음을 먹었습니다. 그래서 자기의 앞날보다 시어머니의 앞길과 행복을 먼저 생각했습니다. 자기의 축복보다 시어머니의 복된 삶을 먼저 생각했습니다. 은혜를 갚으며 살겠다는 결단이었습니다. 이 믿음이 실천되었을 때 하나님은 룻을 향해 축복의 문을 여셨습니다.

'동온하정(冬溫夏淸)'이란 말이 있습니다. 부모를 위하여 겨울엔 따뜻하게 여름엔 시원하게 해드린다는 뜻입니다. 부모의 추위하시는 것과 더워하시는 것을 방관하지 않는다는 뜻입니다. 또 '출필곡반필면(出必告反必面)'이란 말이 있습니다. 밖에 나갈 때는 반드시 가는 곳을 부모님께 아뢰고, 돌아와서는 반드시 얼굴을 보여 드린다는 뜻입니다. 왜요?

걱정하며 기다리시는 부모님 마음을 알기 때문입니다.

이름만 대도 다 아는 한 고위공직자는 출퇴근 시에 연로한 어머니 방에 들어가서는 무릎을 꿇고 상체를 반듯하게 세운 채 문안드린다고 합니다. 부모를 향한 생각이 얼마나 깊고 태도가 얼마나 반듯한가를 보여줍니다.

'반의지희(斑衣之戱)'라는 말이 있습니다. 아들이 늙은 부모를 위로하려고 색동저고리를 입고 재롱부리는 것을 말합니다. 어버이를 기쁘게 해드리기 위해서라면 못할 것이 없습니다. 이것이 효심입니다. 나이가 들면 무엇을 먹어도 맛이 없으며, 무엇을 보아도 즐겁지 않으며, 무엇을 해도 재미가 없습니다. 늙어가는 것이 서럽기만 할 뿐 젊을 때와 같은 즐거움이 없습니다. 이 사실을 알기에 자녀는 마음으로 울며 어버이를 기쁘게 해드리고자 재롱을 부립니다. 여기에 부모 은혜를 갚는 효심이 있습니다. 성경은 말씀합니다.

"네 부모를 즐겁게 하며 너를 낳은 어미를 기쁘게 하라"(잠 23:25)

맹자는 "사람이 어버이에게 기쁨을 드리지 못하면 사람 노릇을 할 수가 없고, 어버이에게 순종하지 못하면 자식 노릇을 할 수 없다."고 했습니다. 그렇습니다. 부모님을 기쁘게 하지 못하면 자식이 아니며 사람이 아닌 겁니다.

출퇴근 시에 부모님께 깍듯하게 인사를 드리십시오. 서양식으로 자주 껴안아 드리세요. 시늉만 내지 말고 오랫동안 껴안으시길 바랍니다. 진한 사랑이 느껴지도록 말이지요. 부모님은 우리가 안아드려도 체온이 따뜻하지 않습니다. 몸에서 수분이 빠져나갔기 때문입니다. 날마다 근육이 약해지며 기력이 쇠약해지고 있습니다. 자녀들의 도움이 필요하신 분들입니다. 얼마 살지 못하십니다. 외로움을 외면하지 마세요. 마음을 헤아려 기쁘게 해드리십시오. 하나님은 은혜를 갚을 줄 아는 사람을 축복합니다.

서울여대 공모전에서 수상한 시를 소개합니다. 제목은 어머니입니다.

나에게 티끌 하나 주지 않은 걸인들이 내게 손을 내밀 때면
불쌍하다고 생각했습니다.
그러나 나에게 전부를 준 어머니가 불쌍하다고 생각해 본 적은 없습니다.

나한테 밥 한 번 사준 친구들과 선배들은 고마웠습니다.
답례하고 싶어서 불러냅니다.
그러나 날 위해 밥을 짓고 밤늦게까지 기다리는 어머니께
감사하다고 생각해 본 적은 없습니다.

실제로 존재하지도 않는 드라마 속 배우들 가정사를 보며
그들을 대신해 눈물을 흘렸습니다.
그러나 일상에 지치고 힘든 어머니를 위해 진심으로 눈물을
흘려본 적이 없습니다.

친구와 애인에게는 사소한 잘못 하나에도 미안하다고 사과하고
용서를 구했습니다.
그러나 어머니에게 한 잘못은 셀 수 없이 많아도
용서를 구하지 않았습니다.

죄송합니다. 죄송합니다. 이제야 알게 돼서 죄송합니다.
아직도 너무도 많은 것을 알지 못해 죄송합니다. 어머니.

어느 날 임금님이 시골로 행차하게 되었습니다. 이때 거동이 불편한 할머니 한 분이 살아생전에 임금님의 얼굴을 한번 보겠다고 떼를 썼습니다. 효자인 아들은 어머니의 소원을 풀어주기 위해 어머니를 등에 업고 땀을 뻘뻘 흘리며 서 있었습니다. 얼마 후 임금님은 어째서 노인을 업고 있는지 물었습니다. 사실대로 임금님에게 말했습니다. 이에 임금님은 그 사람을 효자라고 칭찬하며 상을 내렸습니다. 이 소문은 순식간에 마을에서 마을로 퍼져나갔습니다.

그런데 불효하는 다른 아들이 이 소식을 들었습니다. 자기도 상을 받고 싶은 욕심에 왕이 행차하는 길목에 자신의 어머니를 억지로 업고 갔습니다. 마침 곁을 지나가던 왕이 행차를 멈추고 "이 마을에도 효자가 있구나. 이 사람에게도 상을 주라."고 명령을 내렸습니다. 이때 주변 사람들이 "임금님 저 사람은 불효자입니다. 상을 받으려고 효자 흉내를 낸 것입니다." 그러나 이 말을 들은 임금님은 웃으면서 "비록 흉내를 냈어도 효자 흉내를 낸 것은 좋은 일이다. 이 불효자에게도 상을 주어

라."고 명했다고 합니다.

은혜를 모르는 사람은 원망하며 삽니다. 그러나 은혜를 아는 사람은 흉내라도 냅니다. 부모의 은혜를 기억하십시오. 지나온 세월, 오늘의 내가 있기까지 나를 사랑하며 도와준 부모님 은혜를 찬찬히 돌아보십시오. 받은 은혜를 기억할수록 원망과 불평이 줄어들고 감사의 마음이 커집니다. 그리고 조금이라도 은혜에 보답하며 살고자 합니다.

"내 아들아 네 아비의 훈계를 들으며 네 어미의 법을 떠나지 말라 이는 네 머리의 아름다운 관이요 네 목의 금 사슬이니라"(잠 1:8-9)

"네 부모를 즐겁게 하며 너를 낳은 어미를 기쁘게 하라"(잠 23:25)

어버이 주간을 맞아 부모의 은혜를 알고 그 은혜에 보답하는 믿음이 저와 여러분의 것이 되시기를 주님의 이름으로 축원합니다.

## ✱ NPS 스타일

본 설교 역시 NPS(Negative and Positive Solution-부정, 긍정, 해결책을 찾아라) 스타일의 설교이다. NPS 구성의 설교는 사순절 설교 "한 의가 나타났으니"에 해설이 있으므로 참조하면 좋다. 여기에서는 부모를 공경하지 않는 부정적 세태를 부각하고 부모를 공경하는 긍정적인 측면을 제시함으로 주의를 환기한 후 어떻게 부모를 공경할 것인가에 대해 해결책을 제시하는 방식으로 설교를 구성했다.

# Pentecost Sunday

### 성령 강림주일

부활절에서 50일째, 즉 예수님 승천 일에서 10일 후 첫 일요일. 오순절 마가의 다락방에서 성령이 사도들에 강림한 날(행 2:1-42)을 기념하는 절기로, 성탄절 및 부활절과 함께 교회의 3대 절기 중 하나이다. 특히 교회의 탄생일이라는 역사적 의미가 크기 때문에 성령강림절을 중요하게 여긴다. 설교자는 처음 성령이 임했던 마가 다락방의 현장으로 성도들을 인도하여 성령의 임재를 확실하게 체험하게 한다. 혹은 성령의 지속적인 임재 속에 성령 충만한 삶을 살도록 이끈다.

## Chain 스타일
### '부정문제를 제기하고, 원인을 밝히고, 해결책을 찾아라'의 구성

데살로니가전서 5:16-22

# 성령을 소멸하지 말라

**개요**

- **부정문제제기** : 성도는 성령을 소멸하기도 한다
- **문제원인** : 은혜를 잊으면 성령도 소멸한다
- **해결책** : 성령 충만을 입는 비결은 악을 버리고, 성령의 인도에 순종하는 것이다

**부정문제제기 : 성도는 성령을 소멸하기도 한다**

미국에서 목회할 때 불신자나 다름없는 한 성도님을 끈질기게 설득하여 신자의 길을 가게 한 적이 있습니다. 이 분은 요식업을 하면서 술, 담배가 몸에 배었고 술주정을 자주 했습니다. 욕이 아니면 말을 하지 않았고 아내를 자주 때려서 온몸을 멍들게 했습니다. 한국에서는 조폭처럼 살았기에 온몸에 칼자국이 많았습니다. 이런 그를 가족이나 주변 사람들은 무서워했고 아무도 선뜻 다가가지도 못했습니다.

이런 사람에게 성경공부를 하자고 밤 11시에 집으로 찾아가니 "증거도 못 대면서 하나님을 믿으라 한다."며 저한테 대들곤 했습니다. 저는 참아가며 복음을 조목조목 설명하고 그가 평소에 궁금해하던 것들에 답변해 주었습니다. 몇 달이 지난 후에 질문할 것이 없는지 더는 묻질 않았고 우리 부부의 정성에 감동했는지 교회를 나오기 시작했습니다. 하지만 교회에 와서도 그의 폭력적인 모습, 욕하는 모습은 여전했습니다.

그러던 어느 날 교회의 부흥집회 마지막 날에 안수기도를 했는데 그분이 안수를 받는 동안 가슴이 둘로 쪼개지는 듯한 통증을 느꼈다고 했습니다. 그리고 그다음 주에 놀라운 일이 일어났습니다. 은혜받은 사람은 나와서 간증을 하라고 하니 이 분도 나와서 기도 받을 때의 현상을 설명하면서 성령이 자기에게 임했음에 감격했습니다. 더 놀라운 것은 안수받은 직후부터 담배가 역겨워 피울 수가 없고 술이 싫어졌다는 것입니다. 더 놀라운 것은 입에 달고 살던 욕이 사라졌습니다. 일부러 욕을 하려 해도 욕이 나오질 않았습니다. 그 후에 눈빛이 달라졌고 말이나 태도가 부드러워졌습니다. 그에게서 교만, 편견, 안하무인, 고집이 빠져나갔고 순한 양의 모습만 남았습니다.

성령체험을 통해서 이 분은 하나님이 자기를 사랑하심과 하나님이 살아계심을 확신하며 기쁨, 감사를 자주 표현했습니다. 교회에서 누가 불만을 토로해도 씩 웃으며 협조하며 성품이 마치 버터처럼 부드러워졌습니다. 성도들은 그의 변화를 화젯거리로 삼았습니다. 우리는 그분을 보며 한동안 하나님의 선하심을 찬양했습니다.

집안에서 꼴통 한 사람이 변하니 가정이 얼마나 평안해졌는지 모릅니다. 그분의 어머니와 아내는 우리 덕분에 자기 아들이 새로워졌다며 저희를 얼마나 극진히 대접하는지 모릅니다. 그 가족은 결혼생활 5년 만에 최고의 행복, 최고의 평강을 누리게 되었습니다. 그 후에 그분은 부인과 함께 집사가 되어 최선을 다해 교회에 헌신하는 가정이 되었습니다. 성령이 그를 변화시키셨습니다. 여러분, 성령의 역사가 이렇게 강력합니다.

그런데 제가 공부를 위하여 켄터키로 떠났다가 몇 년 후에 모 교회를 방문해 보니 안타깝게도 그분은 옛날의 거친 입, 날카로운 눈매, 거친 성품으로 다시 돌아와 있었습니다. 집안은 다시 지옥이 되어 있었습니다. 옛날 받았던 성령의 은혜는 찾아볼 수 없었습니다. 저는 크게 실망했습니다. 그리고 그분 자신뿐만 아니라 가족들과 성도들까지도 모두 실망했습니다. 여러분, 하나님의 백성이 한번 받은 은혜를 왜 상실할까요?

최근에 우리 교회에 이런 학생이 있었습니다. 공부도 안 하고, 말도 잘 안 듣고, 삐딱하던 고등학교 1학년 학생이 학생집회에 참석했다가 은혜를 받았습니다. 방언이 터졌고 성령을 받았습니다. 그 이후에 기쁨이 충만하더니 날마다 기도하며 살았습니다. 예배드리는 자세를 보면 매우 진지합니다. 말씀을 들을 때마다 '아멘'으로 화답합니다. 안 하던 공부를 열심히 합니다. 학생부 전도사님을 하나님처럼 생각하며 따릅니다.

대표기도를 시키면 세상을 가슴에 품은 거창한 기도를 했습니다. 은혜가 충만했고 순종의 삶을 살았습니다. 정말 아름다운 변화였습니다.

그런데 안타깝게도 이 아름다운 모습이 오래가지 못했습니다. 고3이 되자 기도도 안 합니다. 부모에게 반항합니다. 예배도 안 드립니다. 은혜로웠던 모습이 온데간데없이 사라졌습니다. 모든 성도가 마음 아파했습니다. 여러분, 받은 은혜를 왜 지속하지 못할까요?

성경에 보면 '데마'란 사람이 나옵니다. 은혜를 받고 오직 복음을 증거하며 살기로 작정을 했습니다. 그런데 그는 중도에 복음 증거의 길을 포기하고 세상으로 돌아갔습니다. 데마는 한 때 영적인 일에 몸을 던졌으나 다시 세상으로 돌아갔습니다. 이유가 무엇입니까? 미국에 사는 박 집사님, 우리 교회의 학생, 성경 속의 인물인 데마, 그들은 한때 은혜를 받고 새로워졌으나 은혜를 잊어버렸습니다. 이유가 무엇입니까?

**문제원인** : 은혜를 잊으면 성령도 소멸한다

박 집사님이나 그 학생이나 데마에게 적당한 말이 있습니다. 소위 "약발이 떨어졌다."는 말입니다. 신앙적인 표현으로는 은혜가 떨어져서 그렇습니다. 그들은 분명 하늘의 은사를 맛보았습니다. 복음의 진리를 깨달았고, 위로부터 부어주시는 성령의 능력을 체험했습니다. 그리고 그 능력을 덧입어 완전히 새로워졌습니다.

그런데 시간이 지나면서 그 성령의 기운이 다 빠져나간 것입니다. 그래서 오늘 말씀 19절에서 이렇게 명령합니다.

"성령을 소멸하지 말라"

성령이 소멸하여서 성령의 기운이 내 속에서 사라지면 옛 모습으로 돌아갑니다. 은혜를 잊어버린 이유는 바로 성령을 소멸했기 때문입니다.

성령 소멸이란 성령의 불꽃이 줄어드는 경우를 말합니다. 성령의 불꽃이 타오르도록 은혜를 부어주시는 분은 하나님입니다. 그런데 그 은혜를 지속하는 것은 바로 우리의 책임이며 우리가 해야 할 일입니다. 받은 은혜를 망각하거나 받은 은혜를 관리하지 못하면 그 은혜는 얼마 가지 못하여 우리 속에서 사라집니다. 그러면 옛날의 모습으로 돌아갑니다. 수분이 말라버린 나뭇가지처럼 영혼이 말라버리면 인간의 나약함, 어리석음, 모순된 점이 다시 드러납니다. 그래서 갈라디아서 3:3은 이렇게 말씀합니다.

"성령으로 시작하였다가 이제는 육체로 마치겠느냐?"

여러분, 성령의 은혜를 맛보고 새로워졌던 사람이 은혜를 잊어버리면 더 나빠질 수 있습니다. 은혜를 맛보고 겸손해진 사람이 은혜를 잊어버리면 더 교만해질 수 있습니다. 은혜를 받고 기쁨으로 봉사에 뛰어든 사람이 은혜를 잊으면 봉사를 중단하고 예배에 흥미를 잃고 구경꾼이 될 수 있습니다. 그래서 성령을 소멸치 않는 것이 중요합니다.

여러분, 성령의 은혜를 입으면 얼마나 좋은지 아시지요? 성령이 임하면 의심과 불신앙이 사라집니다. 종종 찾아오던 외로움도, 우울함도 사라집니다. 그 대신 기쁨, 사랑, 감사가 우리 마음에 차오릅니다. 그래서 행복해집니다. 믿음에 확신이 듭니다. 성령이 이렇게 좋은 것입니다. 그래서 우리는 찾아오신 성령을 소멸하지 아니하고 성령을 유지하는 것이 중요합니다.

저와 여러분은 우리에게 찾아오신 성령을 소멸하지 않는 사람이 되시기를 바랍니다.

**해결책 :** 성령 충만을 입는 비결은 악을 버리고, 성령의 인도에 순종하는 것이다.

그러면 어떻게 해야 성령을 소멸하지 않을 수 있을까요? 성령 소멸이란 뜻은 성령의 활동이 약화하는 것이라 했습니다. 성령이 약화하지 않게 하려면 어떻게 해야 할까요? 악을 버려야 합니다. 오늘 말씀 21-22를 보세요.

"범사에 헤아려 좋은 것을 취하고 악은 어떤 모양이라도 버리라"

악을 행하면 성령은 소멸합니다. 성령은 거룩하십니다. 성령은 거룩하신 곳에 머물고 거룩한 사람과 동행하시고 거룩한 사람과 일하십니다. 그런데 거룩한 사람이 악을 행하면 성령은 즉각 활동을 멈추십니다. 그래서 하나님의 은혜가 사라지고 은혜를 잊게 됩니다.

우리가 잘 아는 다윗은 성령이 충만했었지요? 그는 성령이 충만하여 악기를 연주하면 사울 왕에게 역사하던 악신이 떠나갔습니다. 성령이 함께하자 그는 무서운 전쟁터에서도 두려워하지 아니하고 용기를 발휘하여 전쟁을 승리로 이끌었습니다.

그러던 그가 왕이 되고 삶이 평안해지던 어느 날 큰 죄를 짓습니다. 갑자기 마음이 어두워졌습니다. 아무것도 손에 잡히질 않습니다. 그에게 늘 나타났던 기쁨, 감사, 하나님의 사랑이 사라졌습니다. 불 꺼진 창처럼 마음이 캄캄해졌습니다. 그러다가 나단 선지자가 다윗의 죄를 지적하자 다윗은 그 자리에서 하나님께 엎드렸습니다. 그리고 한동안 눈물로 회개했습니다. "하나님 제가 죄를 지었나이다. 하나님 영광을 가리었나이다."

이러한 그의 회개 내용은 시편 51편에 자세히 기록되어 있습니다. 하나님께서는 그의 진심 어린 회개를 받으시고 그와의 관계를 회복하셨습니다. 다시 구원의 기쁨과 감사함이 회복되었습니다. 죄로 인한 책임을 져야 했지만, 그는 회개함으로 하나님과의 관계를 유지할 수 있었습니다. 그는 마침내 외칩니다. "죄 용서를 받은 사람은 복이 있도다."(시 32) 그 이후에 그는 감사, 기쁨이 회복되어 하나님께 영광 돌리는 사람이 되었습니다.

여러분 죄를 지었을 때는 즉각 회개해야 합니다. 그래야 하늘의 통로가 막히지 않습니다. 우리는 의도적이든 무의식적이든 죄를 지었을 때 즉각 회개하여 성령의 통로를 열어 놓아야 은혜 속에 머물게 됩니다.

하나님은 저와 여러분이 혹 죄를 지어도 즉각 회개하길 원합니다. 그래서 성령의 역사하심을 회복하길 원하십니다. 회개하고 성령의 은혜를 회복하는 축복이 저와 여러분의 것이 되기를 주님의 이름으로 축원합니다.

성령을 소멸하지 않으려면 죄를 짓지 않아야 한다고 했습니다. 성령을 소멸하지 않으려면 하나님을 멸시하지 않는 것이 중요합니다. 오늘 말씀 20절에서 예언을 멸시하지 말라 하셨어요. 예언은 곧 하나님의 말씀입니다. 하나님의 말씀을 무시하지 말아야 성령을 소멸하지 않을 수 있습니다. 만약 하나님 말씀을 무시하고 내 맘대로 살면 성령은 즉각 소멸합니다. 다시 말씀드리면 말씀을 무시한다는 것은 성령의 인도하심을 무시하는 것이고 성령의 인도를 무시하면 성령이 역사하실 수 없습니다. 성령을 소멸하지 않으려면 성령의 인도를 적극적으로 받아야 합니다.

우리가 알다시피, 성령은 우리의 삶을 순간순간 이끌어 가십니다. 그런데 성령께 불순종하면 성령이 어떻게 하시느냐? 이사야 63:10에 보니 "주의 성령이 근심한다." 하였습니다. 그것만이 아닙니다. 마태복음 12:32을 보세요. "누구든지 성령을 거역하면 이 세상과 오는 세상에서도 사하심을 얻지 못하리라." 성령을 거부하면 성령을 근심하게 하고 그것은 어떤 것으로도 용서받을 수 없습니다. 그러므로 성령이 우리를 인도하시고자 말씀하실 때 그 말씀을 무시하지 말고 순종해야 합니다. 그래야 내 안에 계신 성령이 소멸하지 않습니다.

안타깝게도 아나니아와 삽비라는 그러지 못했습니다. 성령께서 그들에게 은혜를 부어서 그들의 집을 팔아 하나님께 바치고 싶은 마음을 주셨습니다. 그들은 이에 순종하기로 했습니다. 그런데 집을 판 것까지는 순종했는데 그다음 막상 하나님께 드리려고 하니 불순종의 생각이 들어왔습니다. 유혹을 이기지 못하고 그들은 땅값 일부를 숨기고 나머지만 베드로에게 가져왔습니다.

그때 베드로가 "네가 어찌하여 성령을 속였느냐?" 하며 책망했습니다. 이것은 "네가 어찌하여 성령의 말씀에 불순종하였느냐?" 하는 책망이었습니다. 결국, 이들은 세 시간 간격으로 숨졌습니다. 성령의 인도를 받았지만, 그 인도에 불순종한 결과는 죽음으로 돌아오고 말았습니다.

성령은 우리를 강력하게 이끄십니다. 말씀으로 이끄시고, 마음에 확신을 주시며 이끄십니다. 그때마다 순종하면 성령은 우리와 함께하시며 우리를 지속해서 이끌어 가십니다.

누가복음 4:1에 보면 이런 말씀이 있습니다. '성령께서 예수를 광야로 이끄셨고 예수는 그 이끌림에 순종하니 광야에서 시험을 이기고 영적으로 강해지고 하나님께 영광을 돌리더라.' 사도행전 8:29에는 이런 말씀이 있습니다. '성령이 빌립에게 말씀하시자 빌립이 순종하니 에티오피아 내시를 구원하려는 하나님의 뜻을 이루더라.' 사도행전 16장에 보면 '성령이 바울을 드로아로 강력하게 이끄셨는데 바울이 순종하니 거기서 마게도냐 사람들을 구원하시려는 하나님의 뜻을 이루게 되더라.' 또, 사도행전 10장에 보면 '베드로도 성령의 인도하심에 순종하니

고넬료와 가족을 구원하시려는 하나님의 뜻을 이루더라.' 할렐루야! 이렇게 성령은 성도를 강력하게 이끄시며 하나님의 뜻을 이루어가십니다.

주의 백성이 성령의 인도하심에 순종하면 성령은 떠나지 않고 믿는 자와 함께하십니다. 또한, 그와 함께 위대한 일을 이루어가십니다. 예수님도, 빌립 집사도, 바울도 성령의 말씀하심과 인도하심에 순종했을 때 그들을 축복 가운데로 인도하시며 하나님의 일에 크게 사용하셨습니다.

우리 성도에게 들은 말입니다. 어느 성도님이 1,000만 원짜리 계를 탔습니다. 기도하는데 성령께서 '그것으로 꾼 돈을 갚아라.'고 합니다. 꾼 돈이 있나? 하고 생각해 보니 잊고 살았던 빚진 돈이 생각났습니다. 그 1,000만 원을 가지고 돈을 꾸었던 사람에게 갔더니 그분이 하는 말, "오늘까지 천만 원을 갚지 않으면 큰일 날 뻔했습니다." 하더랍니다. 할렐루야! 성령의 인도하심에 순종하니 죽을 사람을 살리는 역사가 일어난 것입니다.

구리에 사는 어느 성도님이 농협 대출 창구에서 일하는데 어느 날 대출 절차를 밟아주자 고객이 20만 원을 건네주길래 고맙다며 받아서 책상에 넣었습니다. 그런데 그 이튿날 새벽 기도를 하는데 그 돈을 돌려주라는 성령의 인도하심을 받았습니다. 그 성도는 출근하자마자 그 돈을 고객의 계좌로 보냈습니다.

마침 본사에서 청렴한 직원을 찾는 강조주간이라 감사를 벌이는데

이 성도님이 CCTV에 돈 받는 것이 포착되어 내사를 받게 되었답니다. 사실 여부를 말하니 돈을 다시 보낸 것을 확인한 후에 이 직원을 가장 청렴한 직원으로 뽑아 자동차를 선물로 주었습니다. 그리고 새벽에 그 차를 타고 와서 목사님하고 시승식을 했답니다. 참 기분 좋은 일입니다. 여러분, 성령께 순종하면 믿음의 정결을 지키게 되고 이런 좋은 경험을 합니다. 믿으시면 '아멘' 합시다.

사랑하는 성도 여러분, 성령님이 말씀하실 때 순종하여 축복받고 쓰임 받으며 승리하시길 바랍니다.

성령이 소멸하지 않게 하려면 죄를 짓지 않아야 하고 말씀을 무시하지 말아야 한다고 했습니다. 성령을 소멸하지 않으려면 늘 성령 충만을 사모하며 기도해야 합니다. 성령을 소멸치 말라는 말씀은 소극적인 면에서 표현한 겁니다. 이것을 적극적으로 표현하면 성령의 충만함을 받으라는 겁니다.

누구든지 예수님을 믿으면 성령께서 들어오십니다. 그런데 많은 사람이 성령이 임했는지조차 알지 못합니다. 그러다가 어떤 계기가 되어 성령의 역사하심을 의식할 때가 있습니다. 기도하다가, 찬양하다가, 예배드리다가 갑자기 마음이 뜨거워지고, 진리가 믿어지고, 새로운 결단이 일어날 수 있습니다. 이때가 성령이 강력히 임한 때입니다.

사도행전에서는 성령이 임했을 때 방언이 터지고, 마음이 뜨거워지고, 기쁨이 생기고, 감사의 마음이 생기는 등 놀라운 일이 일어났습니다. 우리는 이런 성령의 역사를 Second Blessing, 두 번째 축복이라 합니다.

　이미 믿는 자 속에 성령이 와 계시지만 신자가 성령의 존재를 의식하지 못하면 성령이 손님처럼 가만히 계십니다. 그러다가 어떤 계기가 되어 신자가 성령을 사모하며 "내 속에서 나를 이끌어주세요."하고 간청할 때 성령이 활동하기 시작합니다. 그러다가 성령의 인도하심에 전적으로 순종하면 성령이 적극적으로 활동하십니다. 그 순간이 성령 충만한 상태입니다. 오직 성령의 인도하심만을 따라갈 때 성령과 내가 하나되고 바로 그 순간 성령이 충만한 상태가 되는 것입니다.

　이렇게 성령 충만하면 성령이 100% 나를 이끌어 결국 최고의 신앙생활을 하게 됩니다. 최고로 행복하고, 최고로 기쁘고, 최고로 하나님께 영광 돌리게 됩니다. 여기에 성령 충만의 축복이 있습니다.

　사도행전 6:3에 보면 초대교회는 성령이 충만한 사람 일곱 사람을 뽑았습니다. 그중 한 사람이 스데반 집사였습니다. 사도행전 6:10에 보면 "스데반이 지혜와 성령으로 말함을 세상 사람들이 능히 이기지 못하더라."고 했습니다. 그가 성령 충만하니 지혜와 믿음, 권능 또한 충만했습니다. 그 충만한 능력으로 효과적으로 복음을 전했습니다.

　그런데 보세요. 전도하다가 스데반 집사는 적대세력에 붙들렸고 마침내 돌에 맞아 죽게 되었습니다. 그런데 돌에 맞아 죽어가면서도 그는 성령이 충만하였다고 성경은 증언했습니다. 사도행전 7:55 이하에서 성경은 이렇게 증언합니다.

"스데반이 성령 충만하여 하늘을 우러러 주목하여 하나님의 영광과 및 예수께서 하나님 우편에 서신 것을 보고 말하되 보라 하늘이 열리고 인자가 하나님 우편에 서신 것을 보노라 한대… 그들이 돌로 스데반을 치니 스데반이 부르짖어 이르되 주 예수여 내 영혼을 받으시옵소서 하고 무릎을 꿇고 크게 불러 이르되 주여 이 죄를 그들에게 돌리지 마옵소서 이 말을 하고 자니라"(행 7:55-60)

스데반이 성령이 충만하니 첫째, 죽으면서도 하늘의 영광을 보았습니다. 두 번째, 자기를 기다리고 있는 하나님과 예수를 보았습니다. 여러분, 죽도록 충성한 자신을 하나님과 예수께서 받아주시는 것을 볼 때 얼마나 황홀할까요? 세 번째, 자기를 죽이는 원수를 조금도 미워하지 않았습니다. 다만 그들을 용서했습니다. "이 죄를 그들에게 돌리지 마소서." 이 넓은 마음, 확신에 찬 하늘의 소망, 가득한 하나님의 영광, 이것이 언제 스데반에게 주어졌습니까? 그가 성령 충만했을 때였습니다. 성령이 충만하면 죽음의 두려움도 삼켜버립니다. 원망의 감정도 삼켜버립니다. 그리고 최상의 아름다운 모습을 나타냅니다. 여기에 성령 충만의 아름다움이 있습니다.

성령 충만하면 항상 기뻐하게 됩니다. 범사에 감사하게 됩니다. 쉬지 않고 기도하게 됩니다. 그래서 하나님과 더불어 무엇에든지 승리합니다. 그러므로 여러분, 성령 충만을 유지하세요. 그렇게 하길 원하시면 아멘 합시다.

성령 충만은 언제 임하나요? 말씀들을 때 임합니다. 기도할 때 임합니다. 그리고 성령 충만을 사모할 때 임합니다. 성령의 인도하심에 순종할 때 성령 충만이 임합니다. 그러므로 말씀을 잘 들으십시오. 진지하게 기도하십시오. 성령 충만을 진심으로 사모하십시오. 성령의 인도에 온전히 순종하십시오. 그럴 때 성령 충만이 임하고 승리하는 인생을 살아갑니다. 이렇게 소망하길 원하시면 아멘 합시다. 성령 충만의 믿음과 축복이 저와 여러분의 것이 되시기를 주님의 이름으로 축원합니다.

## ✽ Chain 스타일

이 설교의 흐름은 원 포인트 흐름이다. 해결책에서 세 개의 개요가 들어 있어 삼대지 형식이 아닌가 생각할 수 있다. 하지만 설교 전체의 흐름은 Chain 스타일의 설교 '문제 제기, 원인, 해결책을 찾아라'의 구성이기에 넓은 관점에서 원 포인트 설교 흐름으로 볼 수 있다. 이 구성은 다른 어떤 설교구성보다 치밀한 논리가 필요하다. 이 구성의 장점은 논리가 치밀하여 청중에게 긴장감을 유발할 수 있다는 점이다. 출발은 부정적인 내용으로 시작하지만, 시간이 갈수록 문제가 해결되며 통쾌함을 주는 구성이다.

> **Chain 스타일**
> '정의, 유익을 밝히고 해결책을 찾아라'의 구성

에베소서 5:18

# 왕이 오신다

**개요**

❶ 성령 충만의 정의
❷ 성령 충만의 유익들
❸ 성령 충만을 받는 방법

## ❶ 성령 충만의 정의

성령은 하나님의 영입니다. 성령은 하나님의 창조사역에 함께하셨습니다. 인간의 구원사역에도 함께하셨습니다. 우주를 다스리시는 일에도 하나님과 동역하십니다. 하나님의 영을 왜 성령이라 했습니까? 거룩한 영이기 때문입니다. 이 거룩한 영은 시간, 공간을 초월하여 존재하시며 특히 믿는 자에게 들어와 좌정하십니다. 그리고 믿는 우리가 천국에 갈 때까지 함께하십니다. 거룩한 영이신 성령이 타락한 인간과 함께하신다는 것은 상상만 해도 엄청난 감동이며 축복입니다. 또 성령이 보잘것없는 인간에게 찾아오신 것은 마치 위대한 왕이 가난한 백성의 집에 찾아오시는 것과 같습니다.

어느 날 왕이 민정 시찰을 위하여 평민 복장으로 시골에 갔습니다. 해가 뉘엿뉘엿 넘어가자 밭에서 일하는 농부를 보고 말했습니다. "여보시오. 하룻밤 쉬어 갈 수 없겠소?" 농부는 흔쾌히 자기 집으로 인도하여 보리밥이지만 넉넉하게 대접했습니다. 그리고 따뜻한 아랫목에 잠자리를 마련하고 자기들은 차가운 윗목에서 잤습니다. 아침에 일어나니 또 식사가 들어왔는데 밥이 풍성했습니다. 눈치를 보니 농부 가족은 어제저녁과 아침에도 밥이 넉넉하지 않았습니다. 나그네를 정성껏 대접하는 농부 가족에게 감동한 왕은 자신이 왕이라고 밝히며 소원을 말하라 했습니다.

농부는 깜짝 놀라며 "일 년에 한 번씩만 찾아주시면 더없는 영광이겠습니다." 했습니다. 왕은 흔쾌히 약속하고 돌아갔습니다. 일 년 후 왕이 농부를 방문하려니 집이 누추한지라 농부의 집을 새로 지으라고 명했습니다. 식사해야 하니 미리 산해진미를 보내라 했습니다. 그 이듬해 방문할 때는 땅을 하사하여 넉넉하게 농사를 짓게 했습니다. 왕이 일 년에 한 번씩 방문할 때마다 농부의 집은 달라졌습니다. 부자가 되었고 영광스러운 가문이 되었습니다. 성령이 오시면 우리 인간도 이와 같은 변화를 경험합니다.

왕이신 성령이 오시면 죄인인 인생은 성령과 함께하는 삶이 시작되고 그때부터 성령의 지배를 받습니다. 그래서 우아하고 거룩한 삶을 살게 됩니다. 성령이 성도 속에서 충만하게 역사하실 때 성령의 역사는 더욱 확연하게 드러납니다. 물병에 물이 가득할 때와 한 방울이 들어 있을 때와는 다르듯이 성령이 우리를 충만하게 지배하시면 성도는 온전히 성령의 인도를 따르게 됩니다. 여러분, 저와 여러분의 인생에 거룩한 성령이 충만하시기를 바랍니다.

## ❷ 성령 충만의 유익들

성령이 우리 속에 충만하시면 어떤 복이 나타날까요? 첫째, 하나님의 지혜가 생깁니다. 사도행전 5장에 보면 아나니아와 삽비라가 소유를 팔아 하나님께 드리고자 했습니다. 그런데 욕심이 생겨 매매금 일부를 감추고 일부만 가지고 와서 베드로에게 "이것이 판 값의 전부요."라고 했습니다. 이때 성령께서 베드로에게 그것이 거짓임을 알게 하셨고 베드로는 그들을 향해서 "네가 어찌하여 성령을 속였느냐?"며 꾸짖었습니다. 성령이 베드로에게 사람의 속을 꿰뚫어 볼 수 있는 혜안을 주셨습니다. 이 일로 인하여 초대교회는 거짓으로부터 순결을 지킬 수 있게 되었습니다. 성령은 사람의 마음을 꿰뚫어보는 지혜를 주십니다.

사도행전 16장에 보면 성령이 충만한 바울이 전도 여행 중에 비두기아로 가고자 했으나 성령이 허락하지 않았습니다. 할 수 없이 드로아로 내려갔는데 놀랍게도 바울은 그곳에서 할 일을 발견했습니다. 성령의 지혜는 놀랍습니다. 사도행전 6:5에 보면 "일곱 집사가 성령과 지혜가 충만하였다."고 했습니다. 성령이 주신 지혜로 일곱 집사는 교회를 지키며, 복음을 전파하고, 하나님의 훌륭한 도구로 쓰임 받았습니다.

사도행전 6:10은 이렇게 말씀합니다. "스데반이 지혜와 성령으로 말함을 그들이 능히 당하지 못하였다." 평범한 집사였던 스데반에게 성령이 충만하게 임하니 그의 지혜를 이길 자가 없었습니다.

성령이 충만하게 임할수록 성령의 지혜는 강하게 역사합니다. 그래서 어리석은 사람이 옳고 그름을 분별합니다. 중요한 일과 사소한 일을 분별하며, 가치 없는 일과 가치 있는 것을 분별합니다. 중요한 일이 무엇인지를 알고, 그것에 열정을 쏟습니다. 또 옳지 않은 것을 멀리하며 옳은 일에 생명을 걸 줄 압니다.

죄를 짓고자 할 때 성령은 "하지 마라." 말씀하십니다. 바로 깨닫고 회개하며 제자리로 돌아오도록 자극하십니다. 신앙이 정체되어 있다 싶으면 얼른 깨닫고 하나님 앞에 엎드리게 하십니다. 남에게 잘못했다 싶으면 사과할 마음을 주십니다. 길이 아니면 가던 길도 돌아서게 하십니다. 타인의 마음을 아프게 하면 자신을 돌아보게 하시고 회개하게 하십니다. 아무튼, 성령은 지혜를 주시며 실수를 줄여 주십니다. 성경은 "하나님이 주시는 지혜는 세상이 주는 지혜와는 다르다." 하셨습니다. 하나님께서 주시는 지혜는 영혼을 살찌우고 하나님께 영광을 돌리며 하나님의 이름을 높입니다.

우리는 지혜가 부족함을 느낄 때가 많습니다. 지혜가 부족하여 문제를 일으키고, 열매를 잃어버리고, 대인관계도 원만하지 못할 때가 많습니다. 그러나 성령이 우리 안에서 충만하게 역사하시면 하늘의 지혜로 우리를 채우셔서 어리석은 선택을 하지 않도록 우리를 도우십니다. 그래서 하나님 말씀은 우리에게 "성령의 충만함을 받아라." 말씀했습니다. 여기에 성령 충만의 복이 있습니다.

또 성령이 오시면 지혜뿐만 아니라 능력도 생깁니다. 사무엘상 10장에 보면 양을 치던 평범한 목자였던 사울에게 성령이 크게 임하였습니다. 이 일 후에 그는 하늘의 능력을 부여받아 소극적인 성격이 담대해졌습니다. 그 담대함으로 전투에 나가니 놀라운 승리를 일궈냈습니다. 약했던 그가 획기적으로 변했던 것은 그의 속에 계신 성령 때문이었습니다.

사도행전 4장에 보면 신앙의 실패자였던 베드로가 성령이 충만하여 평소와는 달리 담대하고 기탄없이 말씀을 전했습니다. 사람들이 학문 없는 사람이 어찌 저렇게 말씀을 잘 증거할 수 있단 말인가 하며 감탄했습니다. 성령이 임하니 연약했던 그가 담대해졌고 자신감이 넘치게 되었습니다.

예수님의 제자들이 성령 받기 전에는 나약했습니다. 특히 예수님이 십자가에 못 박힐 즈음 베드로는 주님을 부인하고, 유다는 주님을 배반하고, 나머지 제자들은 무서워 도망갔거나 숨는 등 패잔병들과 같이 흩어졌습니다. 그런데 이들이 마가의 다락방에서 기도하며 성령을 받은 후에는 그들의 마음이 뜨겁고 담대해졌습니다. 새롭게 거듭났습니다. 그 이후 얼마나 견고한 신앙이 되었는지 성경은 "세상이 감당하지 못하는 사람들이었다." 했습니다. 성령이 충만할 때 나약한 사람이 능력의 사람으로 바뀐 것입니다. 여기에 성령 충만의 은혜가 있습니다.

여러분, 나른하고 피곤하여 삶의 의욕이 없나요? 매사에 자신감이 없나요? 성령을 받고 성령이 충만해지면 자신감이 생기고 새 힘을 얻습니다. 이 사실을 기억하시길 바랍니다.

성령이 충만하게 임하면 성령이 주시는 에너지가 분출되어 매사에 자신감과 의욕이 넘칩니다. 그래서 하나님 말씀은 "성령 충만하라"고 했습니다. 여러분, 성령 충만한 성도가 되기를 원하시면 아멘 합시다.

성령이 충만하게 임하면 지혜와 능력이 생긴다 했습니다. 또 성령이 임하면 감정에 변화가 나타나 기쁨이 생깁니다. 사도행전 13:52은 "제자들은 핍박을 받으나 성령과 기쁨이 충만하였다." 했습니다. 참 신비합니다. 핍박이 지속되면 괴롭고 우울할 텐데 제자들은 오히려 기쁨이 충만했습니다. 이유가 무엇입니까? 성령이 임해서 그렇습니다. 성령이 충만하게 임했기에 기쁨도 충만해졌으며 그 기쁨으로 환난을 이긴 것입니다. 데살로니가전서 1:6에서 바울은 데살로니가 교인에게 말씀합니다.

"너희는 많은 환난 가운데서 성령의 기쁨으로 말씀을 받아 우리와 주를 본받은 자가 되었으니"

데살로니가 교인들에게 성령이 임했을 때 그들은 지속적인 환난 가운데에서도 기쁨으로 주를 본받는 자들이 되었습니다. 왜냐면 성령이 주시는 기쁨이 세상이 주는 환난보다 컸기 때문입니다. 이렇게 성령이 충만하면 세상이 꺾을 수 없는 기쁨이 임합니다. 여기에 성령 충만의 은총이 있습니다.

지금도 성령이 우리 속에 충만하게 임하면 임할수록 영혼의 기쁨과 즐거움이 커집니다. 따라서 외로움과 괴로움이 생겨도 그것들을 몰아냅니다. 여기에 성령 충만의 유익이 있습니다. 많은 성도가 기쁨도, 의욕도 없이 살아갑니다. 하지만 성령이 충만하게 역사하면 말로 할 수 없는 기쁨이 영혼 속에 가득 차게 되어 세상을 이깁니다. 그래서 하나님의 말씀은 "성령으로 충만하라."고 하셨습니다. 성령 충만한 성도가 되시기를 바랍니다.

성령 충만을 받으면 지혜와 권능이 생기고, 기쁨이 생긴다고 했습니다. 또 하나, 성령이 충만하면 사단의 공격을 능히 이깁니다. 신앙생활을 하다 보면 사단의 시험을 받아 넘어질 때가 있습니다. 한번 넘어지면 회복하는 데에 시간이 걸립니다. 그래서 사단의 공격에 넘어지지 않는 것이 중요합니다. 우리 안에 성령이 충만해지면 너끈히 사단을 이깁니다.

누가복음 4:1에 보면 예수님이 성령의 인도를 받으며 광야로 갔습니다. 광야에서 주님은 세 차례 사탄의 시험을 받았습니다. 하지만 극한 배고픔에도 하나님 말씀으로 사탄의 시험을 이기셨습니다. 하나님의 권세를 인정하는 믿음으로 사탄의 시험을 이기셨으며, 물질보다 하나님의 영광을 우선시하는 믿음으로 사탄의 시험을 이겨내셨습니다.

주님은 이 모든 시험을 믿음으로 이겨냈으며 하나님께 영광을 돌리셨습니다. 그때가 언제입니까? 예수님께 성령이 임하신 직후였습니다.

예수님은 공생애 동안 한 번도 사탄에게 지지 않으셨는데, 그 이유는 성령의 기름 부음을 받으셨기 때문이었습니다. 여러분, 성령의 인도하심이 이렇게 좋은 겁니다. 성령의 충만함 속에 있으면 사탄의 유혹과 시험을 이겨냅니다. 여기에 성령 충만의 축복이 있습니다.

지금 어려움 속에 있습니까? 함께하시는 성령이 도와주실 것입니다. 함께하시는 성령의 인도를 받으며 이겨내세요. 성령이 함께하시는 한 두려울 것이 없습니다. 그래서 오늘 말씀은 명령합니다. "성령으로 충만하라."

마지막으로 성령의 충만이 임하면 인격이 변화됩니다. 우리 인격에 성령의 9가지 열매가 맺혀집니다. 살아가면서 자신의 인격이 초라함을 발견하고 "왜 나는 이것밖에 안 되나?" 하는 생각을 가져본 적이 있습니까? 어떤 때는 잘하는 것 같은데 어떤 때는 형편없는 모습에 실망한 적은 없습니까? 매력적이고 훌륭한 인품을 지니려고 해도 성장하지 않아서 좌절감을 느끼지는 않습니까?

성령이 내 안에서 역사하실 때 우리는 성장과 변화를 경험합니다. 왜냐면 성령이 내 영혼을 만지시거든요. 마치 찰흙을 주물러 훌륭한 작품을 만들듯 성령이 우리를 만지시며 새롭고 귀한 작품으로 만드십니다. 갈라디아서 5:22에서 성령이 임재하실 때 우리에게 맺혀지는 열매를 설명합니다. 그 열매는 무엇입니까? "사랑, 희락, 화평, 오래 참음, 자비, 양선, 충성, 온유, 절제"의 열매를 맺는다고 했습니다.

이 말씀이 정말 맞습니다. 성령의 인도를 온전히 받으면 냉정한 사람이 사랑의 사람으로 바뀝니다. 불안하고 두려운 마음에 화평이 찾아옵니다. 성질 급한 사람에게 오래 참는 법이 생깁니다. 악한 생각 속에 선한 마음이 생기고, 변덕스러움에 충성스러움이 생기고, 괴팍한 마음에 온유가 생기고, 무질서한 마음에 절제하는 습관이 생깁니다.

성령이 내 속에서 충만하면 나의 약한 부분이 강해집니다. 성령이 충만하면 감정이 새로워져서 슬프고 짜증 나고 원망스러운 마음이 사라지고 감사와 기쁨이 찾아옵니다. 무능한 사람이 유능해지고, 엉망인 인격이라도 안정적으로 세워집니다. 그러므로 우리는 성령 충만한 삶이 필요합니다. 성령이 충만해야 온전한 성령의 인도를 받습니다.

그래서 오늘 본문은 "성령 충만하라!" 했습니다. 성령 충만이 임할 때 지혜, 권능, 기쁨, 사단에 대한 승리가 주어지며 인격에 변화가 나타납니다. 이 복이 여러분에게 임하길 바랍니다. 성령을 충만하게 받아 온전한 성령의 인도를 받으며 성령의 힘으로 승리하는 성도가 되기를 주님의 이름으로 축복합니다.

### ❸ 성령 충만을 받는 방법

성령이 우리 속에서 충만하게 임하시면 엄청난 축복이 나타납니다. 문제는 우리가 어떻게 성령 충만을 받느냐는 것입니다. '성령 충만'이란 이런 겁니다. 빈 병에 물이 가득 채워질 때 물병이라 부르듯이 우리 마음이 성령으로 가득 채워질 때 성령이 충만한 사람이라고 합니다.

많은 사람이 성령이 충만하지 못한 이유는 술에 취해 있기 때문입니다. 술에 취해 있으면 성령의 충만을 받을 수 없습니다. 저는 여기서 술을 세상으로 상징합니다. 세상에 너무 취해 있다 보면 성령 충만하기가 어렵습니다. 어떤 성도는 아침부터 저녁까지 텔레비전에 너무 취해 있습니다. 어떤 성도는 스마트 폰에 빠져 있습니다. 또 스포츠에 몰입되어 있습니다. 어떤 성도는 일에 중독되어 있습니다. 어린 자녀에만 온통 관심이 있습니다. 또 세상 쾌락에 취해 있거나 성공주의나 보신주의에 빠져 있습니다. 그래서 신앙에 무관심합니다.

이렇게 세상 것에 관심을 두고 그것들을 사랑하면 내 안에 계신 성령께서 충만하게 역사하실 수 없습니다. 내 속에 성령이 함께하심을 알지 못하면 성령께 인도해 달라고 부탁할 수 없습니다. 중요한 것은 성령이 나를 온전히 인도하도록 나 자신을 성령께 온전히 의탁해야 성령이 내 속에서 활동하십니다.

고등학교 1학년 때 처음 예수를 믿으며 저는 성령을 받았습니다. 그리고 성령님이 제 삶을 인도해 달라고 순간순간 기도했습니다. 아침에 일어나면 "성령님 안녕하세요? 저를 깨워주시니 감사해요. 시간을 알차게 보내도록 오늘도 도와주세요."하고 기도합니다. 등교를 위하여 버스를 탈 때 "성령님 손에 든 영어 단어를 잘 외우도록 도와주세요." 학교에 도착해서는 "성령님, 오늘 수업시간 잘 이해하도록 도와주세요." 또 수업 마칠 즈음에는 "피곤하고 힘든 수업 잘 이겨내게 하시니 감사합니다." 집에 가는 버스에서 내려서는 "하나님, 기도할 때 힘주세요." 하며 교회로 가서 30분 정도 기도합니다. "성령님 지혜를 주세요.

허리 아픈 것 통증을 덜 느끼게 해 주세요." 매일 매 순간 기도하며 성령님을 의지하며 살았습니다. 이렇게 성령을 한순간도 놓치지 않고 의식하니 내 힘, 내 지혜로 살지 않고 오직 성령의 인도함을 받았습니다.

이렇게 친밀하게 성령님을 의지하였던 저는 성령과 하나가 되었습니다. 그럴 때 저는 성령 충만을 유지했습니다. 저의 신앙은 깊어졌습니다. 날마다 지혜가 자랐고, 잘못한 것이 있을 때 금방 깨달았습니다. 제 성품을 다듬으며 인격이 변화되어갔습니다. 또 허리의 통증보다 성령이 주시는 기쁨이 더 크니 웃음을 잃지 않았고 고통을 견딜 수가 있었습니다. 저는 성령 충만으로 인하여 육체의 고통으로 인한 최악의 시간을 성령이 주시는 최상의 기쁨으로 보낼 수가 있었습니다.

저는 이번에 설교를 준비하면서 반성했습니다. 목회를 오래 할수록 노하우가 붙어서 이제 어느 일이든지 제 경험, 제 지성, 제 능력으로 판단하며 목회해 왔습니다. 그 경험과 판단이 성령과 일치할 수도 있었겠지만, 성령께 좀 더 친밀하게 의지하지 않았습니다. 신앙초년병 때 24시간 성령을 의지했던 그때로 돌아가야 함을 깊이 느꼈습니다. "돌다리도 두들기며 가라."는 말처럼 24시간 성령을 의지하며 살겠다고 작심했습니다. 성령의 온전한 인도를 받기 위하여 성령 충만하기로 작정했고 이를 위하여 성령께 민감하기로 했습니다.

성도 여러분, 내 속에 계신 성령께 민감해야 합니다. 수시로 "성령님 도와주세요. 어떻게 하는 것이 좋을까요?" 내 생각, 내 감정, 내 판단을 앞세우지 말고 내 속에 좌정하신 성령님에게 물으시기 바랍니다. 답을 들으려고 애를 써 보세요. 성령은 틀림없이 응답하십니다. 오늘부터 성령의 인도하심에 촉각을 곤두세우고, 민감하게 반응하는 여러분이 되길 바랍니다.

성령 충만하려면 성령의 인도하심에 순종하는 것이 중요합니다. 사울 왕을 보십시오. 그가 왕이 되면서 성령의 충만을 받아 승승장구했습니다. 그런데 어느 날부턴가 하나님 말씀에 불순종하니 성령의 인도가 중단되었습니다. 여러분, 불순종하면 성령이 인도하실 수가 없습니다. 이 사실을 알아야 합니다.

가끔 말씀을 듣거나 읽을 때 하나님의 음성이 느껴질 때가 있습니다. "아 하나님이 이렇게 하라 하시는구나!" 깨달음을 주실 때 바로 순종하면 성령의 인도하심은 더 선명해집니다. 그리고 기쁨도 더 커집니다. 그런데 불순종하면 목구멍에 가시가 걸리듯이 꺼림칙합니다. 마음이 찝찝하고 기쁨이 사라지고 신앙생활이 행복하지도 않습니다. 순종하지 않아서 그렇습니다. 여러분, 순종하십시오. 이런 찬양이 있습니다.

"주님 말씀하시면 내가 나아가리다. 주님 뜻이 아니면 내가 멈춰 서리라. 나의 가고서는 것 주님 뜻에 있으니 오 주님 나를 이끄소서. 뜻하신 그곳에 나 있기 원합니다. 이끄시는 대로 순종하며 살리니 연약한 내 영혼 통하여 일하소서. 주님 나라와 그 뜻을 위하여 오! 주님 나를 이끄소서."

이 기도가 우리의 기도가 되길 바랍니다.

바울은 아시아에서 복음을 전하길 원했습니다. 그러나 성령께서 바울의 아시아행을 허락하지 않으셨습니다. 이러한 성령의 뜻에 바울은 순종했습니다. 그가 성령의 이끄심에 순종했을 때 드로아에서 성령의 뜻을 바로 깨달을 수 있었습니다. 성령이 빌립에게 에디오피아 내시에게 가라 하셔서 갔더니 그가 성경을 읽어도 깨닫지 못하고 있었습니다. 그래서 진리를 가르쳐 주었고 침례를 주었습니다. 성령께 순종하니 구원의 역사가 이루어졌습니다.

성령님은 수시로 우리에게 말씀합니다. 그 음성 듣고 순종하면 성령의 충만함이 지속합니다. 성령의 지속적인 인도하심을 받을 수 있습니다. 성령이 주시는 지혜, 능력, 기쁨으로 살길 원하시면 '아멘' 합시다. 성령을 통해서 사탄의 시험을 이기고 인격의 변화를 이루길 원하시면 '아멘' 합시다. 그렇다면 24시간 성령께 민감하시기 바랍니다. 말씀하시면 무조건 순종하십시오. 그러면 성령 충만이 지속하여 날마다 축복의 길을 걷게 될 것입니다. 이 성령 충만의 복이 저와 여러분의 것이 되시기를 주님의 이름으로 축원합니다.

### ✱ Chain 스타일

이 스타일은 '정의, 유익을 밝히고 해결책을 찾아라'의 구성으로 되어 있는데 다른 어떤 구성보다 치밀한 구성임을 기억해야 한다. '반대개념'이나 '유익'을 다룰 때도 적절한 성경 구절들이 들어가는 것이 좋으며 본문을 다루는 위치는 마지막 '해결책' 부분에 위치하도록 한다. 마지막 '해결책' 부분이 가장 중요하고 가장 많은 시간을 할애해야 할 부분이다.

7~11월

제4장

# 은혜에 대한 감사

> "우리가 기뻐하고 감사하는 것은 선택사항이 아닙니다. 감사하는 것은 하나님의 명령입니다. 또한, 하나님의 뜻을 이루는 길입니다. 그러므로 감사함으로 하나님의 영광을 나타내길 바랍니다."

# Feast of Harvest

## 맥추절

히브리인들의 3대 절기(유월절, 맥추절, 초막절) 중 하나로서 유월절 다음으로 중요한 절기다. 밀이나 보리를 수확한 후 하나님께 첫 열매를 드리는 추수 감사 절기 곧 '첫 열매의 날'(민 28:26)이자 '맥추절'이다(출 23:16). 특히 이 날은 유월절이 지난 지 7주째 지켰다고 해서 '칠칠절'(출 34:22; 신 16:10)이라 부른다. 그리고 신약 시대에는 '오순절'이라고도 불렸다(행 2:1). 이것은 유월절 중 누룩 없는 떡을 먹는 둘째 날에서 계산해 제50일째 지켰다. 양력으로는 5~6월경에 해당한다.

2019년 교회력에서는 7월 7일에 위치한다. 설교자는 맥추절의 정신인 '감사'의 정신을 일깨운다. 감사를 잃은 현대인의 마음을 자극하고 감사의 마음을 되살리는 데에 초점을 맞춘다.

> **Chain 스타일**
> '문제제기, 문제원인, 반대개념 및 유익들, 해결책을 찾아라'의 구성

데살로니가전서 5:16-18

# 감사의 스위치를 켜라

**개요**

- **부정문제제기** : 마음이 우울한 사람
- **문제원인** : 감사가 없기에
- **반대개념 및 유익들** : 감사는 많은 복을 경험하게 한다
- **감사하는 방법**

**부정문제제기 : 마음이 우울한 사람**

최근에 자살로 삶을 마감한 연예인 박용하 씨의 죽음을 보며 마음이 아팠습니다. 돈이 없는 것도 아닙니다. 인기가 없거나 못생긴 것도 아닙니다. 모든 것을 갖추었습니다. 게다가 건강합니다. 남보다 누리고 있는 것이 훨씬 많았습니다. 그런데도 그는 우울했습니다. 우울함이 지속하던 어느 날 "확 죽어버릴까?" 하는 생각이 들었고 이내 행동으로 옮겨 정말 생명을 끊고 말았습니다.

**문제원인** : 감사가 없기에

　인천 방송에서 그의 생애를 다뤘습니다. 저는 그의 생애를 보면서 그에게서 한 가지 부족한 것을 보았습니다. 그것은 감사하는 마음이었습니다. 감사하는 마음을 품었다면 그는 쉽게 죽지 않았을 겁니다. 죽으려고 생각조차 하지 않았을 겁니다. 왜냐면 감사는 마음을 따뜻하게 하고 삶을 행복하게 만들기 때문입니다.

　우리가 알다시피, 사람에겐 부정적인 생각이 시도 때도 없이 찾아옵니다. "죽어버릴까, 포기해 버릴까, 다 흩어버릴까, 될 대로 되라, 다 놓아버릴까?"하는 생각 말입니다. 그러다가 자신이 감당하기 힘든 상황에 부닥치면 부정적인 생각을 실행으로 옮깁니다.

**반대개념 및 유익들** : 감사는 많은 복을 경험하게 한다

　그러나 감사의 마음이 풍성하면 부정적이고 어두운 생각들에서 벗어날 수 있습니다. 감사는 마음을 항상 밝고 긍정적으로 만듭니다. 영혼을 파괴하는 어두운 생각이 찾아올 틈이 없습니다. 감사의 마음은 어두운 방을 밝히는 스위치와 같고 차가운 방을 따뜻하게 만드는 보일러 스위치와 같습니다. 그래서 오늘 말씀은 "항상 기뻐하라. 쉬지 말고 기도하라."고 말씀하신 후에 "범사에 감사하라."고 말씀하셨습니다. 그리고 "이는 너희를 향한 하나님의 뜻"이라 했습니다. '감사하는 삶'이 하나님의 뜻입니다.

　감사하며 살면 과거의 아픔과 상처들이 치유되는 기적이 일어납니

다. 뇌 과학자들의 말에 따르면 사람들의 뇌에는 과거의 모든 체험을 담아두는 기록실이 있는데 뇌 기록실에는 이야기꾼이 있답니다. 이야기꾼은 우리의 행복했던 경험들보다는 불행했던 경험들에 대하여 민감하게 반응합니다. 그래서 불행했던 경험들이 행복했던 경험들을 다 잡아먹어서 감사하기가 어렵다고 합니다.

가령 이런 겁니다. "아빠는 내가 어릴 때 날마다 나를 윽박지르기만 했어!" "엄마는 내게 공부하라고 항상 닦달만 했어!" "내 남편은 항상 날 무시했어!" "내 아내는 툭하면 불평만 했어!" 우리 뇌 속에 이야기꾼은 이렇게 '항상' 혹은 '언제나' '늘'이란 단어를 사용하며 부정적인 것을 기억하는 경향이 있답니다. 그래서 사람들이 과거의 그늘에 갇혀 불행하게 사는 겁니다.

그런데 인간은 불행한 일보다 즐거운 일을 더 자주 기억해야 행복해집니다. 이렇게 되려면 감사하는 것이 꼭 필요합니다. 감사하면 불행한 과거도 긍정적으로 해석하는 힘이 생깁니다. 결국, 상처가 치유됩니다. 과거를 벗어납니다. 여기에 감사의 축복이 있습니다.

누가복음 22장에 보면 우리 주님께서 십자가를 지시기 직전에 제자들과 마지막 만찬을 하는 장면이 나옵니다. 자, 이제 밤이 되면 주님은 적들에게 끌려가야 합니다. 사랑하는 제자 유다에게 배반을 당합니다. 처참한 십자가형을 당하게 됩니다. 세상에 이런 억울한 일이 어디 있으며, 이렇게 무서운 밤이 어디 있습니까? 그런데 보세요. 주님은 제자들을 모아 놓고 떡을 나눕니다. 그리고 주님은 무엇을 하십니까? 19절에 보니 "또 떡을 가져 감사기도 하시고 떼어 그들에게 주시며…." 이 상황에서도 주님은 감사의 기도를 드립니다.

여기에 주님이 상처받지 않는 비결이 있음을 보여줍니다. 주님은 자신이 배신당하고 비극적으로 죽는 것을 억울한 쪽으로 해석하지 않았습니다. 오히려 주님이 죽지 않으면 모든 사람이 구원받을 수 없음을 생각하셨습니다. 십자가에 못 박히며 순종할 때 하나님의 뜻을 이루는 것이며 그러한 자신을 하나님이 책임질 것이라 생각하셨습니다. 한마디로 주님은 십자가 사건을 긍정적으로 해석하셨습니다.

결국, 이 긍정의 힘은 바로 감사하는 데서 나왔습니다. 감사할 때 모든 것을 긍정적으로 해석하게 되어 마음의 상처를 이겨내는 것입니다. 따라 해 보세요. "감사하면 상처를 이긴다."

군대 간 아들을 잃은 어느 경건한 부모는 장례를 잘 치른 후에 잠깐 슬퍼했습니다. 하지만 그 주일 날 하나님께 감사예물을 드리는데 봉투엔 이렇게 썼습니다. "하나님, 지난 20년 동안 아들 덕택에 우린 참 행복했습니다. 감사합니다." 그 뒤 슬픔을 털고 일어나 변함없이 미소를 짓는 것을 보았습니다. 감사하면 자신이 처한 상황을 긍정적으로 해석하게 됩니다. 그래서 상처를 이기고 아름답고 우아하게 인생을 삽니다. 감사하면 실패와 아픔조차도 긍정적으로 해석하는 힘이 생기고 결국 상처를 이겨냅니다.

사랑하는 성도 여러분, 뭐든지 감사로 반응하여 과거의 상처, 고통을 치유하여 자유롭게 사시길 바랍니다. 이런 감사의 습관이 저와 여러분의 것이 되기를 바랍니다.

감사하며 살면 상처가 치유됩니다. 또한, 감사하면 감사하는 자의 인격이 부드러워지는 복을 받습니다. 시골 동네에 항상 뭐든지 감사를 잘하시는 할머니가 있습니다. 매사에 그저 "감사합니다.", "감사해요.", "감사하네!"를 연발합니다. 그러다 보니 화를 내거나 얼굴을 찡그리는 일이 없습니다. 봄이 오면 '따뜻해서 감사하다.' 합니다. 무더운 여름이 오면 '옷값이 적게 들어 감사하다.' 합니다. 가을이 되면 '결실을 보게 되니 감사'하답니다. 추운 겨울은 '겨울이 추워야 여름에 농사가 잘된다'며 감사합니다. 할머니에게 감사는 끝이 없습니다.

한번은 짓궂은 동네 청년들이 할머니가 다니는 길에 돌들을 깔아 놓아 결국 할머니가 돌에 걸려 넘어지고 말았습니다. 무릎이 심하게 까졌고 멍이 들었습니다. 그 상황을 목격한 청년들이 달려가 "할머니! 무릎이 많이 까졌네요. 화나시지요?" 물으니 할머니 왈 "그래도 감사하지!" 청년들이 "왜요?" 할머니 왈 "생각해 봐라. 앞으로 넘어졌더라면 얼굴이 깨졌거나 흉하게 다쳤을 텐데 그래도 무릎이 다쳐서 표가 덜 나니 감사하지." 하더랍니다. 결국, 청년들이 두 손을 들고 말았답니다.

할머니는 어떤 경우에도 감사를 표현합니다. 그런데 놀라운 사실은 감사를 실천하는 할머니만큼 여유 있고 부드러운 사람이 없다는 것입니다. 길을 가다가 부부가 싸우는 것을 보면 할머니는 부인에게 "그런 답니다. "남편이 없는 것보다 나으니 그저 감사하게나." 남편에겐 "부인이 당신과 살아주는 것만으로도 감사하시구려." 한답니다. 그래서 부부싸움을 멈추게 한답니다. 뭐든지 긍정적으로 해석하니 마음이 부드럽고 따뜻합니다.

가끔 보면 마음이 날카로운 사람이 있습니다. 이해심이 부족하고 칼날처럼 비판을 잘하며 불평을 잘하는 사람입니다. 이런 사람들 주변에는 사람이 모이지 않습니다. 마음이 차갑기 때문입니다. 그런데 이 할머니처럼 감사를 잘하면 주변에 항상 사람들이 모여듭니다. 왜냐면 감사하는 사람의 마음은 추운 겨울 따뜻한 화로와 같기 때문입니다.

여러분, 마음이 부드럽고, 긍정적이고, 인격이 성숙한 사람이 되기를 원한다면 감사의 사람이 되시기 바랍니다.

감사의 유익이 또 있습니다. 우리가 알다시피, 감사는 때때로 기적을 만듭니다. 넬르 넬슨이 지은 《소망을 이루는 감사의 힘》이란 책에서 저자는 이루길 원하는 것들에 미리 감사하라고 합니다. 말로, 생각으로, 행동으로 감사하랍니다. 그러면 실제 이루어지는 것을 경험할 것이라고 합니다. 이루고 싶은 소원에 자주 감사하면 자기의 마음, 생각이 집중하게 되어 에너지를 모으게 되고 더 노력하게 되어 결국 소원을 이루게 될 확률이 높아진다는 겁니다.

코넬료가 지은 《연금술사》라는 책을 몇 년 전에 감동적으로 읽었는데 아직도 생생하게 기억나는 것이 있습니다. 사람이 어떤 소망을 간절히 품으면 온 우주, 즉 하늘의 별과 달과 산천초목이 온 기운을 모아 간절한 소망을 품은 사람을 도와준다는 겁니다. 퍽 일리가 있습니다. "지성이면 감천"이란 말이 있잖습니까? 이 세상일도 그러할진대 우리를 자신보다 더 사랑하시는 하나님은 우리가 감사하고 또 감사하면 얼마든지 응답하실 줄을 믿습니다.

성경도 이것을 보다 구체적으로 보여줍니다. 예수님께서 복음을 증거하신 후에 모여든 10,000명의 사람에게 음식을 제공하고 싶었습니다. 그런데 한 사람 몫의 도시락밖에 없습니다. 난감한 상황이었습니다. 그런데 주님은 걱정하지 않았습니다. 조용한 데로 가서 한 끼의 도시락을 들고 하나님께 기도드렸습니다. 뭐라고 기도했는지 아십니까? 감사의 기도를 드렸습니다. "하나님, 이 한 끼로 기적을 일으켜 수많은 사람이 먹이시니 감사합니다." 이 당당하고도 놀라운 감사의 기도에 하나님은 능력을 베푸사 도시락에 기적을 일으키셨습니다. 제자들이 아무리 나눠줘도 음식이 줄지 않았습니다.

이 사건이 얼마나 신비로운지 4복음서 저자들 모두가 놀라움을 감추지 못했습니다. 여러분, 감사가 있는 곳에 하나님은 기적을 일으키십니다. 그러므로 상황이 좋지 않다고 불평하지 말고 감사하는 사람이 되시기를 바랍니다. 자주 감사를 표현하십시오. 감사를 생활화하십시오. 기적이 일어납니다. 할렐루야!

오늘은 맥추감사 주일입니다. 맥추절은 원래 성경에서 나왔고 그 의미는 결실을 주신 하나님께 감사드리라는 겁니다. 성경에는 절기들이 참 많습니다. 유월절, 초막절, 맥추절 등 지켜야 할 절기들이 많은데 이 절기들의 기본정신은 하나님께 감사하는 것입니다. 또 지켜야 할 여러 제사가 많습니다. 소제, 번제, 희생제, 화목제, 감사제 등 지켜야 할 제사들을 말씀하셨는데 절기에 이러한 제사들을 정성스럽게 올려드림을 통해 절기의 기본정신인 '하나님께 감사'를 실천합니다.

저는 여러 절기와 제사 종류를 정해 놓고 감사하라는 하나님의 뜻을 기뻐합니다. 왜냐면 인간이 자주 감사할수록 마음속에 어둠이 사라지고 아름다움이 생기기 때문입니다. 또한, 삶이 축복된 방향으로 나아갈 뿐만 아니라 하나님께 영광되기 때문입니다. 그래서 감사는 아무리 강조해도 지나치지 않습니다.

아무리 성경을 많이 읽고 기도와 찬양, 예배를 자주 드려도 감사하지 않는다면 하나님을 기쁘시게 할 수 없습니다. 하나님께 영광을 돌릴 수도 없습니다. 그러나 우리가 작은 것에도 감사할 때 하나님께서 영광을 받으십니다. 그래서 '감사하라'는 명령을 구약에서 69번, 신약에서 15번씩이나 강조합니다. 오늘 말씀을 다시 보세요.

"항상 기뻐하라 쉬지 말고 기도하라 범사에 감사하라 이것이 그리스도 예수 안에서 너희를 향하신 하나님의 뜻이니라"(살전 5:16-18)

우리가 기뻐하고 감사하는 것은 선택사항이 아닙니다. 감사하는 것은 하나님의 명령입니다. 또한, 하나님의 뜻을 이루는 길입니다. 그러므로 감사함으로 하나님의 영광을 나타내시길 바랍니다.

**감사하는 방법**

그러면 어떻게 해야 감사하며 살 수 있습니까? 오늘 말씀에 보면 "기뻐하라." "감사하라." 중간에 "쉬지 말고 기도하라."는 말씀이 있습니다. 쉬지 않고 기도해야 계속해서 감사할 수 있습니다. 기도는 감사를 끌어올리는 펌프와 같습니다. 기도가 뒷받침되어야 감사가 지속합니다. 그러므로 쉬지 않고 기도하는 성도가 되어 감사가 끊이지 않기를 바랍니다.

감사하는 또 다른 방법은 감사의 조건을 매일 발견하는 것입니다. 그러면 감사를 지속할 수 있습니다. 심리학자 라봇 에몬스는 매일 감사의 조건을 5개씩 찾아내어 감사 노트를 만들면 얼마 가지 않아서 인생이 행복하게 변할 것이라 했습니다. 인도의 시인 타고르는 "감사의 분량이 그 사람의 행복의 분량이다."라고 말했습니다. 감사가 많아질수록 행복도 커집니다. 그래서 감사의 조건을 매일 찾아내는 것이 중요합니다. 그러면 쉬지 않고 감사할 수 있습니다.

몇 주 전에 양평을 다녀왔습니다. 강과 산을 보면서 연신 감탄했습니다. 그 순간 얼마나 행복했는지 모릅니다. 그날따라 하늘이 맑았습니다. "와 하늘이 참 맑네. 와 숲이 참 우거지네. 개울 물소리가 새들이 노래하는 것 같네. 흘러가는 강물이 참 깨끗하고 맑네. 들풀들이 참 아름답네. 넓은 강을 바라보니 가슴이 탁 트이네!" 하며 온통 감격했습니다. 그때 옆에 계신 분이 그럽니다. "맑은 하늘, 아름다운 자연을 볼 수 있는 눈을 주신 하나님께 감사드립니다. 아름답다고 감탄할 수 있는 입

술을 주시니 감사합니다. 아름다운 모든 것을 아름답게 느낄 수 있는 오감을 주신 하나님 감사합니다."고 했습니다. 그렇게 몇 시간을 감사하고 나니 종일 행복했습니다.

여러분, 감격하고, 감탄하며, 감사할 때 행복이 기하급수적으로 커집니다. 그것만이 아닙니다. 자주 감사하며 감탄하면 우리 몸속에 면역을 증진해주는 다이돌핀, 즉 엔도르핀보다 400배나 많은 면역성을 강화하는 호르몬이 만들어집니다. 이 호르몬은 감사하는 자를 건강하게 만듭니다.

저는 돌아오면서 그런 생각을 했습니다. '내가 오늘처럼 매일 수십 번씩 감사하며 살 수는 없을까?' 그때 베르너 퀴스텐 마허가 지은 《럭셔리 예수》에서 한 말이 생각났습니다. "작은 행복들에 감사하라. 그러면 행복은 커진다." 여러분, 작은 행복을 자주 감사하여 더 큰 행복의 주인공이 되시기를 바랍니다.

시편 8편에 보면 이와 같은 감사의 모습이 나옵니다.

"여호와 우리 주여 주의 이름이 온 땅에 어찌 그리 아름다운지요 주의 영광이 하늘을 덮었나이다… 주의 손가락으로 만드신 주의 하늘과 주께서 베풀어 두신 달과 별들을 내가 보오니 사람이 무엇이기에 주께서 그를 생각하시며 인자가 무엇이기에 주께서 그를 돌보시나이까… 여호와 우리 주여 주의 이름이 온 땅에 어찌 그리 아름다운지요"

시편 저자는 믿음의 눈으로 온통 감사 거리로 가득찬 우주를 보았습니다. 그래서 감사가 철철 흘러넘쳤습니다. 특히 하나님을 향한 감사가 넘쳐흘렀습니다. 그때 저자는 참으로 행복함을 느끼는 것을 보여줍니다.

여러분, 우리가 사방을 둘러보며 감사할 때 하나님께서 영광을 받으십니다. 우리는 놀라운 행복을 느낍니다. 여기에 감사의 조건을 찾아 감사하는 자의 복이 있습니다. 감사의 조건을 잘 찾는 감사의 눈을 가지시길 바랍니다.

감사란 기억하는 능력입니다. 기억하지 못하면 절대 감사할 수 없습니다. 내가 받은 은혜, 내가 누리고 있는 축복, 내가 얻은 복, 사랑, 작은 행복들, 이 모든 것들을 기억하면 감사하게 됩니다. 은혜를 베푸신 하나님을 향해 감사를 올려드리는 것입니다. 내가 오늘 축복의 사람이 되기까지 축복을 베푸신 하나님께 감사드리는 것입니다.

시편 136:13을 보십시오. 홍해를 가르신 이에게 감사하라 했습니다. 구원을 베푸신 하나님의 은혜를 기억하고 그 하나님께 감사드리는 겁니다. 내게 기적을 일으키시는 하나님, 필요를 채워주신 하나님, 선한 길로 인도하시는 하나님, 심지어 내게 따뜻한 마음과 부드러운 마음을 주신 하나님, 내게 모든 것을 주신 하나님을 기억하며 하나님께 감사드려야 합니다.

우리는 기도를 지속할 때 감사할 수 있고, 작은 행복들을 기억할 때 감사할 수 있고, 하나님이 베푼 은혜를 기억할 때 감사할 수 있습니다.

역대상 23:30에는 아침과 저녁마다 서서 여호와께 감사하고 찬송하라 했습니다. 자주 기억하며 감사, 날마다 순간마다 감사하는 겁니다. 하나님은 디모데전서 4:4에서 말씀합니다. "모든 것을 감사함으로 받으면 버릴 것이 없느니라." 이 세상에 존재하는 모든 것에 감사, 베푸신 은혜에 감사, 작은 행복들에 감사함으로 진정한 행복을 누리시길 바랍니다.

다시 말씀드립니다. 맥추절 주일을 맞아서 하나님은 우리가 쉬지 않고 기도하며 감사하길 원하십니다. 또 작은 감사의 조건을 찾는 눈을 잃지 않으며 감사하길 원하십니다. 하나님이 베푼 은혜를 기억하며 감사하기를 원하십니다. 이 감사가 삶이 되어 하나님께 영광 돌리시는 저와 여러분이 되시기를 주님의 이름으로 축원합니다.

### ✱ Chain 스타일

전술했듯이 이 체인 스타일(문제제기, 문제원인, 반대개념 및 유익들, 해결책을 찾아라)의 구성은 굉장히 치밀한 논리전개를 요구한다. 본문에서는 박용하 씨의 자살 사건을 예시로 부정문제를 제기한 뒤 그 원인을 진단하고 감사의 유익들을 여러 가지 예를 들어 설명한 후 해결책으로 감사하는 방법을 성경 인물들을 조명하며 제시하고 있다.

### Chain 스타일

**'긍정결과, 이유를 밝히고, 해결책을 찾아라'의 구성**

출애굽기 23:16

# 맥추절에 드리는 감사

**개요**

- **긍정결과** : 감사의 유익
- **감사의 이유** : 열악한 환경에서도 감사하면 행복해지기에
- **감사의 이유** : 하나님께 영광되기에
- **감사의 방법** : 열악한 환경이라도 감사할 조건을 발견하라

**긍정결과 :** 감사의 유익

오늘은 맥추절로 지킵니다. 맥추절이라 함은 이스라엘 백성들이 농사를 지은 후 첫 수확의 일부를 하나님께 바치며 "하나님, 감사합니다." 하는 믿음을 표현하는 절기입니다. 그러니까 맥추절은 하나님을 향한 '감사'가 핵심입니다. 이스라엘은 이 제도를 만드신 하나님을 기억하며 감사와 영광을 돌렸습니다. 하나님은 하나님의 사람들에게 늘 감사하며 살라고 하셨습니다. 얼마나 감사를 강조하셨는지 감사함으

로 성전에 들어가라 하셨습니다.

성전에 들어오면서부터 감사하는 마음으로 들어오라는 겁니다. 제물도 감사함으로 드리라고 했습니다. 아침에 눈을 떠도 감사, 밤에 잠을 잘 때도 감사, 식사를 앞에 두고 감사, 살아있다는 것에 감사, 그저 감사하며 살라고 하셨습니다. 아무리 성경을 통달한 박사라도 하나님을 향한 감사가 없다면 헛수고입니다. 오히려 성경에 대해서 잘 알지는 못하지만, 항상 하나님에게 감사하며 사는 사람이 훨씬 더 훌륭한 성도입니다. 하나님이 원하는 것은 범사에 감사하는 사람입니다. 사랑하는 성도 여러분 하나님에게 감사하는 삶을 살아가시길 바랍니다.

하나님은 언제 감사하라고 말씀합니까? 이스라엘 백성들의 환경이 감사할만한 풍성한 조건 속에 있을 때 감사하라고 하지 않으셨습니다. 가나안 땅은 비옥한 땅이 아닌 척박한 광야였습니다. 이곳에서 기대에 훨씬 못 미치는 곡물 수확의 일부를 하나님께 드리며 하나님에게 감사하라는 것이었습니다. 감사할 조건이 없는 환경에서 하나님에게 감사하라는 것이었습니다. 하나님은 감사할 조건이 생겼을 때 감사하는 것을 의도하지 않았습니다. 하나님은 그의 백성들이 조건과 상관없이 믿음으로 감사하기를 원했습니다.

여러분, 삶의 환경이 열악한가요? 맥추절 감사의 정신을 받들어 넉넉하지 않아도 깊은 감사를 하나님께 드릴 수 있는 저와 여러분 되시기를 바랍니다.

**감사의 이유 : 열악한 환경에서도 감사하면 행복해지기에**

그러면 열악한 환경에서도 감사하는 근본 이유가 무엇인가요? 감사하면 감사하는 자의 삶이 개선되고 행복이 임하기 때문입니다. 여러분, 사람은 언제 최고로 행복해지는지 아세요? '돈이 가장 많을 때? 가장 멋진 집에 살 때? 꿈을 이룰 때?' 아닙니다. 가장 행복할 때는 감사할 때입니다. 아무리 돈이 많고 꿈이 이루어져도 감사할 줄 모르면 행복할 수 없습니다. 그러나 평범한 환경이나 열악한 조건에서도 감사하면 인간은 점차 행복해집니다. 그래서 하나님은 열악한 환경에서도 감사하라고 말씀했습니다.

여러분, 감사하면 어떤 일이 생길까요? 힘든 일과 슬픔을 이깁니다. 절망도 이깁니다. 아무리 광야생활이 고달파도 감사할 때 어려운 환경을 이겨 낼 힘이 생깁니다. 그래서 결국은 승리합니다. 여기에 감사해야 하는 이유가 있습니다.

자살하는 사람의 공통점은 아무리 뒤져봐도 감사하는 마음이 없다는 것입니다. 그저 원망하고 미워하고 속상하고 실망하고 우울한 것밖에 없습니다. 여러분, 감사하는 사람 중에 자살하는 사람을 보았습니까? 우울증에 걸린 사람을 보았습니까? 없습니다. 감사는 마음을 치료하는 만병통치약입니다. 할렐루야!

미국의 심층 뉴스 TV 프로그램인 '인사이드 에디션'(Inside Edition)의 진행자인 드보라 노빌(Deborah Norville)이 《감사의 힘》이라는 책을 썼습니다. 이 책에 한 가지 실험 결과가 소개됩니다. 실험 참가자들에게 매일 구체적으로 감사를 표현하도록 했습니다. 예를 들어 감사 편지를 쓴다든지, 하루 세 가지 이상 감사를 노트에 기록해 본다든지, 웃으며 감사인사를 하게 했습니다. 그리고 나중에 실험 참가자에게 일어난 변화를 정리했는데 실험에 참여한 사람들에게 변화가 나타났습니다. 어떤 사람은 3일만에, 일주일 만에, 어떤 사람은 몇 주 만에 놀라운 변화가 일어났습니다.

그 구체적인 변화내용을 보면 첫째로 감사를 실천하며 살아가니 성격이 낙천적으로 변했습니다. 매사에 "잘 될 거야!" 하는 긍정적인 성격이 만들어졌습니다. 우리가 알다시피, 부정적인 시각은 인생을 좀먹고, 사람을 불행하게 만들고, 자신감을 잃게 합니다. "또 질 텐데 뭐.", "해도 안 될 텐데 뭐." 이런 패배적인 생각은 우리를 결코 행복하게 만들지 못합니다. 그런데 매사를 "잘 될 거야.", "좋은 결과가 나타날 거야." 하는 긍정적인 생각으로 채우면 자신감이 배가됩니다.

사람이 자신감이 생기면 무슨 활동을 하더라도 열정적이며 적극적으로 반응합니다. 그래서 아름다운 결실을 만들어내기도 합니다. 그런데 이런 열정적이며 적극적인 반응은 언제 생기느냐? 하면 궁극적으로 감사할 때 생깁니다. 그러고 보면 감사하는 마음은 참으로 유익합니다. 여러분, 감사하며 사시길 바랍니다.

두 번째로 감사하니 마음에 여유가 생겼답니다. 인생을 살다 보면 스트레스를 받을 때가 많습니다. 위에서 사람들이 짓누르고 밑에서 치고 올라오면 스트레스가 점점 많아집니다. 사업이 언제 무너질지 모른다며 불안해 하거나 탈출구가 없다고 생각하면 스트레스가 늘어나고 긴장감이 생겨서 소화가 안 되며 마음이 불안하여 화를 잘 냅니다. 그런데 감사하는 마음을 가지면 마음에 여유가 생깁니다.

이렇게 생각하는 겁니다. "하나님, 힘든 상황을 만났지만 이겨내게 하실 줄로 믿고 감사합니다." 이렇게 말하고 생각하며 믿는 겁니다. 그러면 보세요. 내 몸에서 긴장이 완화됩니다. 스트레스가 줄어듭니다. 결국, 감사의 힘이 스트레스를 밀어냅니다. 감사의 힘이 스트레스로부터 나를 지켜줍니다. 슬픔도, 우울증도, 실망도, 외로움도 다 밀어냅니다. 감사의 힘이 강할수록 부정적인 것들이 몰려와도 그것들을 밀어내며 나를 지켜주고 나를 건강하게 만듭니다. 할렐루야! 감사가 이렇게 좋은 겁니다.

그것만이 아니에요. 감사하면 마음이 편안해집니다. 설문에 참여한 사람들이 감사하니 잠도 잘 자게 되어 건강이 눈에 띄게 좋아졌답니다. 생각이 긍정적으로 바뀌니 여유가 생겨 다양한 것에 흥미가 생겼습니다. 삶을 더 재미있게 즐기며 유머 감각이 생겼습니다.

여러분, 사람을 웃기는 것은 아무나 할 수 있는 일이 아닙니다. 또 남이 웃길 때 호탕하게 웃는 것도 아무나 할 수 있는 것이 아닙니다. 기분이 좋고 마음이 편안해야 남을 웃기거나 남이 웃길 때 잘 웃을 수 있습니다. 감사하며 살다 보니 마음에 여유가 생기고 잘 웃게 되었답니다.

또한, 감사하니 긍정적이고 적극적인 생각이 찾아와 결단력이 강해졌고, 체계적으로 일 처리한다는 이야기를 듣게 되었다는 겁니다. 여러분, 감사가 이렇게 좋은 겁니다. 그래서 하나님이 감사하며 살라고 했던 겁니다. 그러므로 감사, 또 감사를 표현하며 사시길 바랍니다.

세 번째로 이들이 감사하는 습관이 생기다 보니 다른 사람들로부터 관대하고 친절한 사람이라는 평판을 얻었답니다. 친절하고 관대한 것, 그것은 실력입니다. 실력이 없으면 친절할 수 없고 관대할 수 없습니다. 친절과 관대함은 언제 생깁니까? 바로 감사할 때 생깁니다. 감사하면 사람들의 평판이 좋아질 뿐 아니라 실제 삶이 성숙해집니다. 그들은 이렇게 살아가니 인생 자체가 행복해졌다는 겁니다.

여러분 가운데 '나는 사람들에게 왜 친절하지 못하고 관대하지 못할까?' 하고 생각하는 분이 있습니까? 특히 '배우자에게는 왜 친절하지 못할까?' 하고 생각하는 분이 있습니까? 감사를 실천으로 옮기십시오. 삶의 여유와 관대함을 갖게 될 것입니다. 할렐루야!

네 번째로 자신의 마음이 행복해지니 주변 사람들과 가족과의 관계도 돈독해졌답니다. 한마디로 감사하는 마음을 가졌을 뿐인데 참으로 엄청난 변화가 생겼습니다. 감사하니 여유, 기쁨, 행복이 찾아왔고 주변 사람들도 함께 행복해졌습니다. 가족 간의 관계가 원만하길 원하신다면 감사하는 마음을 가져보십시오. 가족이 화목하고 하나가 됩니다. 할렐루야!

설문에 참여했던 이들은 감사하면서 참으로 많이 변했습니다. 생각이 변했고 행동이 변했고 사물을 보는 관점이 변했고 인생관이 변했습니다. 행복이 넘치는 사람으로 변했습니다. 사랑하는 성도 여러분, 하

하나님은 우리가 어떻게 살아야 행복한지 아십니다. 하나님은 우리가 감사할 때 우리의 행복을 극대화합니다. 크고 작은 일에 사람에게 감사하며 환경에 감사하며 매사에 하나님께 감사하면 만족도가 높아지고 삶이 행복해집니다.

성경을 아무리 많이 알고 기도를 많이 해도 감사하지 못하면 행복할 수 없습니다. 그러나 성경을 모르고 기도를 할 줄 몰라도 감사하며 살면 행복이 내 것이 됩니다. 여러분, 행복하길 원하십니까? 감사하며 사시길 바랍니다. 성숙한 삶을 원하십니까? 감사의 사람이 되시기를 바랍니다. 하나님의 뜻을 받들어 감사하며 행복을 내 것으로 만들어 가시는 성도가 되기를 바랍니다.

### 감사의 이유 : 하나님께 영광되기에

하나님이 감사하며 살라 하신 근본적인 이유가 또 있는데 하나님께 영광이 되기 때문입니다. 보세요. 이스라엘 백성들이 보리를 수확해 놓고 하나님께 "하나님 보리를 수확하게 하시니 감사합니다."라고 합니다. 이 말이 의미하는 바는 무엇일까요? 보리를 수확하게 하신 분이 하나님이심을 인정하는 것입니다.

보세요. 보리는 사람이 심습니다. 수확도 사람이 합니다. 하지만 보리를 땅속에 파종할 때 적당한 물이 있어야 하고 적절한 날씨가 뒷받침되어야 합니다. 그리고 수확기에는 비가 많지 않아야 보리가 썩지 않습니다.

이 모든 것을 누가 주관하실까요? 하나님입니다. 자연을 주신 분도 하나님이요, 씨를 공급하신 분도 하나님입니다. 그래서 하나님에게 감사하는 겁니다. 하나님에게 감사한다는 것은 자연을 다스리시고 씨를 주신 분이 하나님이심을 인정하는 것입니다. 이렇게 하나님의 존재와 인도하심을 인정하니 하나님께 영광되는 겁니다.

하나님은 우리가 하나님 되심을 인정할 때 가장 기뻐합니다. 하나님이 우리 필요의 공급자이고, 우리를 인도하심을 인정하십시오. 하나님이 우리를 축복하며 우리의 구원자 되심을 인정하십시오. 그때 하나님이 최고의 영광을 받습니다.

어느 왕이 밥상에 올라온 진수성찬 반찬을 보고 감동했습니다. 맛있는 음식을 만든 요리사에게 상을 주리라 했습니다. 왕 앞에 나온 요리사가 이렇게 말합니다. "왕이여 저는 한 것이 없습니다. 다 농부들이 이렇게 싱싱한 채소를 길렀고 저는 다만 요리만 했을 뿐입니다. 공이 있다면 싱싱하게 채소를 키운 농부에게 있나이다." 그러자 왕은 그러면 농부를 불러라 했습니다. 농부는 "저는 하나님께서 주신 씨앗을 돌본 것밖에는 한 일이 없습니다. 비를 주신 분도 적당한 온도를 주신 분도 하나님입니다." 그 말을 들은 왕은 두 무릎을 치며 "아하 그러면 내가 하나님에게 감사해야겠구나!" 했습니다.

그렇습니다. 근원을 따져 올라가면 결국 하나님입니다. 우리에게 숨을 쉴 수 있도록 공기를 주신 분도, 먹을 것을 주신 분도 하나님입니다. 이 땅에 적당한 환경을 주신 분도, 자연과 우리에게 생명을 주신 분도 하나님입니다. 이것을 인정할 때 하나님에게 감사할 수 있습니다.

하나님께 감사한다는 것은 하나님의 살아계심과 능력을 인정함을 의미합니다. 하나님이 우주 만물의 주인이심을 인정하는 것입니다. 하나님이 우리의 생명의 주인이심을 인정하는 것입니다. 하나님에게 감사한다는 것은 믿음의 큰 고백이며 오직 하나님께 영광 돌림을 의미합니다. 우리 삶이 하나님께 영광 돌리는 것은 우리 일생의 목표입니다. 그래서 바울은 "너희가 먹든지 마시든지 무엇을 하든지 하나님의 영광을 위하여 하라!"고 했습니다. 우리가 하나님에게 감사할 때 하나님의 영광이 나타납니다. 최고의 영광을 하나님께 드리는 겁니다.

사랑하는 성도 여러분, 하나님께 영광 돌리며 내 삶이 행복한 삶으로 채워지기 위하여 하나님께 감사하며 사십시오. 무엇에든지 감사하며 언제 어디서든지 감사하며 말로, 행동으로, 예물로 감사를 표현하며 온 마음을 다하여 진실하게 감사하며 사시길 바랍니다.

힘든 순간에도 감사의 기회를 절대로 놓치지 않기를 바랍니다. 입에는 감사가 늘 붙어 다니며, 마음에도 감사로 가득하며 행동으로도 감사하는 모습이 가득 차서 해가 떠도 감사, 해가 져도 감사가 충만한 저와 여러분이 되기를 주님의 이름으로 축원합니다.

**감사의 방법** : 열악한 환경이라도 감사할 조건을 발견하라

그러면 열악한 조건에서 무엇을, 어떻게 감사합니까? 이스라엘은 보리 농사를 짓는 환경이 매우 척박했습니다. 비도 많이 오지 않고 설혹

비가 찔끔 와도 물을 가두어 둘 곳도 없습니다. 땅도 척박한 광야가 대부분입니다. 이런 데서 농사지으려면 하늘만 바라보아야 합니다. 이렇게 척박한 환경에서 농사를 지으며 소출을 내면 그것이 적은 양이라도 하나님께 감사하라 했습니다. 이 뜻은 아무리 열악한 환경이라도 감사할 조건이 많다는 것을 의미합니다.

우리는 살다 보면 가슴 아픈 일이 많지요? 하지만 그럼에도 지금 누리고 있는 것을 기억하면 감사할 수 있습니다. 이스라엘 관점에서 감사할 것들을 생각해 봅시다. 가령 농사를 지을 땅이 있다는 것이 얼마나 감사합니까? 외적의 침략에서 지켜주시고 추운 날씨에서, 뜨거운 무더위에서 지켜주시고 생명을 주셨으니 얼마나 감사합니까? 하나님이 지난 일 년도 건강하게 살게 해 주셨고, 구원을 베푸시고, 지켜주셨으니, 얼마나 감사합니까? 따지고 보면 감사 거리가 참으로 많습니다. 그래서 "감사하라." 하셨습니다. 잃어버린 것보다 '지금 누리고 있는 것'을 찾아낼 때 감사할 수 있습니다. 하나님이 이것을 원합니다.

예수께서 길을 지나가시던 한센병자 10명에게 '제사장에게 가서 몸을 보이라. 그러면 나을 것'이라 했습니다. 환자들은 예수님의 말씀을 믿고 제사장에게 가는 도중에 기적이 일어났습니다. 모두 깨끗하게 나병이 나은 것입니다. "어! 당신 몸이 깨끗해졌네요?" "당신도 깨끗해졌어요." "정말이네!" 평생 소원하던 치유가 일어났습니다. 그들은 너무나 기뻤을 것입니다. 그들도 주님께서 자신들의 병을 낫게 해 주셨다는 사실을 알고 있었을 것입니다.

그런데 놀라운 사실은 오직 한 명만 주님께 돌아와서 감사드렸다는 사실입니다. 주님은 아홉은 어디에 있느냐?며 의아해했습니다. 여러분, 아홉 명이 주님께 와서 감사하지 못한 이유가 무엇입니까? 여러 이유가 있겠지만 그중 하나는 지난 일들을 생각하자 원망이 올라와서 감사가 없었을 겁니다. "나는 그동안 한센병 환자로 살면서 사람답게 살지 못했다. 그동안 돈을 모으지 못했으며, 그동안 가족들로부터 사람대접을 받지 못하며 살았다." 이런 생각들로 가득 차니 지금 병이 낫고 새로워졌으며 완치의 축복을 받았음에도 감사하지 못했던 것입니다.

잃어버린 것, 상처받은 것, 괴로웠던 과거들만 기억하면 절대로 감사할 수 없습니다. 지금 누리고 있는 고마운 것들을 찾아내야 감사할 수 있습니다.

이 땅에서 사는 것이 얼마나 힘든지 하루에 평균 37명씩 자살합니다. 자살한 사람들은 잃어버린 것과 손해 본 것만 생각합니다. 감사할 내용은 생각지 못하고 원망스러운 일만 생각하니 자살을 하는 겁니다.

어느 성도님은 군대 간 자식을 잃고 슬픔이 끝나기 전에 사업도 안 되는 악재를 연속적으로 겪었습니다. 슬픔과 화를 이기지 못하고 밤에 잠을 이루지 못하는 날이 많았습니다. 하도 슬프고, 화가 나서 견딜 수가 없었습니다. 웃음을 잃은 지 오래입니다. 마음속에 분노와 비관적인 생각만 가득합니다. 여러분, 사람이 이렇게 잃어버린 것, 손해 본 것만 생각하면 감사할 수 없습니다. 그런데 이 성도님은 극적으로 삶에 웃음을 회복합니다. 이 분이 언제 웃음을 되찾았을까요? 지금 남아 있는 자녀들이 건강하니 감사했고, 다시 사업을 시작하게 할 것이라고 믿으면서 감사하기 시작했으며, 다시 힘을 얻어 웃기 시작했습니다.

지구에 전기 없이 사는 사람이 20억 명입니다. 식수시설이 없는 사람이 10억, 하루 천 원 미만으로 살아가는 사람이 12억 명, 영양실조로 고통당하는 사람이 8억 명입니다. 이것을 생각하면 거주할 공간이 있고, 입을 옷이 있고 냉장고에 음식이 있다면, 감사할 이유가 충분히 차고 넘치는 것입니다. 건강이 온전하지 않지만 살아갈 만하고, 사랑하는 사람들이 옆에 있어 힘이 된다면 감사할 이유가 충분한 것입니다. 몸이 불편하더라도 내가 살아있다는 것 하나만으로도 감사의 조건이 됩니다. 할렐루야!

감사의 조건을 찾으면 감사하지 못할 사람이 없습니다. 감사 거리가 없어 보이지만 사실 감사 거리는 무궁무진합니다. 감사의 조건을 믿음으로 찾아내어 그것을 감사하는 것이 하나님의 뜻입니다. 이것이 진정한 감사 정신입니다.

하박국 선지자는 이런 감사의 정신을 보여줍니다.

"비록 무화과나무가 무성하지 못하며 포도나무에 열매가 없으며 감람나무에 소출이 없으며 밭에 먹을 것이 없으며 우리에 양이 없으며 외양간에 소가 없을지라도 나는 여호와로 말미암아 즐거워하며 나의 구원의 하나님으로 말미암아 기뻐하리로다"(합 3:17-18)

하박국 선지자는 잃어버린 것만 생각하지 않았습니다. 지금 누리고 있는 구원, 은혜를 기억하며 하나님에게 감사했습니다. 이것이 감사의 정신이고 이것이 하나님이 기뻐하는 믿음입니다. 할렐루야!

여러분, 그러므로, 원망, 실망, 슬픔 뒤에 숨어 있는 감사의 조건들을 믿음으로 찾아내어 감사하시길 바랍니다. 감사하는 것이 하나님의 뜻입니다. 감사의 조건을 찾아내어 무조건 감사하며 하나님께 영광 돌리시길 바랍니다. 이 믿음의 감사가 저와 여러분의 삶을 풍성하게 만드는 복이 되기를 주님의 이름으로 축원합니다.

### ✱ Chain 스타일

체인 스타일(긍정결과, 이유를 밝히고, 해결책을 찾아라) 설교 구성은 질문을 통해 논리를 체인처럼 연결해 나가는 설교구성법이다. 본 설교에서는 긍정적인 결과로 감사의 유익을 밝히고 있다. 그리고 감사가 유익한 이유에 대해 '열악한 환경에서 감사하면 행복하므로'와 '하나님께 영광되기 때문에' 감사가 유익함을 밝힌다. 이후 구체적인 감사의 이유를 밝히는데 그 방법은 '열악한 환경에서라도 감사할 조건을 발견하라'고 밝힌다.

# Thanksgiving Sunday

### 추수감사주일

기독교 신자들이 한 해 동안 재배한 가을 곡식을 거둔 뒤에 하나님께 감사 예배를 올리는 날을 '추수감사절'이라 한다. 1620년에 영국 청교도들이 미국으로 이주한 다음 해 가을에 처음으로 거둔 수확으로 감사제를 지낸 데서 유래한 것이다. 요즘 한국교회는 추수감사절을 즈음하여 11월을 감사의 달로 정하고 감사설교를 한다. 설교자는 감사를 모르는 성도에게 감사의 의미를 깨닫게 하고 감사하는 믿음을 심어줌으로써 감사의 삶을 극대화하도록 돕는다.

**PNS 스타일**

'긍정, 부정, 해결책을 찾아라'의 구성

시편 118:1-7

# 감사함으로 여호와께 나아가자

**개요**

- **긍정** : 범사에 감사할 때 하나님이 복 주신다
- **부정** : 그러나 사람들은 감사하지 않는다
- **해결책** : 하나님의 은혜를 인정하며 감사하라

**긍정** : 범사에 감사할 때 하나님이 복 주신다

오늘 예배는 추수 감사 주일로 드립니다. 추수감사절은 종교박해를 피하여 1620년 메이플라워를 타고 신대륙 미국에 정착한 영국 청교도들이 이듬해 11월 추수를 마치고 하나님께 예배를 드린 것에서 유래합니다.

메이플라워호를 타고 신앙의 자유를 찾아 대서양을 건너온 청교도들이 뉴잉글랜드에 정착했을 때 이미 많은 사람이 숨을 거두었습니다. 설상가상으로 추위와 질병과 인디언의 습격이 계속되어 이듬해 봄에는

거의 절반이 죽어갔습니다. 그러나 그들은 절망하지 않고 밭에 씨를 뿌리고 농사를 지었습니다. 그리고 첫 번째 수확물로 감격스러운 추수 감사 예배를 드리며 이렇게 고백했습니다.

"우리는 대서양을 건너와 많은 친구를 잃었습니다. 그러나 하나님은 우리가 기대했던 것보다 더 많은 것을 주셨습니다. 하나님의 은혜에 감사하며 첫 열매를 그분께 드립니다." 이것이 첫 번째 추수감사절이었습니다.

가장 고통스러운 상황에서 감사할 수 있었던 것, 이것이 바로 추수감사절의 정신입니다. 원망과 불평이 가득할 수 있는 환경에서도 감사하는 믿음을 가졌을 때 고통을 기쁨으로, 불행을 행복으로 만드는 힘이 있었습니다.

영국의 유명한 기도의 사람 윌리엄 로우는 "인생의 만족과 행복을 누리는 데에 감사하는 것보다 더 좋은 것은 없다."고 했습니다. 인생에는 수많은 일이 발생합니다. 그중에는 슬프거나 괴로운 일들도 많습니다. 그렇다 할지라도 하나님께 감사를 표현할 때 슬픔과 괴로움은 변하여 복이 됩니다. 결국은 행복을 누리게 됩니다.

그렇습니다. 감사하다 보면 마음의 상처도 치유되고 하늘의 소망이 분명해지고 평안과 행복이 밀려듭니다. 감사하며 살면 불행할 것도 행복해집니다. 그래서 바울 사도는 "범사에 감사하라." 했습니다. 크고 작은 일, 심지어 슬픈 일, 답답한 일조차 하나님에게 감사하라고 한 것입니다. 또 성경은 "너희는 감사의 문으로 들어가서 여호와께 감사하라"고 했습니다. 불만의 문으로 들어가면 지옥을 경험하지만, 감사의 문으로 들어가면 하나님을 만납니다.

여러분, 아무리 선한 일을 많이 해도 감사하지 않으면 그 선한 일은 헛된 것이 되고 맙니다. 하지만 아무리 하찮은 일이라도 감사가 덧붙여진다면 의미 있는 일이 되고 하나님께 영광이 됩니다. 그래서 우리는 아침, 점심, 저녁 그 어느 때에라도 감사를 드리는 감사의 인생을 살아야 합니다! 할렐루야!

**부정 :** 그러나 사람들은 감사하지 않는다

감사하는 삶이 이렇게 복됩니다만 많은 사람이 행복을 불러오는 감사의 주인공이 되지 못합니다. 최근에 미국 텍사스에서 총기 사건이 있었지요? 총기범은 가족들을 폭행하고 그로 인하여 군대에서 불명예제대를 했습니다. 여기저기 취직을 하려 해도 불명예가 걸림돌이 되어 취직하기가 쉽지 않았습니다. 가족이 원망스럽고 심지어 장모님도 원망스러웠습니다. 총을 사서 가족들이 예배드리는 곳으로 가서 총을 난사하여 수십 명을 죽이고 자신도 죽었습니다. 이 사람의 마음에는 원망과 상처만 가득했을 뿐 감사는 없었습니다. 원망과 상처에 몰입되면 감사하기는 어렵습니다.

또 죄 속에 빠져 살아도 감사하기 어렵습니다. 최근에 전북 부안의 한 중학교 선생님이 여학생들을 상대로 집요하게 성추행해온 사실이 드러났습니다. 성추행한 학생이 무려 수십 명이나 되었고 범죄 실체가 낱낱이 드러나자 결국 자살하고 말았습니다. 이 선생님은 출근할 때마다 '오늘은 어떤 학생을 범죄의 대상으로 삼을까?' 하는 생각에 몰입되어 있었습니다. 참 악한 생각입니다. 이런 생각에 빠져들면 죄가 죄로 느껴지지 않고 악한 생각에 사로잡혀 감사하며 살기는 어렵습니다.

또 소망을 잃어도 감사하기 어렵습니다. 이스라엘 백성들이 하나님의 인도를 받고 애굽에서 가나안 땅으로 향했습니다. 광야 여정 동안 의식주의 부족과 날씨 문제로 고통을 겪으면서 이스라엘 백성들은 때마다 하나님께 불평했습니다. 하나님은 그러한 이스라엘 백성들에게 필요한 것들을 제공하며 그들을 돌보셨습니다. 그래서 그들은 힘겨운 광야생활을 하루하루 버텼습니다. 그렇게 가나안 입성만을 꿈꾸며 가데스바네아에 이르렀습니다. 여기까지는 그럭저럭 잘 버텼습니다. 그들은 정탐꾼들을 보내 가나안을 정탐하게 했습니다. 정탐꾼들은 돌아와서 가나안 땅을 결코 정복할 수 없다고 보고했습니다. 열 명의 정탐꾼의 보도는 이스라엘 백성들의 소망을 꺾었습니다. 가나안 정복의 꿈을 포기하게 했습니다. 그리고 자신들을 노예의 자리에서 구원하신 하나님을 원망하기 시작합니다. 모세와 아론을 죽이려 합니다. 그들은 믿음이 없었습니다. 하나님을 향한 믿음을 잃자 그들은 폭주하기 시작했습니다. 소망을 잃은 그들에게 하나님은 보이지 않았습니다. 소망을 잃으면 감사할 수 없습니다.

우리가 지속해서 감사하며 살기 위해서는 어떤 경우에도 소망을 잃지 않는 것이 중요합니다. 내 가정이 지금보다 더 행복할 수 있다는 소망을 잃지 않고 내 자녀가 어려움을 잘 극복할 것이라는 소망을 잃지 않아야 합니다. 그래야 끝까지 감사할 수 있고 끝까지 감사하며 살 수 있습니다.

이것만이 아닙니다. 악한 생각이나 상처받은 마음을 벗어나 거룩한 생각, 거룩한 마음으로 충만해야 일생 동안 감사하며 살 수 있습니다. 상처와 악한 생각에서 벗어나며 끝까지 희망을 놓지 않을 때 우리는 지속해서 감사하며 행복할 수 있습니다. 이 축복이 저와 여러분의 것이 되시기를 주님의 이름으로 축원합니다.

**해결책** : 하나님의 은혜를 인정하며 감사하라

추수 감사 주일은 말 그대로 하나님께 결실을 드리며 감사의 고백을 드리는 날입니다. 농부들의 경우 일 년간 농사가 힘들었지만, 그 가운데서도 하나님이 베푸신 손길을 살펴보며 "결실을 보기까지 하나님의 은혜가 컸구나!"를 인정하며 감사하는 것입니다. 직장생활 하는 동안 스트레스도 받고 사람들과 마찰도 있었고 성과주의에 사로잡혀 압박을 받기도 했지만 그런데도 "하나님이 여기까지 오게 하셨구나!"를 생각하며 하나님께 감사드리는 것입니다. 가지 많은 나무에 바람 잘 날 없다고 했지요. 배우자도, 자녀들도 여러 가지로 힘들었습니다. 하지만 "여기까지 하나님이 우리 가족을 지켜주셨구나!" 생각하며 하나님 은혜에 감사하는 것입니다.

한국에서만 거의 700여 명의 사람이 매일 죽습니다. 그런데 나는 수

십 년 동안 잘 살아왔고 아직도 살아서 가족들에게 힘과 위로가 되고 있습니다. 이것이 놀랍고 감사할 뿐입니다. 언젠가 떠나게 될 생명이지만 아직 내가 살아서 사랑을 나누고 행복을 나누며 살고 있습니다. 그래서 내 생명을 여기까지 지켜주신 하나님의 은혜에 감사를 드리는 것입니다. 직장, 사업장, 가정, 내 생명을 돌아보며 여기까지 오게 하신 하나님 은혜에 감사하는 것입니다. 이런 감사의 믿음을 오늘 이 아침 하나님께 드릴 수 있기를 바랍니다.

오늘 우리가 하나님에게 감사해야 할 내용을 신앙적인 관점으로 살펴보면 그 이유가 분명해집니다. 시편 저자 다윗은 1절에서 "여호와께 감사하라. 그는 선하시며 그의 인자하심이 영원함이로다."라고 했습니다. 하나님의 백성이 하나님께 감사해야 할 가장 큰 이유는 하나님의 인자하심과 선하심 때문입니다. 다윗이 한때 죄를 짓고 하나님을 실망하게 했을 때 하나님은 어떻게 하셨나요? 하나님은 그의 허물을 만방에 들춰내지 않으시고 개인적으로 깨닫게 했습니다. 그리고 다윗의 회개를 받으시고 영혼을 회복시켜 주셨습니다. 다윗 개인의 죄를 용서하시고 새사람이 되게 하셨습니다. 비난 받고 버림받아야 할 그를 하나님이 자비와 사랑, 즉 하나님의 선하심과 인자하심으로 용서했습니다. 여기에 하나님의 놀라운 선하심과 인자하심이 있습니다.

우리가 한때 하나님을 모르고 죄악 속에서 헤매고 있을 때 하나님은 우리에게 어떻게 했나요? 진리를 통해 우리의 죄 된 모습을 보게 하셨습니다. 영생의 길을 보여주사 우리가 죄 된 삶을 청산하고 하나님을 믿고, 의지하게 하셨습니다. 이렇게 되기까지 하나님 아들을 이 땅에 보내셔서 우리들의 죗값을 치르게 하사 십자가에서 죽게 하셨습니다. 이렇게 죄인에서 의인이 되기까지 하나님이 베푼 은혜는 참으로 크고 놀라웠습니다. 그것은 한 마디로 하나님의 인자하심과 선하심이었습니다.

그 인자하심과 선하심은 우리가 알기 전에 먼저 다가왔습니다. 우리가 하나님을 알기 전에 하나님이 먼저 우리를 알았습니다. 우리가 하나님께 다가가기 전에 하나님이 먼저 우리에게 다가오셨습니다. 우리가 하나님을 사랑하기 전에 하나님이 먼저 우리를 사랑했습니다. 그 사랑의 넓이와 깊이와 높이와 길이는 인간의 언어로 설명할 수 없는 끝이 없는 사랑이었습니다. 그 사랑으로 우리는 구원받고, 새 생명의 주인공이 되었습니다. 순전히 여호와 하나님의 인자하심과 선하심 때문에 우리가 죄인에서 의인이 된 것입니다. 그래서 우리는 하나님의 선하심과 인자하심을 찬양하고 감사해야 합니다.

좋은 자리에 취직하게 해 주셨을 때 우리는 감사하지요? 독신이었다가 결혼하게 되면 감사하게 되지요? 자녀를 얻게 되면 또 감사하게 됩니다. 건강을 회복시켜 주신 은총을 헤아리면 그 또한 하나님에게 감사하게 됩니다. 그러나 이 모든 감사의 조건들은 일시적이며 언젠가 다 사라집니다.

하지만 우리의 구원과 영생은 변치 않는 영원한 것입니다. 불변하는 축복이며 영원한 선물입니다. 이 모든 것이 하나님의 선하심과 인자하심으로 인한 것입니다. 그래서 우리는 우리의 구원을 향한 하나님의 인자하심과 선하심을 영원토록 찬양하며 감사하는 것입니다.

여러분, 영원히 변하지 않은 하나님의 구원과 사랑이 하나님의 선하심과 인자하심을 통하여 우리에게 이루어졌습니다. 그래서 하나님 말씀은 오늘 우리에게 '하나님의 인자하심과 선하심에 감사하라.' 하셨습니다. 이 놀라운 사랑, 놀라운 은혜를 기억하며 감사, 또 감사하며 사시길 주님의 이름으로 축복합니다.

우리가 감사하는 또 다른 이유는 5절에 있습니다.

"내가 고통 중에 여호와께 부르짖었더니 여호와께서 응답하시고 나를 넓은 곳에 세우셨도다"

시편 저자는 우리가 하나님께 감사드려야 하는 두 번째 이유를 그분이 우리의 기도를 들으시기 때문이라고 했습니다.

여러분, 만왕의 왕 하나님이 죄인 된 우리를 영원히 구원하셨을 뿐만 아니라 보잘것없는 우리 기도를 구체적으로 들으신다는 사실, 생각만 해도 가슴이 벅차며 감사하지 않습니까?

다윗의 생애 가운데 하나님이 기도에 응답하신 것들은 실로 헤아릴 수 없이 많습니다. 사무엘상 30장에 보면 이런 사건이 있습니다. 한번은 다윗이 군사들과 함께 사흘 만에 마을로 돌아오니 아말렉 족속들이 온 마을 사람들을 다 잡아갔고 마을은 초토화되었습니다. 군사들이 목 놓아 울고 있을 때 다윗은 슬퍼만 하지 않았습니다. 하나님께 매달리며 기도하기 시작했습니다.

8절에 보면 다윗은 "하나님 어떻게 하면 좋겠습니까? 쫓아가리이까? 쫓아가면 잡을 수 있겠습니까?" 하고 기도했습니다. 그때 하나님의 음성이 들립니다. "쫓아가라! 네가 반드시 그들을 붙잡고 가족을 찾아 데리고 오리라!" 이 말씀에 다윗과 군사들이 아말렉 군사를 찾아 나섰는데 어디서 어떻게 찾아야 할지 막막했습니다. 그때 한 소년을 만났는데 알고 보니 아말렉 군대에서 이탈한 낙오자였습니다. 다윗과 일행은 그를 통해 방향을 알게 되어 결국 추격하여 빼앗겼던 모든 재산과 가족들을 되찾았습니다. 막막했던 상황에서 다윗의 기도에 응답하신 하나님에게 그들은 얼마나 감사했을까요?

몇 년 전에 이스라엘 성지순례를 하다가 얍복강에 이르렀을 때 그 강을 보면서 인생의 큰 위기를 맞았던 야곱이 생각났습니다. 야곱은 고향으로 돌아가던 중, 형이 과거의 원한에 묶여 자기를 죽이러 자객 400명을 이끌고 달려오고 있다는 소식을 접했습니다. 야곱은 얍복강에서 죽기를 각오하고 밤새도록 기도를 드렸습니다. 성경에 보면 밤새도록 천사와 씨름하며 야곱이 말했습니다. "나를 축복하시지 않으면 당신을 보내드릴 수가 없나이다."

목숨을 건 처절하고, 간절하고, 절박한 기도를 드렸던 것입니다. 하나님은 야곱의 기도를 들으셨고 마침내 응답하사 분노가 가득했던 형, 에서의 마음을 녹이시고 위기를 기회로 바꾸어 화해를 이루게 하셨습니다. 그들은 쭉 행복하게 살았습니다. 하나님이 꾀돌이 야곱의 간절한 기도를 들어주셨던 것입니다. 생사의 갈림길에서 하나님의 응답하심을 경험한 야곱은 얼마나 감사했을까요?

출애굽기 14:10에 보면 뒤에는 애굽 군대가 쫓아오고 앞에는 시커먼 홍해가 가로막고 있을 때 사면초가의 이스라엘은 심히 두려워하여 하나님께 부르짖었습니다. 하나님은 그 부르짖음에 응답하사 홍해를 가르는 기적을 일으키셨습니다. 이스라엘은 홍해를 건넌 후에 하나님의 기적과 응답에 감격했습니다. 그들은 그들의 감격을 감사의 찬양, 승리의 찬양 시를 지어서 노래했습니다. 하나님의 응답에 그들이 얼마나 감사했고 행복했을까요?

오늘 말씀에서 하나님은 "여호와 하나님께 감사하라."고 했습니다. 왜냐면 "그분이 우리의 기도를 들으시기 때문이라."고 했습니다. 하나님에게 기도하지 않는 사람은 기도 응답의 은총을 모릅니다. 그래서 감사할 수 없습니다. 하지만 기도를 자주 드리며 자주 응답을 체험하는 사람은 자주 감사드리게 됩니다.

우리가 지금껏 얼마나 많이 기도해 왔나요? 하나님이 우리의 기도를 얼마나 많이 들으셨는지를 헤아려 보십시오. 그 수를 다 셀 수가 없습니다. 이 놀라운 사실을 기억하며 깊이 감사하시길 바랍니다. 오늘 추수 감사 주일을 맞아 그동안의 수많은 기도에 하나님의 응답으로 여기까지 왔음을 인정하시길 바랍니다. "하나님 영광 받으소서!" 하며 감사 또 감사하시길 바랍니다.

우리가 감사해야 하는 또 다른 이유는 하나님이 우리 편이기 때문입니다. 오늘 말씀 6절과 7절을 보세요.

"여호와는 내 편이시라 내가 두려워하지 아니하리니 사람이 내게 어찌 할까"(시 118:6)

"여호와께서 내 편이 되사 나를 돕는 자 중에 계시니 그러므로 나를 미워하는 자들에게 보응하시는 것을 내가 보리로다"(시 118:7)

무슨 뜻입니까? 하나님이 다윗의 편이 되사 적들을 물리쳐 주셨다는 뜻입니다. 하나님이 다윗을 얼마나 구체적으로 감싸주시고 그의 편이 되어 싸워주셨는지 사무엘하 8:6, 14에 보면 두 차례나 "다윗이 어딜 가든지 여호와께서 이기게 하시니라. 또 이기게 하셨더라."고 기록하고 있습니다. 다윗은 눈물이 많고 마음이 여린 사람이었습니다. 그런데도 그가 이길 수 있었던 것은 하나님이 그의 편이 되어 주셨기 때문이었습니다. 하루 이틀이 아니고 일생 그의 편이 되어 주셨습니다. 할렐루야! 다윗은 이 사실이 고마워 감사했던 것입니다.

미국에서 노예 해방을 위한 남북 전쟁이 진행되고 있었습니다. 노예를 해방하겠다는 링컨의 북군은 연전연패를 당했습니다. 그러던 중 1862년 9월 17일 메릴랜드 주 앤티탐 전투에서 고대하던 첫 승리를 얻었습니다. 이때 링컨은 그곳을 방문해 병사들의 사기를 북돋기 위하여 일일이 악수를 하며 격려할 때 옆에 있던 참모가 말했습니다.

"각하, 이제부터 아무 염려하지 마십시오. 하나님은 우리 북군 편입니다." 이 말을 듣자 링컨이 의미 있는 대답을 하였습니다. "나의 염려는 하나님이 내 편이냐, 아니냐가 아닐세. 나의 관심은 내가 항상 하나님의 편에 서 있는가 하는 것일세. 우리가 하나님을 향해 서 있기만 하면 언제나 하나님은 우리 편이 되어 주신다네." 링컨은 결국 하나님 편에 섰고 하나님은 그의 편이 되어 어려운 전쟁들을 승리로 이끌게 하셨습니다.

우리가 하나님 편에 설 때 하나님은 우리 편에 되어 승리하게 하십니다. 그때 우리는 진정으로 하나님에게 감사하게 됩니다. 그러나 우리가 죄를 지으면서 하나님이 우리 편에 서달라고 말할 순 없습니다. 우리가 불순종하면서 하나님께 도와 달라고 할 수는 없습니다. 우리가 하나님 편에 설 때만이 하나님이 우리 편이 될 수가 있습니다. 또 우리가 하나님의 영광을 위하여 살며 그분께 순종하며 따를 때 하나님이 우리 편에 섭니다. 우리는 모두 하나님 편에 서서 믿음 생활하며 하나님의 도우심을 얻어 승리하며 감사할 수 있기를 바랍니다.

주님은 사역하시면서 항상 어떤 마음을 품었는지 아시지요? 주님은 이렇게 말씀했습니다. "내가 항상 그의 기뻐하시는 일을 행함으로 그가 나를 혼자 두지 않으셨도다." 주님은 하나님이 기뻐하는 일을 행함으로 항상 하나님이 주님 편에 서게 했습니다.

여러분, 우리가 하나님이 기뻐하는 삶을 살아가므로 하나님이 내 편이 되시고 그로 인하여 하나님이 도와서 승리하는 우리가 되기를 바랍니다. 그럴 때 우리는 감사할 수 있습니다.

   감사의 계절에 하나님이 내 편이 되심에 감사, 하나님이 내 기도에 응답하심에 감사, 하나님의 선하심과 인자하심에 대한 감사로 충만하여 하나님께 영광 돌리시길 바랍니다. 한번이 아니라 추수 감사 주일을 기점으로 평생 감사하며 영광 돌리는 저와 여러분 되시길 주님의 이름으로 축원합니다.

## ✱ PNS 스타일

PNS(Positive and Negative Solution, 긍정, 부정, 해결책을 찾아라) 구성의 설교는 NPS 구성의 설교와 반대 구조를 나타낸다. NPS가 서론에서 부정적 부분을 강조한다면 PNS 설교 구성은 기쁨이나 긍정이 담긴 내용으로 청중에게 기대와 소망을 불러일으킨다. 본 설교에서도 서론에 추수감사절의 유래를 설명하며 환난 중에 감사하는 신앙인의 긍정적 모습을 부각한다. 이후 다른 부정적 예를 들며 그런데도 감사하지 않는 사람들에 관해서 설명한다. 이후 설교자는 하나님의 은혜를 인정하며 감사하라는 해결책을 제시함으로써 설교를 마무리한다.

**PNS 스타일**
'긍정, 부정, 해결책을 찾아라'의 구성

누가복음 7:36-50

# 조건을 초월한 감사

**개요**

- **긍정** : 감사가 축복을 불러온다
- **부정** : 그런데도 현대인은 은혜를 모르기 때문에 감사할 줄 모른다
- **해결책** : 주님께 받은 은혜를 기억하라

**긍정 : 감사가 축복을 불러온다**

오늘 추수 감사 주일을 맞았습니다. 오늘은 다른 어떤 때보다 하나님께 '감사의 믿음'을 드릴 수 있기를 바랍니다. 하나님은 우리에게 감사하라고 수없이 강조했지요? 감사하는 자에게 주어지는 축복을 보면 그 이유를 알 수 있습니다.

1998년에 미국 듀크 대학 병원에서 특별한 실험을 했는데 매일 감사하며 사는 사람들은 그렇지 않은 사람보다 평균 7년을 더 오래 산다고 합니다. 감사하기만 해도 인간의 삶의 질이 달라지고 장수합니다.

그것만이 아닙니다. 감사하면 신체의 면역체계가 강화됩니다. 1분간 감사하면 우리 신체의 면역체계가 24시간 더 강화되고, 1분간 화를 내면 면역체계가 6시간 동안 약화합니다. 결국, 감사하며 살면 몸과 마음이 건강하여 노화도 늦추는 것입니다.

감사의 능력에 일찍 눈을 뜬 존 헨리 박사는 "감사는 최고의 항암제요, 최고의 해독제요, 최고의 방부제"라고 했습니다. 여기에 감사의 능력이 있습니다.

한번은 승객들이 버스에서 내리면서 아무도 기사에게 말을 건네지 않았습니다. 그런데 한 청년이 내리면서 "감사합니다." 했는데 그 순간 기사님의 표정이 밝아졌습니다. 감사는 자신뿐만 아니라 다른 사람도 행복하게 만듭니다. 여기에 감사의 축복이 있습니다.

감사하는 것이 얼마나 유익한지를 잘 아는 사도 바울은 데살로니가전서 5:18에서 "범사에 감사하라. 이는 너희를 향하신 하나님의 뜻이라."고 했습니다. 범사는 "모든 일"을 말합니다. 불평하고 원망하는 일조차도 감사하라는 것입니다. 왜냐면 축복이 임하기 때문입니다. 여기에 하나님의 깊은 뜻이 있습니다.

하나님의 백성은 감사하며 살되 무엇보다 하나님을 향해 감사하는 것이 중요합니다. 오늘 본문을 보니 주님을 향해 깊이 감사하는 한 여인을 봅니다. 주님이 복음을 증거하신 후에 잠시 쉬고 있을 때 이 여인이 값비싼 향유를 가지고 와서 주님의 발등에 부었습니다. 노동자의 일년 치 품삯에 해당하는 값비싼 향유였습니다. 그리고 머리카락을 풀어서 주님의 먼지 묻은 발등을 닦았습니다. 그녀의 눈에서는 뜨거운 눈물이 흘렀습니다. 자기를 낮추고 예수를 높이는 감사였습니다. 거짓되지 않은 진실한 감사였습니다. 영혼 없는 감사가 아니었습니다. 정성과 사랑이 가득 담긴 감사, 최선을 다하는 감사였습니다.

이 감사에 감동하신 주님은 이 여인을 극찬하며 평안과 구원을 선물하셨습니다. 한 번의 깊은 감사로 그녀는 주님께 엄청난 복을 얻었습니다. 놀라운 일입니다. 여러분에게 이런 감사가 있습니까?

**부정** : 그런데도 현대인은 은혜를 모르기 때문에 감사할 줄 모른다

감사가 이렇게 좋음에도 불구하고 사람들은 하나님에게 감사할 줄 모릅니다. 이유가 있습니다. 은혜를 모르기 때문입니다. 보세요. 부모에게 자주 불평하는 아이들이 있습니다. 왜 그런가요? 부모 은혜를 모르기 때문입니다. 아이들은 지금까지 부모의 은공으로 자라왔고 그 은혜로 성장했습니다. 부모가 먹여주고, 입혀주고, 학교 보내주고, 아프면 감싸주고, 오직 자녀 하나 잘 되기만을 기대하며 키워왔습니다. 그것은 순전히 부모의 은혜였습니다. 안타깝게도 이 놀라운 부모의 은혜를 모르는 자녀들은 부모에게 감사할 줄 모릅니다. 은혜를 알지 못하면 정말이지 감사하기 어렵습니다.

지금도 하나님의 은혜를 모르기에 하나님에게 감사할 줄 모르는 사람들이 많습니다. 하나님이 내게 베푸신 은혜가 얼마나 크고 놀라운지

를 알지 못하기에 그 은혜에 감격할 줄도 모릅니다. 그 은혜를 찬양하거나, 감사할 줄도 모릅니다. 은혜를 모른 채 찬양하고, 예배드리고, 기도하며, 은혜를 모른 채 신앙생활을 합니다.

본문에 바로 이와 같은 사람이 나옵니다. 이 여인이 깊은 감사를 드리자 한 바리새인은 그것을 보고 재산을 허비한다고 생각했습니다. 주님은 그가 은혜를 모르기에 감사하지 못하는 것을 아시자 그에게 말씀했습니다.

"내가 너에게 이를 말이 있다. 한 사람은 500데나리온을 빚졌고 한 사람은 50데나리온을 빚졌다. 그런데 두 사람 다 탕감을 받으면 누가 더 기뻐하고 감사하겠느냐?' 바리새인이 대답했습니다. '많이 탕감받은 사람입니다.' 주님이 말씀합니다. '옳다. 이 여자를 보아라. 내가 너의 집에 들어올 때 너는 내게 발 씻을 물도 주지 아니하였으되 이 여자는 눈물로 내 발을 적시고 그 머리털로 닦았으며 너는 내게 입 맞추지 아니하였으되 그는 내가 들어올 때로부터 내 발에 입 맞추기를 그치지 아니하였으며 너는 내 머리에 감람유도 붓지 아니하였으되 그는 향유를 내 발에 부었느니라. 이러므로 내가 너에게 말하노니 그의 많은 죄가 사하여졌도다. 이는 그의 사랑함이 많음이라. 사함을 받은 일이 적은 자는 적게 사랑하느니라.'"

바리새인은 주님의 은혜를 경험한 적이 없어 주님의 은혜를 알지 못했습니다. 은혜를 알지 못하니 주님에게 감사할 줄도 몰랐고, 주님을 사랑할 줄도 몰랐습니다. 여러분, 하나님의 백성이 하나님의 은혜를 모르면 감사하기 어렵습니다. 설혹 감사한다 해도 감사에 깊이가 없으며 하나님을 감동하게 하는 헌신과 사랑도 표현하기 어렵습니다. 감사가 형식적이거나 억지가 됩니다. 하나님은 이런 감사를 받지 않습니다. 하나님은 진정한 감사를 받습니다. 뜨거움이 내포된 감사, 정성을 다하는 깊은 감사, 은혜를 알고 드리는 감사를 받으십니다. 저와 여러분은 하나님의 은혜를 몰라서 제대로 감사하지 못하는 성도가 되지 않기를 바랍니다.

감사하라 네 영혼아! 감사하라 네 영혼아! 네 속에 있는 것들아 다 감사하라! (찬양으로)

**해결책 :** 주님께 받은 은혜를 기억하라

다행스럽게도 본문에 나오는 여인은 주님의 마음에 흡족한 감사를 드렸습니다. 최선을 다하는 감사였고 주님 마음을 감동하게 하는 감사였습니다. 어떻게 해서 그토록 깊은 감사를 드렸을까요? 이유는 하나입니다. 주님으로부터 받은 은혜가 무엇인지를 생생하게 기억했기 때문입니다.

이 여인은 동네에서 죄인으로 알려졌습니다. 얼굴 들고 다니기 어려웠을 겁니다. 자존감은 낮고 상처는 컸을 것입니다. "하나님이 이런 죄인을 용서하지 않으실 거야!" 하면서 절망했을 겁니다. 그런데 주님은 이 여인을 만나면서 여인의 죄를 깨끗하게 용서했습니다. 마음속에 조금도 거리낌이 없도록 모든 죄를 지우셨습니다. 주님께서 또 한번 말씀하셨지요. "그의 많은 죄가 사하여졌도다. 여자여 네 믿음이 너를 구원하였으니 평안히 가라." 이 여인은 자신을 새롭게 한 이 큰 은혜를 잊을 수 없었을 것입니다.

주님은 간음하다가 현장에서 잡힌 여인을 용서하시고 새 삶을 찾아 주심 같이 이 여인을 용서하시며 새롭게 하셨습니다. 주님은 죄로 번민하던 삭개오의 무거운 마음을 가볍게 하심 같이 이 여인의 마음을 가볍게 했습니다. 주님은 죄 용서받은 사마리아 여인이 물동이를 버려두고 기뻐하며 예수를 전했듯이 이 여인을 자유롭게 하시며 기쁨으로 춤추게 하셨습니다.

이 여인은 죄 용서받는 순간 자존감이 완전히 회복되었습니다. 마음에 꺼림칙했던 것도, 죄를 용서받지 못할 것이라는 의심도 사라졌습니다. 하나님과 사람 앞에서 당당해졌습니다. 자신을 새롭게 만드신 주님 은혜를 결코 잊을 수가 없습니다. 그래서 주님께 값비싼 향유를 들고 와서 뜨거운 감사를 드렸던 것입니다. 그녀의 감사는 한마디로 은혜를 알고 은혜에 보답하는 감사였습니다. 이 감사가 주님의 마음을 감동하게 했습니다. 주님은 그녀를 칭찬했습니다. 그리고 평안과 구원을 불러 왔습니다.

사랑하는 여러분, 우리는 하나님께 감사하기 전에 먼저 하나님의 은혜를 깊이 아는 자가 되기를 바랍니다.

시편 103편은 하나님께 감사하기 위하여 은혜를 아는 것이 얼마나 중요한가를 말씀합니다. 2절은 이렇게 말씀합니다. "내 영혼아 여호와를 송축하며 그의 모든 은혜를 잊지 말지어다." 감사하기 위하여 은혜를 잊지 말라는 것입니다. 그리고 그 은혜에 대하여 이렇게 말씀합니다. "하나님이 너의 모든 죄악을 사하시며 네 모든 병을 고치시며 구원하시며 좋은 것으로 너의 소원을 만족하게 하사 너의 청춘을 독수리 같이 새롭게 하신다. 또 책망하시되 노를 품지 않으시고 우리의 죄를 따라 처벌하지 않으신다." 이 놀라운 은혜를 잊지 말라는 겁니다. 그리고 그 은혜를 기억하며 감사하라 했습니다. 할렐루야!

시편 100편에서도 하나님의 백성이 기억해야 할 은혜를 밝히고 있습니다.

"그는 우리를 지으신 이요 우리는 그의 것이니 그의 백성이요 그의 기르시는 양이로다 감사함으로 그의 문에 들어가며 찬송함으로 그의 궁정에 들어가서 그에게 감사하며 그의 이름을 송축할지어다"(시 100:3-4)

하나님이 우리를 지으셨습니다. 하나님의 자녀가 되게 하셨습니다. 우리를 기르십니다. 이 은혜를 기억하며 감사하라고 명령합니다. 이 은혜를 알 때 우리의 감사는 깊어집니다. 그런데 많은 사람이 감사를 표현하기도 하지만 때론 원망하고 불평할 때가 있습니다. 조건과 환경에 따라 감사 여부가 달라집니다.

이스라엘 백성이 홍해를 건넜을 때 그들은 하나님께 얼마나 큰 영광과 감사를 드렸는지 모릅니다. 승리케 하셨다고 감사했고 기도 응답이 이루어졌다고 감사했고 자신들의 뜻한 바를 성취했다고 감사 또 감사했습니다.

그런데 3일이 지나 마라에 도착하여 마실 물이 없자 자신들 뜻대로 되지 않았다고 불평을 터트렸습니다. 그들의 감사는 사라졌습니다. 감사할 조건이 생겼을 때 그들은 감사했지만, 감사 조건이 사라지자 그들은 원망했습니다. 조건이 좋으면 감사, 어려우면 불평, 이것이 그들의 감사의 실체였고 이런 신앙생활은 광야생활 40년 내내 계속되었습니다. 이러한 그들의 삶은 절대 행복하지 않았습니다.

그런데 하나님을 향한 진정한 감사는 조건을 뛰어넘는 감사입니다. 왜냐면 하나님의 존재 자체가 감사의 이유이기 때문입니다. 또 하나님이 지금껏 베푸신 은혜만으로도 감사할 조건이 되기 때문입니다.

이 여인은 주님께서 자신을 부자가 되게 하심을 감사하지 않았습니다. 기도제목에 응답해 주셨기에 감사한 것도 아닙니다. 목적한 바를 달성케 하셨다고 감사한 것이 아니었습니다. 이미 받은 큰 은혜, 즉 구원, 사랑, 용서를 받은 것만으로도 은혜의 주체이신 주님께 영광과 감사를 드렸습니다. 주님을 향한 그녀의 감사는 삶의 조건과 형편을 뛰어넘은 감사였습니다.

사도 바울은 일생을 하나님께 감사, 또 감사드리며 살았던 사람이었습니다. 왜 그가 눈만 뜨면 감사를 강조했을까요? 하나님이 그에게 베푼 은혜가 너무도 크고 놀라웠기 때문이었습니다.

우리가 알다시피, 그는 예수님를 믿기 전에 예수 믿는 자들을 핍박하는 자였습니다. 스데반이 돌에 맞아 순교할 때 그는 돌로 치는 자의 옷을 맡아주며 스데반이 돌로 맞아 죽는 것이 마땅하다고 여겼던 사람입니다. 그 사실만 생각하면 부끄럽고 괴로웠습니다.

그런데 부끄럽고 괴로운 상황에만 머물지 않고 하나님께 감사드리며 살았습니다. 왜냐면 하나님이 자기 죄를 용서했고 자기를 구원하셨으며 자신을 떳떳하게 만드셨기 때문입니다. 자신을 하나님의 종으로 세워주셨기 때문이며 자신을 천국 길로 향하게 하셨기 때문입니다.

이 놀라운 은혜를 기억했기에 "나의 나 된 것은 내가 아니라 하나님의 은혜로다."고백하며 감사했습니다. 지금껏 받은 은혜 때문에 그는 병이 낫지 않아도 감사했습니다. 물질이 궁핍해도 감사했습니다. 결혼 없이 외로웠어도 감사했습니다. 죄 용서받은 은혜, 구원받은 은혜, 천국 백성이 된 은혜, 하나님의 인도하심을 받는 은혜 때문에 삶의 환경과는 상관없이 감사했습니다.

그는 외쳤습니다. "범사에 감사하라. 이는 너희를 향하신 하나님의 뜻이니라." '아무것도 염려하지 말고 감사함으로 기도하라. 감사함으로 깨어있으라. 또 감사함을 넘치게 하라. 또 무엇에든지 하나님에게 감사하라.'고 했습니다. 그의 감사는 상황과 조건을 뛰어넘는 감사였습니다.

사람들은 조건이 충족될 때만 감사를 표합니다. 가령 취직하니 감사, 시험에 합격하니 감사, 건강하니 감사, 돈을 많이 벌게 되니 감사, 기회를 얻게 되니 감사 등등 많은 감사를 드립니다. 물론 감사하지 않는 것보다는 감사하면서 하나님께 영광 돌리는 것이 훨씬 낫습니다. 하지만 생각해 보십시오.

조건이 충족될 때만 감사한다면 그 감사는 온전한 감사가 아닙니다. 이것을 역으로 생각해 보면 취직이 안 되면 감사하지 않는다는 것입니다. 시험에 떨어지면 감사하지 못하며 건강하지 않으면 감사하지 않으며 돈을 많이 벌지 못하면 감사하지 않는다는 것입니다. 조건에 따른 감사는 하나님이 기뻐하는 감사가 아닙니다. 하나님은 우리에게 조건을 따져서 감사하라고 하지 않았습니다.

그래요. 우리가 하나님께 받은 은혜 하나만으로도 감사가 충분합니다. 하나님은 우리의 삶의 근거요 전부이십니다. 우리는 유한하지만, 그분은 무한하시고 우리는 어리석지만, 그분은 지혜로우십니다. 우리는 자신을 스스로 구원할 수 없지만, 그분은 우리의 구원자입니다. 우리는 갈 바를 알지 못하나 하나님은 우리를 영생 길로 인도합니다. 하나님은 우리의 탄생부터 천국입성까지 우리 인생길에 동행하시며 우리를 인도하십니다.

만약 하나님께서 계시지 않는다면 어떤가요? 생각만 해도 끔찍합니다. 하나님께서 계시지 않는다면 우리의 인생은 허무합니다. 소망이 없습니다. 의미가 없습니다. 그러나 하나님께서 존재하시기에 우리에게 구원이 있고 죄 용서의 축복이 있으며 영생이 있습니다. 하나님의 존재하심 자체가 우리에게 얼마나 큰 기쁨이 되는지요. 여기에 놀라운 하나님 은혜가 있습니다. 이 은혜를 알고 하나님께 영광, 감사 또 감사를 드리는 것입니다.

여러분과 저는 하나님 앞에 가는 그날까지 우리의 죄를 용서하신 하나님, 우리에게 구원과 영생을 주시는 하나님의 은혜를 기억하며 감사하며 살아가시길 바랍니다.

우리를 거룩한 일에 쓰임 받게 하시려고 세워주신 하나님 은혜가 있습니다. 우리를 구원하시고자 생명을 바치신 주님의 은혜가 있습니다. 영생의 주인이신 하나님을 알고 믿게 하신 하나님 은혜가 있으며 세상을 기웃거리지 않고 오직 진리의 길만을 걷게 하신 은혜가 있습니다. 소망 없는 자처럼 절망하지 않고 영생의 확신으로 기쁨을 누리며 살게 하신 은혜가 있습니다. 무엇보다 여기까지 오게 하신 에벤에셀 하나님의 은혜가 있습니다. 이 은혜가 충분하기에 하나님께 감사, 또 감사하게 되는 것입니다.

이 은혜 때문에 우리는 소원이 이뤄지지 않아도 감사, 몸이 아파도 감사, 취직이 되지 않거나 일시적으로 내 앞길이 막혀 있어도 감사할 수 있습니다. 설혹 죽음이 다가오는 충격을 받아도 감사할 수 있습니다.

여러분, 하나님이 나의 하나님 되신 것만으로도 감사하세요. 구원의 하나님, 영생의 하나님이 되신 것만으로도 감사하십시오. 우리 인생의 조건과 상황은 수시로 바뀝니다. 환경에 휘말려서 감사하다가 원망하지 말고 구원하시는 하나님, 우리를 책임지시는 하나님께 조건을 초월한 변함없는 감사를 드리시기를 바랍니다.

하나님은 우리의 영원한 감사의 대상입니다. 영존하시며 우리를 책임지시는 하나님이십니다. 뜻한 바가 더디 응답하여도, 꿈이 물거품이 되어도, 몸이 아파도, 우리의 하나님에게 감사하시길 바랍니다. 이 감사로 평생 흔들리지 않기를 바랍니다.

일찍이 찰스 스펄전 목사님은 말했습니다. "하나님은 등잔을 보고 감사하면 촛불을 주시고, 촛불에 감사하면 달빛을 주시고, 달빛을 보고 감사하면 태양 빛을 주신다." 할렐루야! 감사가 또 다른 감사를 낳습니다. 이 은혜를 알고 조건을 초월한 감사로 영광 또 영광 돌리면 감사하는 우리에게 좋은 일이 일어납니다.

조건을 초월한 감사로 하나님께 영광 돌릴 때 우리 삶에 막힌 것이 뚫리고 손해 본 것이 채워지며 목표한 바가 이루어지는 축복도 임합니다. 무엇보다 구원과 영생으로 이어집니다. 하나님께서 영광 받으십니다. 하나님은 우리가 이런 감사로 남은 생애를 살아가길 원합니다. 믿으시면 아멘 합시다. 오늘부터 조건을 초월한 감사를 드리시길 주님의 이름으로 축복합니다.

✱ PNS 스타일

전 설교와 마찬가지로 PNS(긍정, 부정, 해결책을 찾아라) 구성의 설교로 되어 있다. 서론에서는 듀크 대학의 실험 결과를 예로 제시하며 감사가 복을 불러옴을 보여준다. 이후 현대인이 하나님의 은혜를 모르기 때문에 감사할 줄 모르는 현 상황을 진단한다. 이후 설교자는 하나님의 은혜를 기억함으로써 삶에 항상 감사가 넘치게 해야 한다는 해결책을 제시한다.

12월 ~ 새해

# 제 5 장
# 주의 강림과 새로운 시작

> "아기 예수가 태어날 것을 이미 선지자를 통하여 예언하셨고 그 예언대로 마침내 주님이 탄생하셨습니다."

# Christmas Sunday

## 성 탄 절

12월은 예수 강림의 달이다. 왜냐면 예수 그리스도의 탄생일이 속해 있기 때문이다. 그리스도의 탄생을 성탄이라 하고 영어로 크리스마스, 프랑스어로는 노엘(Noël)이라고 한다. 부활절과 더불어 기독교의 가장 중요한 명절 중의 하나다. 예수가 언제 태어났는지 그 정확한 날짜를 알 수는 없지만, 기독교도들은 12월 25일을 예수의 출생일로 정해 기념하고 있다. 하지만 현재 아르메니아 교회는 주현절인 1월 6일을 성탄절로 삼고 있다.

12월 25일을 지키는 관습이 최초로 정착된 시기는 서방교회에서 4세기 중반, 동방교회에서는 5세기 말로 추정된다. 콘스탄티누스 황제가 기독교를 공인한 뒤에 테오도시우스 I세가 사람들을 기독교로 개종시키는 데 쉽게 하고자 로마의 축제(농경신인 사투른[Saturn]과 태양신인 미트라[Mitra]를 숭배하는 축제)로 유행했던 12월 25일을 크리스마스로 정했다고 추정한다. 이는 '세상의 빛이신 예수'를 알리는 데에 가장 적절한 날로 여겼을 것으로 보인다.

또 교부시대에 예수 탄생을 12월 25일로 정한 것은 날짜 계산에 의해서다. 즉 예수가 십자가에 못 박히신 날을 3월 25일로 정하고 예수의 삶을 완벽하게 꽉 찬 삶으로 생각하여 수태도 3월 25일로 보았다. 그래서 10달 후인 예수의 탄생을 12월 25일로 본 것이다.

어쨌든 기독교는 하나님의 아들이자 구세주 예수의 탄생을 축하하는 것이 마땅하다. 이에 설교자는 예수 탄생의 의미를 알리고 성도의 신앙을 최대한으로 끌어올리도록 한다.

**GFP 스타일**

'자연스러운 심리 흐름을 따른' 구성

마태복음 1:21-23

# "아! 하나님의 은혜"

**개요**

❶ 자연 속에 존재하는 은혜
❷ 인간 속에 존재하는 은혜
❸ 인간 속에 나타난 주님의 은혜
❹ 자발적인 순종에서 비롯된 주님의 은혜
❺ 주님의 은혜, 달리 표현하면 그것은 사랑
❻ 주님의 사랑과 은혜는 그리스도의 탄생에서 시작됨이라

## ❶ 자연 속에 존재하는 은혜

예수 강림의 계절, 12월입니다. 이때가 되면 꼭 생각나는 단어가 있습니다. 하나님의 은혜입니다.

자연 세계를 한마디로 말하면 약육강식의 세계라고 할 수 있습니다. 즉 강한 존재가 약한 존재를 이기며 강한 존재만이 지배하는 세계를 말

합니다. 이렇게 약육강식의 원리가 지켜지는 곳이 자연 세계입니다. 그런데 자연 세계를 자세히 보면 약육강식의 원칙을 떠나 신비로운 일들, 즉 놀라운 은혜가 존재하기도 합니다.

은혜란 무엇입니까? 사전적인 정의를 보면 '고맙게 베풀어 주는 혜택'을 말합니다. 좀 더 풀어쓰면 약하고 부족한 존재가 강한 것에 의해서 혜택을 입고 보호받는 것을 말합니다. 그래서 약한 것이 강해지고 번성하게 됩니다. 신앙의 관점에서도 하나님에 의하여 부족한 것이 채워지고 허물이 가려지는 것을 '은혜'라고 말합니다.

우리나라의 맑은 강에는 손바닥만 한 가시고기가 삽니다. 그런데 암놈이 알을 낳으면 수놈이 15일 동안 아무것도 먹지 않고 알을 보호합니다. 알 주변에 꼬리를 흔들면서 산소를 공급하고 천적으로부터 알을 보호하려고 덩치 큰 물고기와의 사투도 마다치 않습니다. 그렇게 15일이 지나 알이 부화하면 수놈은 기력이 다해 죽습니다. 그러면 새끼 물고기들은 아비의 살을 뜯어 먹으며 자랍니다. 엄청난 부성애입니다. 새끼들은 아비의 은혜로 생명을 얻습니다.

얼마 전에 신비로운 광경을 본 적이 있습니다. 사자 여러 마리가 사슴들을 공격하는 중에 한 어미 사자가 도망가는 어린 사슴의 발을 걸어 넘어트렸습니다. 그런데 어미 사자는 어린 사슴을 잡아먹지 않고 옆에 둡니다. 그러자 다른 사자들이 새끼 사슴을 잡아먹으려고 달려들었습니다. 아이러니하고 재미있는 현상이 벌어졌습니다. 새끼 사슴을 잡아먹을 것이라고 여겼던 어미 사자는 사자들과 싸우며 어린 사슴을 보호했습니다. 조용해지자 어린 사슴이 도망가는데 어미 사자는 그냥 바라만 보았습니다. 그냥 놔준 것이지요. 해설자가 말하길, 어미 사자의 아주 특별한 은혜라 했습니다. 먹잇감을 잡아먹지 않고 오히려 불쌍히 여기며 보호해 주는 일, 그리고 어미에게 돌아가게 한 것은 어미 사자의 놀라운 은혜였습니다.

## ❷ 인간 속에 존재하는 은혜

인간 세계에도 놀라운 은혜가 나타납니다. 다윗 왕의 아들 압살롬이 반란을 일으켜 다윗은 급히 예루살렘을 떠나야 했습니다. 이때 다윗이 왕이 된 것을 못마땅하게 여겼던 시므이는 다윗을 쫓아가며 저주하며 돌을 던졌습니다. 다윗의 왕권이 약화한 틈을 타서 다윗을 배신한 것이었습니다. 다윗으로서는 상처에 소금을 문지른 것입니다. 이 광경을 목격한 부하 아비새가 그의 목을 베려 하자 다윗은 "내 아들도 반역하였다. 내 부덕의 소치"라며 한사코 말렸습니다. 시므이는 더욱 날뛰며 다윗의 뒤에다 계속해서 돌을 던졌습니다. 다윗은 모욕을 참으며 마하나임으로 피신하였습니다.

얼마 못 가서 압살롬이 죽고 압살롬의 군대가 진멸 당했습니다. 다윗은 아들을 잃은 슬픔을 뒤로하고 예루살렘으로 귀환하기 위해 요단강을 건넜습니다. 그때, 후환을 두려워했던 시므이는 다윗 왕에게 달려와 엎드려 용서를 빌었습니다. 3족을 멸해도 시원찮을 죄인 시므이가 용서를 구하자 다윗은 또 용서했습니다. 다윗이 베푼 은혜로 시므이의 큰 허물이 가려졌습니다. 분명 죄를 지었지만, 그의 허물이 가려진 것입니다.

약 두 달 전에 어떤 승객이 택시 안에 2억6천만 원을 놓고 내렸습니다. 한참 걸어가다가 돈을 놓고 내린 것을 알게 된 승객은 전세금을 잃었으니 꼼짝없이 길거리로 나 앉게 되었다며 어쩔 줄 몰라 했습니다. 그런데 신고해 놓은 파출소에서 돈을 찾아가라고 연락이 왔습니다. 택시 운전자가 돈을 파출소로 가지고 온 것입니다. 승객은 얼마나 기쁜지 택시기사를 부둥켜안으며 사의를 표했습니다. 하지만 택시기사는 끝내 거절하였습니다. 택시기사는 전 재산을 잃을 뻔한 사람의 실수를 막아 주었고 한 생명의 앞길을 살렸습니다. 정말이지 은혜보다 감동적인 것도 없습니다.

이보다 더 큰 은혜가 있습니다. 아기가 막 태어날 때 자기 힘으로 할 수 있는 것이 아무것도 없습니다. 음식을 구할 수도, 목욕할 수도, 추위를 막을 수도, 더위를 피할 수도 없습니다. 병에 걸려 죽어가도 할 수 있는 것이 아무것도 없습니다. 참으로 무기력한 아기입니다. 그런데 이런 아기를 부모가 먹이고, 재우고, 입히고, 씻기고, 병원에 데려가며 추울세라 더울세라 지극정성으로 보호합니다. 자다가도 아기가 보채면 몇 번이라도 일어나 아기를 달래며 필요를 채워줍니다. 이런 부모의 절대적인 은혜에 힘입어 아기는 탈 없이 자랍니다. 우리는 모두 한때 아기였고 어린이였습니다. 이 세상에서 이 놀라운 부모의 은혜를 입지 않은 사람이 있을까요?

### ❸ 인간 속에 나타난 주님의 은혜

하나님의 세계에는 하나님 은혜가 사방 천지에 널려 있습니다. 한 예를 보면, 아브람이 아브라함으로 이름이 바뀌기 전, 하나님이 아브람에게 나타나 고향을 떠나 가나안 땅에 가서 살면 축복하시겠다고 약속하시자 이에 아브람은 순종하여 가나안으로 이주했습니다. 그런데 마침 기근이 들자 애굽으로 내려가 그곳에서 정착하고자 했습니다. 하나님의 말씀을 어긴 것입니다. 그런데 애굽의 왕이 아브람의 아내에게 눈독을 들이자 아브람은 자기 아내를 누이동생이라고 속였습니다. 애굽 왕에게 위협을 느껴 솔직하지 못했던 것입니다. 바로는 아브람의 아내 사래를 데려갔고 이제 아브람은 아내를 잃고 가정이 파괴될 형국이었습니다.

그때 하나님이 간섭하사 바로에게 깨닫게 했고 바로는 아브람의 아내를 돌려주었습니다. 아브람의 비겁함, 아내를 지킬 줄 모르는 연약함, 패가 망신당할 뻔했던 위험 등을 하나님께서 막아주셨습니다. 그것은 아브람의 부족을 채우시는 하나님의 은혜였습니다. 하나님은 예나 지금이나 인간의 연약함, 부족함을 채워주고 어리석음을 막아주는 은혜를 끝없이 베푸십니다. 이런 은혜가 성경에 얼마나 많은지 모릅니다.

하나님의 은혜중에 가장 큰 은혜가 있습니다. 그 은혜는 얼마나 큰지 온 세상을 뒤덮었고, 감동의 도가니로 만들었습니다. 예수 십자가 사건입니다.

십자가 사건은 하나님의 아들 예수께서 인류의 죗값을 대신 치르시는 희생이었습니다. 우리가 죽을 자리에 주님이 대신 죽고 우리가 받을 고통을 주님께서 대신 받았습니다. 이것을 대속의 은혜라 합니다. 십자가 사건을 통해 사람들은 하나님의 은혜가 얼마나 놀라운지를 깊이 깨닫고 이 은혜를 길이길이 기억하길 원했습니다.

그런데 주님께서 막 십자가에 매달리셨을 때 그 당시 사람들은 십자가의 은혜를 깨닫지 못했습니다. 다만 주님이 무기력하여 십자가에 못 박혔다고 생각했거나 큰 죄를 지었기에 십자가에 매달렸다고 생각했습니다.

당시의 상황을 보면 예수님은 겟세마네 동산에서 기도하시다가 대제사장의 군대에 끌려가셨고 대제사장 집의 앞뜰에서 밤새도록 고초와 학대를 당했습니다. 그리고 이른 새벽 빌라도 법정으로 다시 끌려가서 옷이 벗겨지고 채찍에 맞아 녹초가 되셨습니다. 채찍의 중간과 끝에는 뾰족한 납이 달려있어서 한번 몸을 후려치면 살점이 떨어져 나가며 온몸이 피로 뒤범벅이 되었습니다.

주님이 이렇게 고통당하며 기진맥진했을 때 사람들은 주님께 십자가를 지게 했습니다. 주님이 지신 십자가는 약 80-60kg 정도였을 거라고 합니다. 웬만한 남성의 몸무게를 매고 약 800m의 산등성이로 올라가는 것입니다. 이미 탈진하신 주님은 십자가를 지고 가다 쓰러지기를 반복했습니다. 결국, 구레네 시몬이란 사람이 대신 십자가를 졌습니다.

주님이 골고다에 이르자 사람들은 주님을 십자가에 높이 매달았습니다. 마치 짐승을 매달듯 거룩한 우리 주님을 죄인처럼 높이 매달았습니다. 주님 머리에는 가시면류관을 씌웠고, 양팔목과 발목의 중추신경에는 8센티의 굵은 못을 관통시켰습니다. 주님을 산채로 말려가며 처참하게 살해했습니다. 영광과 존귀를 받아야 할 하나님의 아들 예수가 흉악한 죄인 취급을 받았습니다. 면류관을 쓰셔야 할 어린 양 예수께서 저주받은 짐승처럼 죽임을 당하셨습니다.

아! 그런데 비참하게 돌아가신 주님은 사흘 만에 온몸의 상처를 안고 다시 살아나셨습니다. 온갖 고통과 조롱속에 돌아가신 예수께서 평온한 얼굴과 행복한 모습으로 다시 살아나셨습니다. 살아나신 주님은 사람들에게 분명한 메시지를 전했습니다. "내가 죽은 것은 너희 인간의 죗값을 대신 치르기 위함이었고 내가 다시 살아난 것은 너희가 죽지 않고 영원히 살게 하려 함이라." 이에 대하여 성경은 일찍이 예언하였습니다. "그가 찔림은 우리의 허물 때문이요 그가 상함은 우리의 죄악 때문이라. 그가 징계를 받음으로 우리는 평화를 누리고 그가 채찍에 맞으므로 우리는 나음을 받았도다."

예수의 죽음은 인류를 살리는 은혜였습니다. 그 은혜는 값을 매길 수 없을 정도로 크고 놀라운 은혜입니다.

사도행전에 보니 이 은혜를 깨달은 사람들은 자신들의 어리석음이 죄 없는 예수를 죽였다며 가슴을 치며 회개하였습니다. 그때부터 그들은 주님의 은혜를 찬양했습니다. 또한, 부활하신 주님을 바라보며 부활의 소망으로 충만하였습니다.

주님의 은혜로 인하여 인간의 죗값이 치러졌습니다. 주님의 부활로 인하여 인류는 영생의 소망을 품게 되었습니다. 예수는 인류에게 생명과 소망이 되며 기쁨과 행복의 근원이십니다. 주님이 베푼 은혜가 세상을 바꿔놓았습니다.

여러분, 세상에서 가장 값진 이 주님의 은혜가 지금 이 시각 여러분의 가슴에서 활활 타오르기를 주님의 이름으로 축복합니다.

### ❹ 자발적인 순종에서 비롯된 주님의 은혜

우리가 알다시피, 예수님은 십자가를 지시기 전에 공생애 동안 십자가에 돌아가실 것을 여러 차례 예고하셨습니다. 주님은 지상에 계실 때 제자들에게 말씀했습니다. 요한복음 10:10에서 "내가 온 것은 양으로 생명을 얻게 하고 더욱 풍성히 얻게 하려 하심이라."고 말씀하셨습니다. 주님이 이 땅에 오심 자체가 영혼들을 영생 길로 인도하며 더욱 풍성한 삶을 살게 하기 위함이었습니다.

또 요한복음 12:47에서 말씀하시길 "내가 온 것은 세상을 심판하려 함이 아니요. 세상을 구원하려 함이로라."고 하셨습니다. 즉 주님이 이 땅에 온 궁극적인 목적은 인간을 구원하시기 위함입니다. 또 마태복음 20:28에서 말씀하시길 "인자가 온 것은 섬김을 받으려 함이 아니라 도리어 섬기려 하고 자기 목숨을 많은 사람의 대속물로 주려 함이니라." 고 했습니다. 주님은 죄인들을 섬기되 죽음으로 섬기고자 하셨습니다.

종합해 보면 주님은 자신의 생명을 던져서 온 인류를 살리고자 하셨습니다. 주님의 죽음은 누구의 강압에 의한 것이 아니며 우연히 일어난 일도 아닙니다. 악인들의 소행 때문도 아닙니다. 오래전부터 준비하신 죽음의 계획을 실천하신 것이었습니다. 우리를 구원하기 위하여 주님 스스로 사지로 가신 것이었습니다. 사망을 향하는 무지한 인간을 살리시려고 주님이 자원하여 십자가에서 돌아가시며 죗값을 치르셨습니다. 여기에 주님의 놀라운 은혜가 있습니다.

하나님의 뜻을 이루고 인류를 이롭게 하려고 스스로 사지의 길을 택하신 주님의 희생, 그것은 은혜였습니다. 이 은혜가 얼마나 고마운지 하나님의 사람 벤스 해브너는 "우리는 문명이 필요하지 않고 갈보리의 십자가가 필요하다." 했습니다. 갈보리의 은혜 하나로 충분하다는 뜻입니다.

여러분, 주님의 충분한 은혜를 평생 잊지 않기를 바랍니다. 이 은혜 앞에서 겸손하며 이 은혜를 기리며 높이며 찬양하며 사시길 주님의 이름으로 축원합니다.

### ❺ 주님의 은혜, 달리 표현하면 그것은 사랑!

여러분, 이 주님의 은혜를 다른 말로 뭐라고 표현할 수 있을까요? 예수는 왜 우리를 대신하여 십자가에 죽고자 했을까요? 그것은 예수 그리스도의 사랑 때문이었습니다. 사랑 외에는 그 어떤 것으로도 설명할 길이 없습니다. 주님께 사랑의 마음이 없었다면 인간을 불쌍히 여길 일이 없었고 인간을 대신하여 돌아가실 이유가 없었습니다.

로마서 5:7은 말씀합니다. "사람이 혹 의인을 위하여 죽는 자가 있지만 그렇게 하기가 쉽지 않도다. 또 착한 사람을 대신하여 죽는 경우가 있기도 하다. 하지만 주님은 죄인 된 우리를 위하여 기꺼이 돌아가셨는데 그것은 우리를 향한 자기의 사랑을 확증하신 것이다."

우리가 무슨 자격이 있어서 구원받고 사랑받는 것이 아닙니다. 다만 죄인이란 이름뿐이었으나 주님은 그런 우리를 살리려고 자신의 목숨을 던지는 사랑을 베풀었습니다. 주님의 사랑이 얼마나 이타적이고, 깊고, 큰지요. 우리는 주님의 오묘한 사랑의 넓이와 깊이와 높이와 길이를 다 헤아릴 수 없습니다.

아기가 태어나서 아무것도 할 수 없을 때 엄마의 일방적인 은혜가 아이를 살리듯이, 우리 인간이 죄와 사망과 생명을 해결할 힘이 없을 때 주님이 우릴 대신하여 돌아가시며 우리에게 살길을 마련하셨습니다. 이 놀라운 주님의 사랑을 알기에 우리는 그 사랑에 감동 또 감동하였던 것입니다.

사람들은 이 주님의 사랑을 어떻게 느끼는지 여러 채널을 통해 검색해 보았어요. 어떤 이는 "주님의 사랑은 너무 커서 측량할 길이 없어요."라고 했습니다. 어떤 분은 "주님의 사랑은 실패가 없어요." 또 어떤 분은 "주님의 사랑은 죽음보다 강해요. 주님의 사랑은 봄비와 같아요. 주님 사랑은 변함이 없어요. 주님 사랑은 상처를 치유해요. 주님 사랑은 일방적으로 베푸는 사랑이에요." 어떤 남편은 말하길 "주님의 사랑은 착한 아내와 같아요."

여러분, 세상에 주님의 사랑보다 위대한 사랑이 없습니다. 여러분에게 이런 주님의 사랑이 가슴에 가득하길 바랍니다.

### ❻ 주님의 사랑과 은혜는 그리스도의 탄생에서 시작됨이라

이렇게 놀라운 주님의 사랑은 언제 시작되었습니까? 하나님이 예수 그리스도를 이 땅에 보내면서부터 시작되었습니다. 오늘 본문을 보세요. 하나님은 요셉에게 천사를 통하여 말씀하시길 "아들을 낳으리니 이름을 예수라 하라. 이는 그가 자기 백성을 그들의 죄에서 구원할 자이심이라." 탄생할 그 아기는 온 인류를 죄에서 구원할 아기라고 선언하였습니다. 그러니까 아기 예수의 탄생은 인류를 구원할 하나님의 사랑이 실행됨을 의미합니다.

그다음 구절을 보세요.

"이 모든 일이 된 것은 주께서 선지자로 하신 말씀을 이루려 하심이니 이르시되 보라 처녀가 잉태하여 아들을 낳을 것이요 그의 이름은 임마누엘이라 하리라 하셨으니 이를 번역한즉 하나님이 우리와 함께 계시다 함이라"(마 1:22-23)

아기 예수가 태어날 것을 이미 선지자를 통하여 예언하셨고 그 예언대로 마침내 주님은 탄생하셨습니다. 태어난 예수는 구세주가 되어 믿음의 사람들과 함께하실 것이라 했고 훗날 우리와 영원히 함께할 것이라 약속하셨습니다.

예수님의 탄생은 선지자의 예언을 따라 인류를 구원하려는 하나님 계획에 시동을 건 사건입니다. 인간의 허물을 덮고 구원하시려는 은혜를 베푸신 일입니다. 하나님이 사랑이심을 구체적으로 보여주신 사랑의 사건입니다. 우리에게 하나님의 풍성한 사랑을 체험하게 하시고 하늘나라의 소망을 따라 살게 하시려고 구체적인 사랑을 시작하신 사건이 아기 예수의 탄생입니다. 인류에게 이보다 더 기쁜 소식은 없습니다. 아 하나님의 은혜여!

이 탄생 소식이 얼마나 기쁜지 누가복음에서 천사가 선포하였습니다.

"온 백성에게 미칠 큰 기쁨의 좋은 소식을 너희에게 전하노라 오늘 다윗의 동네에 너희를 위하여 구주가 나셨으니 곧 그리스도 주시니라"
(눅 2:10-11)

하나님의 놀라운 사랑이 실천된 주님의 탄생은 온 백성에게 가장 큰 기쁨이요 하나님께 영광입니다. 구세주로 이 땅에 오신 주님의 은혜, 그 아들을 이 땅에 보내신 하나님의 사랑이 여러분 가슴에 충만하길 바랍니다.

12월은 예수 탄생을 기념하는 계절입니다. 그래서 '예수 강림의 달'이라고 합니다. 12월은 온 인류를 구원하시려는 하나님의 사랑과 은혜가 시작된 사건을 기념하는 사랑의 계절입니다. 끝이 없는 사랑, 실패가 없는 사랑, 달콤한 사랑, 변함없는 사랑, 상처를 치유하는 사랑, 죽음보다 강한 사랑이 예수 그리스도의 사랑이고 그 사랑이 실천된 사건이 그리스도의 탄생입니다.

예수의 탄생 속에 나타난 예수의 사랑은 우리 인간의 우울함과 쓸쓸함을 블랙홀처럼 빨아들입니다. 죽음을 두려워하는 우리의 약한 마음을 빨아들입니다. 그뿐만 아니라, 하늘의 소망으로 충만한 기쁨을 얻게 합니다.

우리 모두 아기 예수의 탄생을 기쁨으로 맞이 합시다. 하나님의 풍성한 사랑을 덧입은 우리, 기쁨이 충만한 주의 백성이 되십시오. 이 사랑을 이웃에게 전하며 삽시다. 아기 예수를 이 땅에 보내신 하나님께 감사와 영광을 돌립시다. 하늘의 소망과 사랑으로 충만한 믿음의 성도로 살아가시길 주님의 이름으로 축원합니다.

### ✱ GFP 스타일

GFP(Get on the Flow of the Psychology, 청중 심리의 흐름을 타라) 설교구성은 인간 심리의 흐름을 따라 자연스럽게 전개하는 구성을 말한다.

본 설교는 주님의 탄생을 하나님의 은혜로 규정하며 자연과 인간 속에서 주님의 은혜가 어떻게 발현되는지에 대해 자연스러운 흐름으로 구성하고 있다. 자연에서 인간으로 인간에서 주님 한 분으로 은혜의 개념이 수렴되는 구조를 취한다. 또한, 주님의 은혜는 자발적인 순종에 의한 것이었으며 그 동기는 사랑이었음을 밝힌다. 마지막에서 주님 은혜의 동기인 사랑 결정체로서 그리스도가 탄생하셨음을 밝힘으로써 설교를 마무리한다.

## NPS 스타일
### '부정, 긍정, 해결책을 찾아라'의 구성

마태복음 2:5-6

# "우리의 목자, 예수"

**개요**

- **부정** : 목자가 없는 불행한 사람
- **긍정** : 목자와 함께하는 행복한 사람
- **해결책** : 목자의 도움을 받고자 성령을 의지하는 사람

**부정** : 목자가 없는 불행한 사람

요즘은 별을 보기가 어렵습니다. 하지만 가끔 밤하늘에 빛나는 별을 보면 어린아이처럼 가슴이 설레고 행복이 솟아납니다. 지난 여름밤 전교인 수련회 기간에 별들을 보았을 때 별빛이 얼마나 초롱초롱한지 금방이라도 손에 잡힐 것 같았습니다. 정말 아름다운 별들이었습니다.

오래전 캄캄한 밤하늘에 별들이 반짝일 때 작은 동네 베들레헴에 한 아기가 태어났습니다. "응애, 응애" 평범하지 않은 특별한 아기를 보고 천사가 외쳤습니다. "유대 땅 베들레헴아 너는 결코 작지 아니하도다.

네게서 한 다스리는 목자가 나리라."

천사가 아기 예수를 목자라고 외칩니다. 주석가들은 "목자가 나리라."는 천사의 외침은 온 인류의 영혼을 위한 목자의 탄생이었다고 했습니다. 아기 예수가 온 세상의 모든 영혼을 위한 목자로 이 땅에 오신 것입니다.

우리가 알다시피 인생은 힘으로 사는 것이 아니라 지혜로 산다고 합니다. 힘이 모자라서 실수하거나 후회하는 일은 없습니다. 다만 지혜가 모자라 실수를 반복하고, 아픔을 겪고, 후회합니다. 그래서 인간은 누군가 도와줄 목자가 필요합니다.

작가로서 천재적인 재능을 보였던 오스카 와일드는 비도덕적인 작품 활동으로 사람들로부터 비난을 받았습니다. 가족들은 건강한 작품을 요구했으나 그는 받아들이지 않았습니다. 이 일로 그들은 오스카를 떠났습니다. 오스카는 충격을 받고 방황하다가 46세로 객사하면서 이렇게 고백했습니다. "나는 나 자신을 오랫동안 무분별한 육체의 향락에 빠져들도록 내버려 두었다. 내 생각은 모순으로 가득 찼으며 더는 내 영혼의 선장이 아니었다. 그럼에도 그 사실조차도 모르고 있었다. 무서운 수치감 속에서 내 인생은 끝나 버렸다."

오스카는 내리막길에서 자신의 삶을 후회했습니다. 그가 좀 더 일찍 인생의 궤도를 수정했더라면 그토록 아프지는 않았을 겁니다. 저는 오스카의 생애를 읽으며 "나는 이제는 내 영혼의 선장이 아니었다."는 고백이 머리에서 떠나지 않았습니다. 많은 사람이 자신의 부족한 지혜 때문에 가슴 아파합니다. 인간은 목자가 필요합니다.

창세기의 롯은 꿈이 많은 사람이었습니다. 삶에 대한 열정이 대단하여 더 풍요롭고 더 행복한 장소를 찾았습니다. 그래서 삼촌 아브람보다 먼저 비옥한 소돔 성을 선택했습니다. 하지만 그것은 불행의 올가미였습니다. 소돔 성은 죄악으로 가득 찬 성읍이었습니다. 결국, 소돔은 하나님의 진노로 멸망했습니다. 아내는 죽었고 모아놓았던 재산을 잃었으며 가족은 쑥대밭이 되었습니다.

롯은 꿈, 열정, 의욕은 좋았으나 그것을 펼치는 지혜가 부족했습니다. 아니 자기 꾀에 넘어갔습니다. 시작은 좋았으나 끝이 불행했습니다. 여기에 그의 부족함이 있습니다. 저는 그런 생각을 했습니다. '롯이 잘못 판단했을 때 누군가가 올바른 길을 알려줬더라면….' 롯은 목자가 필요했습니다.

**긍정 : 목자와 함께하는 행복한 사람**

사실 하나님은 오래전부터 그의 백성들에게 신실한 목자이셨습니다. 보세요. 아브람이 하나님의 말씀을 좇아 가나안 땅에 정착했습니다. 하지만 얼마 되지 않아 기근이 발생하자 아브람은 하나님의 인도를 외면하고 애굽으로 내려갔습니다. 애굽은 하나님이 원하는 곳이 아니었습니다. 그곳에서 아브람은 바로의 위세에 눌려 아내를 빼앗기고 가정이 해체될 위기를 맞았습니다. 그때 하나님이 나타나서 바로 왕을 꾸짖으시고 아브람을 위기에서 구해주셨습니다. 하나님이 그의 생명을 구해줬고 그의 가정을 지켜주셨습니다. 아브람은 수렁에 빠졌던 자신을 구해주신 분이 바로 하나님이심을 알았습니다. 고맙고 감사했습니다. 그래서 방향을 바꾸어 다시 가나안 땅으로 돌아왔습니다. 다시 하나님의 인도를 받기 시작했습니다. 이 일 후에 기근은 해결되었고 그의 삶은 풍요로워졌습니다.

성경은 증언합니다. "아브람에게 육축과 은금이 풍부하였다." 하나님은 아브라함이 미끄러질 때 잡아주셨고 그의 삶을 평탄케 하시는 영혼의 목자이셨습니다.

우리가 알다시피, 다윗은 자주 울고 남에게 피해를 줄 줄 모르는 마음이 약한 사람이었습니다. 하지만 목자이신 우리 하나님을 얼마나 철저하게 의지했는지 그 덕에 자주 승리했습니다. 다윗은 한때 사울 왕의 추격을 피해 숨어 살았습니다. 어느 날 다윗이 군사들과 본거지인 시글락을 잠시 비웠는데 아말렉 군사가 쳐들어와 마을을 불태웠고 가족들을 끌고 갔습니다.

성경은 이에 대하여 증언합니다. "다윗과 그의 군사들은 울 기력이 없도록 소리를 높여 울었더라." 화가 난 부하들은 오히려 다윗을 죽이려 했습니다. 다윗이 얼마나 난감했겠습니까? 이때 다윗은 일생에서 가장 진지하고 민감하게 하나님께 지혜를 구했습니다. 간절히 기도하고 또 기도하였습니다. 놀랍게도 하나님은 다윗의 기도에 응답했습니다. 결국, 힘을 합쳐서 적을 찾아 공격하여 대승을 거두었고 잃었던 가족을 되찾았습니다.

다윗은 평생 하나님을 목자로 여기며 하나님의 인도하심을 따랐습니다. 그 축복이 얼마나 큰지 그는 고백했습니다.

"여호와는 나의 목자시니 내게 부족함이 없으리로다 그가 나를 푸른 초장에 누이시며 쉴 만한 물 가로 인도하시는도다"(시 23:1-2)

할렐루야! 하나님은 다윗의 연약한 인생에 힘을 주시며 선한 길로 인도하셨던 것입니다. 보십시오. 롯은 강했으나 망했습니다. 하지만 다윗은 약했으나 강해졌습니다. 롯은 부유했으나 모든 것을 잃었습니다. 하지만 다윗은 빈털터리였으나 잃은 것도 회복했습니다. 롯은 끝이 좋지 않았으나 다윗은 승리로 끝맺었습니다.

이유가 무엇인가요? 롯은 자기를 믿었으나 다윗은 하나님을 의지했기 때문입니다. 롯은 기도하지 않았으나 다윗은 부르짖었기 때문입니다. 롯은 혼자였으나 다윗에겐 하나님이 함께하셨기 때문입니다. 롯에게는 목자가 없었으나 다윗에게는 목자가 있었습니다. 여기에 목자를 따르는 자의 축복이 있습니다.

지금도 예수 그리스도는 우리의 목자가 되길 원하십니다. 그래서 아기 예수로 이 땅에 오셨습니다. 우리를 파멸이 아닌 구원의 길로, 죽음이 아닌 생명의 길로, 후회가 아닌 축복의 길로 인도하시고자 이 땅에 오셨습니다.

목자로 이 땅에 오신 주님은 자주 말씀하셨습니다. "나는 길이요 진리요. 생명이니", "내가 온 것은 양으로 생명을 얻게 하고 더 풍성히 얻게 하려는 것이라." 목자이신 주님께서는 어리석고 연약한 인생을 풍요로운 길로 이끄시길 원하십니다.

한번은 간음하다가 현장에서 잡힌 여인을 군중들이 예수님께 데려와 어떻게 하겠느냐고 물었습니다. 율법대로 하자니 사랑 없는 목자라 할 것이고 용서해 주자니 율법을 어긴다고 비난받게 생겼습니다. 주님은 아무 소리 하지 않고 땅에 글씨를 썼습니다. "죄 없는 자가 먼저 돌로 쳐라!" 군중들은 돌을 내려놓고 흩어졌습니다. 예수님은 율법을 어기지 않았고 용서를 실천하는 지혜를 보였습니다. 놀라운 지혜였습니다.

목자로 이 땅에 오신 주님은 이렇게 지혜가 뛰어납니다. 연약한 우리 인간은 이렇게 뛰어나신 주님을 따라가면 됩니다.

자신이 지혜롭지 못하고 어리석다고 인정하는 겸손한 사람일수록 목자이신 주님을 인정하고 따릅니다. 그런데 문제는 많은 사람이 목자이신 주님을 따르지 않는다는 것입니다. 왜냐면 자신을 더 신뢰하기 때문입니다. 가끔 보면 자칭 지혜롭다고 생각하는 사람이 너무 많습니다. 자기 주관이 뚜렷하고 판단이 정확하다 생각하며 자기 자신을 믿으며 삽니다. 그렇게 자신하다가 '꽝!' 하고 넘어지기도 합니다.

성경을 보세요. "우리는 다 양 같아서 그릇 행하여 각기 제 길로 갔도다…" 여기서 주목할 점은 양인 인간이 각기 제 길로 갔다는 표현입니다. 우리가 알다시피, 양은 시력이 10~15m 정도입니다. 양은 목자로부터 이탈하면 무리로 돌아올 수 없습니다. 이탈하면 어떤 양은 낭떠러지로, 혹은 먹이가 없는 광야로, 혹은 이리가 기다리는 곳으로 가버립니다. 그러면 그들은 돌아올 수 없습니다.

마찬가지로 인간이 목자의 인도를 받지 않은 채 자기 지혜만 믿고 살면 때론 절망의 길로, 돌이킬 수 없는 길로, 평생 지울 수 없는 상처의 길로 가게 됩니다. 누군가 그랬습니다. "이 세상에서 가장 어려운 농사는 자식농사이고 가장 어려운 경영은 인생경영이다."

옳은 말입니다. 인생의 출발은 좋았는데 결과가 비극으로 끝나거나 후회스럽게 끝나는 경우가 많습니다. 왜 그렇습니까? 불완전한 존재임을 인정하지 않고 목자를 따르지 않기 때문입니다.

사랑하는 성도 여러분, 주님은 우리를 구원하기 위해서 오셨을 뿐만 아니라 목자로서 우리를 친히 인도하시고자 오셨습니다. 내 맘대로 살던 것을 중단하고 목자이신 주 앞에 나와 "지혜가 부족하니 도와주십시오." 하고 진지하게 기도하며 목자를 따르시기를 바랍니다.

여러분 중에 구원과 생명의 길을 찾고 있는 분이 있습니까? 목자이신 주님을 따르십시오. 여러분 중에 후회가 아닌 축복의 길을 찾는 분이 있습니까? 목자이신 주님을 따르십시오. 여러분 중에 나는 지혜롭지 못하다고 생각하는 사람이 있습니까? 목자로 오신 예수께 지혜를 구하십시오. 예수보다 앞서지 말고 그분의 가르침과 지혜와 그분의 인도를 따르십시오. 이 일을 위하여 아기 예수께서 오셨습니다. 주님을 따르는 영혼을 주님은 하늘의 지혜로 복된 길로 인도할 것입니다. 주님의 지혜를 좇는 믿음과 그로 인한 구원과 승리가 저와 여러분의 것이 되시기를 주님의 이름으로 축복합니다.

**해결책** : 목자의 도움을 받고자 성령을 의지하는 사람

목자이신 주님을 따르며 주님의 지혜를 덧입고 사는 것은 복된 일입니다. 어떻게 따르느냐 하는 것입니다. 필요할 때만 드문드문 주님을 찾는 것이 아니라 아예 목자와 24시간을 동행하는 것입니다. 그러면 목자는 우리를 24시간 책임지시며 복된 길로 인도하십니다.

푸른 초원의 목자를 보십시오. 목자는 이른 아침에 우리에서 나온 배고픈 양들을 푸른 초장으로 이끕니다. 목자는 어디로 가야 풀이 많은지 압니다. 목자는 양들을 풀이 없는 광야나 메마른 사막이나 위험한 곳으로 인도하지 않습니다. 양이 충분한 꼴을 얻을 수 있고 편히 쉬며 낮잠을 즐길 수 있는 안전한 장소로 인도합니다. 저녁이 되면 우리로 인도하여 밤을 편안히 지내게 하고 필요하면 밤에도 양들을 지킵니다. 이렇게 목자는 양들을 푸른 풀밭과 쉴만한 물가로 인도하며 평안한 일상을 살아가게 합니다. 양은 목자의 품 안에 있을 때 가장 행복합니다.

여러분, 양의 생리를 잘 아시지요? 양이 풀을 뜯다가 혹은 길을 잃고 방황하다가 넘어지거나 웅덩이에 빠져 네 발을 위로 하게 되면, 양은 혼자서 일어나지 못합니다. 양이 일어나려고 발버둥을 칠수록 위장에 가스가 차서 몸이 붓고 나중에는 숨을 쉴 수가 없어 죽어갑니다. 혹은 죽기 전에 독수리나 짐승의 밥이 됩니다. 이런 일이 벌어지기 전에 목자는 넘어진 양을 일으켜 세우고 양을 가슴에 품습니다. 그리고 부기가

빠질 때까지 몸을 어루만져줍니다. 양은 점점 정신이 돌아옵니다. 목자의 도움으로 양이 소생합니다.

여기에 목자의 인도함이 있습니다. 지금도 우리의 목자는 넘어진 영혼을 소생시키시는 은혜를 베푸십니다. 놀라운 사실은 우리를 구체적으로 24시간 인도하시려고 목자이신 성령님이 우리에게 오셨습니다.

보세요. 바울은 자기 의로 하나님을 잘못 섬겼던 사람입니다. 베드로는 자기를 너무 과신했죠, 성격도 다혈질적이었습니다. 그러나 그는 무너져내렸습니다. 이렇게 나약한 그들이 목자이신 성령님의 인도를 받으면서 그들의 삶은 승리의 삶으로 변했습니다.

젊은 시절 방탕하며 살았던 성 어거스틴, 그는 하나님을 떠난 후에 무엇을 하더라도 만족할 수가 없었습니다. 피곤하고 지치기만 했습니다. 돌고 돌아 하나님께 돌아와서 고백한 유명한 고백이 있습니다. "하나님께 돌아오기 전까지 안식이 없었나이다." 그가 하나님 곁을 떠났을 때 방황하였고 상처를 입었고 후회했습니다. 하지만 목자이신 성령의 인도를 받기 시작하면서 값진 새 삶을 살았습니다.

성령의 인도를 받는 영혼마다 그릇된 길에서 돌이켰고 불행한 길을 청산했으며 무의미한 삶에서 벗어나 값진 새 삶을 살았습니다. 특히 믿음의 선조들은 24시간 성령과 동행하는 삶을 살면서 기쁨이 충만하고 사명을 좇는 행복한 삶을 살았습니다.

지금도 성령님은 목자로서 우리를 생명의 길로, 구원의 길로 인도하십니다. 아예 우리 속에 들어오셔서 우리와 함께하시며 우리의 앞길을 인도하십니다. 여기에 성령님의 밀착된 인도하심이 있습니다.

성공회 외에는 어떤 종파도 전도할 수 없었던 시기에 영국이 낳은 세계적인 침례교 목회자인 존 번연 목사가 전도하다가 국왕의 명을 어긴 죄로 감옥에 갇혔습니다. 믿는 자들이 감옥에 갇히고 사형당하던 살벌한 시절, 목사님은 이 감옥에서 세계적인 명저《천로역정》을 썼습니다. 번연 목사님은 얼마나 신실한지 감옥에서도 24시간 목자이신 하나님의 인도하심을 좇았습니다. 그야말로 주님이 가라 하시면 가고 가지 말라 하시면 가지 않는, 성령님과 온전히 동행하시는 분이었습니다.

목사님에게 어느 날 옥사장이 옥문을 열어 주면서 집에 다녀오라고 했습니다. 그런데 얼마쯤 가다가 목사님이 되돌아왔습니다. 옥사장이 이유를 묻자 목사님 왈 "당신의 호의는 고마우나 성령님이 인도하시지 않아서 돌아왔습니다." 했습니다.

그런데 여러분, 그로부터 한 시간 후 감옥이 갑자기 살벌해졌습니다. 알고 보니 영국 국왕이 예고 없이 직접 감옥을 시찰 나왔습니다. 그리고 존 번연 목사님을 구체적으로 확인하고 돌아갔습니다. 가슴이 조마조마했던 옥사장은 죽을 뻔한 위기를 넘긴 후에 말했습니다. "목사님께서 성령님의 인도하심을 따르셨기에 목사님도 살고, 저도 살았습니다. 이제 제가 아니라 성령의 인도만을 따르시지요."

여러분, 우리가 성령과 온전히 동행하며 그분의 인도를 받을 때 위험도 피해갈 수 있습니다. 왜냐면 성령이 지혜를 주시고 선한 길로 인도하시기 때문입니다. 그러니까 성령의 인도를 24시간 온전히 따라갈 때 온전한 신앙의 길, 승리의 길을 갈 수 있습니다. 하나님과 예수 그리스도, 성령님, 성 삼위일체는 우리의 영혼을 인도하시는 목자이십니다. 삼위일체 하나님을 따라갈 때 승리의 삶을 살게 되는 것입니다. 순간순간 성령의 음성을 들으십시오. 믿음으로 성령님을 인정하고 인도하심에 전적으로 반응하십시오. 성령님이 우리를 선한 길로 이끄십니다.

예수 강림의 계절 12월에 들어섰습니다. 목자이신 우리 주님을 생각할 때입니다. 오늘 말씀을 다시 봅니다. "유대 땅 베들레헴아 너는 결코 작지 아니하도다. 네게서 한 다스리는 목자가 나리라."

베들레헴이 작지 않습니다. 인류를 구원할 어린 양 예수가 태어난 동네이기 때문입니다. 12월이 춥지 않습니다. 우리를 사단과 죄악으로부터 구원하기 위하여 기꺼이 돌아가실 따뜻한 목자가 태어났기 때문입니다. 우리는 외롭지 않습니다. 세상에서 가장 큰 선물, 구원을 베푸실 아기 예수가 탄생했기 때문입니다. 우리는 행복합니다. 우리의 삶을 완벽하게 인도하시려고 성령님이 지금 우리와 함께하시기 때문입니다. 우리는 참으로 기쁩니다. 성령님이 우리 속에서 24시간 우리를 인도하시기 때문입니다.

우리 속에 함께 계신 성령께서 '가라.' 하시면 가고 '가지 말라.' 하시면 가지 않기를 바랍니다. '하라.' 하시면 하고 '하지 말라.' 하시면 하지 않기를 바랍니다. 내 생각은 가미하지 않고 오직 성령의 음성에만 순종하시기를 바랍니다. 이것이 아기 예수를 영접하는 성도의 믿음입니다.

여러분, 성령은 저와 여러분의 삶 속에 함께하사 우리를 선한 길로 인도하시길 원하십니다. 목자이신 성령의 인도함을 받기 위하여 24시간 믿음으로 깨어있길 바랍니다. 성령의 음성에 깨어있고, 인도하심에 깨어있어 성령의 인도하심에 온전히 순종하시기를 바랍니다. 에베소서 6:18은 말씀합니다.

"항상 성령 안에서 기도하고 이를 위하여 깨어 구하기를 항상 힘쓰며"

따라 해 보세요. "성령의 인도에 기도와 순종으로 깨어있자." 이 깨어있는 신앙으로 성령의 인도를 온전히 받으며 승리하시기를 바랍니다.

정리합니다. 우리를 구원하시고자 이 땅에 오신 목자이신 주님께 감사, 우리의 삶을 24시간 인도하시고자 우리 속에 함께하시는 성령님의 인도하심에 감사하시길 바랍니다.

성탄의 계절을 맞아 성령의 음성에 온전히 귀를 기울이며 24시간 인도를 받는 신앙이 저와 여러분의 것이 되시기를 주님의 이름으로 축원합니다.

## ✱ NPS 스타일

NPS(Negative and Positive Solution, 부정, 긍정, 해결책을 찾아라)로 구성된 본 설교에서 설교자는 사람은 지혜가 모자라기에 실수하고 아픔을 겪으므로 인생을 이끌어줄 목자가 필요함을 이야기한다. 그러면서 목자가 없어 어려움을 당했던 예로 오스카 와일드의 노년과 롯의 예를 들었다. 이후 아브라함과 다윗의 삶을 조명하면서 목자이신 주님과 함께하는 삶은 어려움이 있어도 행복이 있음을 밝힌다. 이후 그리스도께서 인류의 목자로 이 세상에 오셨음을 천명한다. 설교자는 마지막으로 목자이신 주님의 도움을 받기 위해서 성령을 의지해야 함을 주장하며 설교를 마무리한다.

# New Year's Eve Worship

## 송구영신예배

한 해를 보내며 새해를 맞이하는 뜻깊은 예배다. 이때 성도들은 지난 일들을 기꺼이 잊고 희망찬 새해를 맞으려 한다. 설교자는 청중의 이런 마음을 잘 이해해야 한다. 인생은 지나가는 것이다. 성도는 본향을 향하는 것이다. 설교자는 성도들이 지나간 것은 잊고 오직 본향을 향하게 해야 한다. 새해를 맞이하여 잊을 것은 잊고 앞을 향하도록, 특히 희망찬 새해를 맞이하도록 마음을 끌어올린다.

**PNS 스타일**

'긍정, 부정, 해결책을 찾아라'의 구성

빌립보서 3:13-14

# 삶의 심장, 열정을 회복하라

**개요**

- **긍정** : 열정은 아름답다
- **부정** : 열정을 잃다
- **해결책** : 열정을 잃지 않는 길

**긍정 : 열정은 아름답다**

80살이 훌쩍 넘은 미국의 유명한 건축가 라이트에게 기자가 "당신의 작품 중에서 가장 뛰어난 작품은 어느 것입니까?" 하고 묻자 "다음 작품이 될 거요."라고 했습니다. 이 적극적인 태도, 그것은 그의 삶의 열정이었습니다.

얼마 전 결혼을 앞둔 처녀가 당당하게, "목사님, 행복하게 잘 살고 싶으니 배우자감을 소개해 주세요."라고 했습니다. 결혼에 대한 처녀의 갈망, 그것은 행복에 대한 열정이었습니다.

어느 성도님은 새벽예배를 빠지지 않고 수십 년간 기도해 왔습니다. 끈질긴 기도, 그것은 그 성도님의 뜨거운 신앙에 대한 열정이었습니다.

어느 성도님께 왜 주일마다 일찍 오느냐고 물었더니 "목사님, 주일 아침만 되면 일찍 눈이 떠지고 교회에 얼른 오고 싶어 죽겠습니다."고 했습니다. 교회를 향한 성도님의 마음, 그것은 교회 사랑에 대한 뜨거운 열정이었습니다.

열정은 아름답습니다. 열정은 삶을 긍정적이고, 의욕적이며, 행복하게 만듭니다. 열정을 가진 자는 아름답습니다. 여러분에게 이런 열정이 있나요? 하나님이 우리 모두에게 이런 열정을 주시길 바랍니다.

열정이 있는 곳은 또 때때로 놀라운 기적이 일어나기도 합니다. 영화 '명량'이 인기가 있었지요? 선조는 왜적이 쳐들어오자 간신들의 모함으로 백의종군하던 이순신 장군을 해군총사령관으로 임명하며 나라를 구하라고 했습니다. 어명을 받고 전라도의 해군 사령부로 가보니 남은 것은 겨우 12척의 전함과 수군 9명뿐이었습니다. 승산이 없음을 알게 된 왕은 "해군을 해체하고 육군과 병합하라."고 했습니다.

그때 장군은 왕에게 답신하였습니다. "내게는 아직도 12척의 배가 남았나이다." 포기하지 않는 용기, 그것은 승리를 향한 열정이었고 결국 이 열정으로 조선 수군은 불가능에서 승리라는 기적을 일궈내며 나라를 구해냈습니다. 열정이 있는 곳에 승리가 있고 기적이 있습니다.

발명왕 에디슨의 머리가 좋다고 생각하시지요? 아닙니다. 그의 아이큐는 평범합니다. 그런데도 그가 인류사에 큰 공헌을 남긴 것은 지칠 줄 모르는 열정 때문이었습니다. 전등을 발명하기 위하여 무려 1,200번이나 실패했습니다. 웬만한 사람 같으면 벌써 포기했을 것입니다. 하지만 그는 숱한 실패에도 지칠 줄을 몰랐습니다. 지칠 줄 모르는 것, 그것은 열정이었고 그 열정이 세상을 놀라게 했습니다. 열정의 사람은 실패를 극복합니다.

열정의 사람은 하나님께 존귀하게 쓰임 받는 복을 누립니다. 모세는 하나님으로부터 이스라엘 백성을 가나안으로 이주시키라는 명령을 받았습니다. 이에 모세는 이스라엘 백성을 이끌고 출애굽 하여 지금의 시나이 반도인 광야로 갔습니다. 한 달이면 갈 수 있는 가나안을 40년 동안 들어가지 못했습니다. 이쯤 되면 모세는 차라리 광야에서 자리를 잡자며 가나안을 포기할 수도 있었을 겁니다. 그러나 모세는 오직 가나안 땅에 들어가려는 일념뿐이었습니다.

그런데 광야 생활하는 것이 얼마나 힘든지요? 마실 물도, 먹을 음식도 늘 부족했습니다. 백성들은 하루가 멀다하고 모세를 괴롭혔습니다. 심지어 모세의 형제들조차 모세를 비난하며 괴롭혔습니다. 이쯤 되면 모세도 인간인지라 지도자의 길과 가나안 땅 입성을 포기하고 싶었을 것입니다. 하지만 모세는 어려울 때마다 부르짖으며 한 번도 포기하지 않았습니다.

이유가 무엇인가요? 그에게 사명을 감당하려는 열정이 있었기 때문입니다. 하나님은 그의 열정을 보았습니다. 결국, 모세는 가나안 땅에 들어가지 못했지만 멀리서 그 땅을 바라볼 수 있었습니다.

하나님은 또 열정의 사람 엘리야를 사용했습니다. 엘리야를 통하여 나라에 우상을 몰아내셨고 이사야의 열정을 사용하사 나라의 영성을 이어가게 하셨습니다. 또 예수님의 열정을 사용하사 구원의 길을 여셨고, 바울의 열정을 사용하사 아시아와 유럽에 복음의 초석을 놓았습니다. 하나님은 지금도 성도의 열정을 사용하십니다.

토요일만 되면 항상 교회를 오는 사람들이 있습니다. 5층부터 지하 본당까지 교회 빌딩을 일일이 청소하고 주일 교제를 위한 식사를 준비합니다. 누가 시키지도 않았는데 한 번도 빠지는 법이 없이 항상 교회에 와서 봉사합니다. 그분들을 보면 특징이 있습니다. 신앙의 열심이 뜨겁습니다. 지칠 줄을 모릅니다. 한마디로 열정이 살아있습니다. 하나님이 그 열정을 사용합니다. 하나님 나라 확장을 위하여 그 열정을 교회를 위하여 사용하시는 것입니다.

하나님은 열정이 없는 사람을 사용하지 않습니다. 다만 열정이 풍성한 사람을 사용하십니다. 열정이 풍성한 사람에게 건강을 주십니다. 필요를 공급하십니다. 하나님의 뜻을 이루는 도구로 쓰십니다.

지금은 목회를 잘하는 인천의 박재근 목사님은 개척하고 나서 사모님과 3년 동안 둘이서만 예배를 드렸다고 합니다. 대구의 손석원 목사님도, 충남 논산의 강신정 목사님도 개척을 시작하여 몇 년 동안 성도가 없었습니다. 그러나 설교하고 또 설교했습니다. 이유가 뭡니까? 열정이 충만했기 때문입니다. 그 열정은 곧 부흥의 결실로 이어졌습니다.

어느 침체된 교회에 한 성도가 예수님을 믿고 은혜를 받아 목숨 걸고 전도하기 시작했습니다. 처음엔 성도들이 몇 사람 전도하다 말겠지 했지만 매주 새 가족을 데려왔습니다. 다른 사람들도 도전을 받고 함께 전도에 나섰습니다. 놀라운 일이 일어났는데 교회가 부흥하여 대형교회가 되었습니다. 인천의 주안장로교회의 안강자 권사와 성도들의 이야기입니다. 한 사람의 열정이 다른 성도들에 전가되어 영혼구원이 폭발적으로 일어났습니다. 열정이 있는 곳에 기적이 일어납니다. 믿으시면 '아멘' 합시다.

열정은 개인이나 공동체에 놀라운 결실을 가져옵니다. 그러므로 여러분, 열정을 내 것으로 만드십시오. 열정의 사람이 되십시오. 청소할 때도 열정적으로 하고, 사랑할 때도 열정적으로 하고, 일할 때도 열정적으로 하고, 교회를 섬길 때도 열정적으로 하고, 하나님을 섬길 때도 열정적으로 해야 하나님이 축복합니다. 이 열정이 오늘 말씀을 듣는 우리 모두의 것이 되시기를 바랍니다.

### 부정 : 열정을 잃다

열정적인 삶을 사는 것이 이렇게 좋은데 가끔은 사람들이 열정을 잃어버리기도 합니다. 미국 뉴욕에서 IT산업의 선두 주자였던 제럴드 맥스웰(Gerald Maxwell)은 빠르게 성공하여 사람들의 부러움을 샀습니다. 그의 회사로 돈과 사람들이 몰려들었습니다. 그의 성공은 가히 눈이 부셨습니다.

그러나 그의 성공은 오래가지 못했습니다. 회사가 갑자기 어려워져

맥스웰은 모든 재산, 심지어 집과 자동차까지도 회사에 쏟아부었으나 회사는 은행에 넘어가고 말았습니다. 하루아침에 거지가 되자 주변 사람들과 가족들이 그를 떠났습니다. 어느 날 그는 독백처럼 "하나님, 저를 데려가 주십시오."하고 중얼거렸습니다.

그의 실패가 안타까운 것이 아닙니다. 실패 후에 그에게 다시 일어서려는 열정이 사라진 것이 안타까웠습니다. 돈을 잃으면 다시 시작할 수 있지만 성공하려는 열정을 잃으면 정말로 패배자가 됩니다. 이제 그는 다시는 사업에 성공하지 못할지도 모릅니다. 왜냐면 열정을 잃었거든요.

어느 후배 목사님이 얼마 전에 저를 만나더니 말합니다. "선배님, 목회를 접어야겠습니다. 개척해서 지금까지 성도는 몇 사람 없고 있는 성도마저 조금만 시간이 지나면 가버립니다. 그리고 남아 있는 성도는 제 에너지를 나 빼앗아 갑니다. 목회가 지긋지긋합니다."라고 하였습니다. 저는 그 말을 듣고 매우 안타까웠습니다. 그러나 그 안타까움은 후배 목사님이 목회 생활에 실패했다는 것에 대한 안타까움이 아니었습니다. 목회를 향한 열정을 잃어버렸다는 것이 안타까웠습니다.

한때 그는 목회에 성공할 것이라는 믿음으로 충만했던 적이 있었습니다. 자신감이 넘쳤던 때가 있었습니다. 하지만 지금 그에겐 그런 모습을 찾아볼 수가 없습니다. 열정적으로 기도하고 설교하며 영혼을 사랑하는 소망에 찬 모습을 찾아볼 수 없습니다. 이제 그에게 영영 목회 성공의 기회는 오지 않을지 모릅니다. 왜냐면 열정을 잃었거든요.

오늘 오후에 침례식이 있습니다. 보통 열정이 있는 사람들은 "예수의 은혜에 감사해서 하나님의 자녀로서 새롭게 열심히 신앙생활 하겠습니다." 하는 결단으로 침례를 받습니다. 하나님이 이런 사람을 축복합니다. 하지만 침례를 받을 만하지만 "침례 받으면 뭐해?" 하면서 거절하는 사람들이 있습니다. 왜 그러느냐? 신앙의 열정이 없기 때문입니다.

오랜 세월에도 신앙이 자라지 않는 사람들이 있습니다. 신앙에 열정이 없는 사람들입니다. 열정이 없으면 아무런 노력도 하지 않게 되고 하나님을 사랑할 수도, 하나님께 가까이 갈 수도 없습니다.

그런데 여러분, 사람이 언제 열정을 잃어버리는지 아십니까? 실패하여 좌절을 맛볼 때, 일에 지칠 때 열정을 잃어버립니다. 시험에 빠져 넘어지거나, 두려움이 밀려올 때, 삶의 목표를 잃고 믿음이 흔들릴 때 열정을 잃어버립니다. 무엇보다 죄짓고 영성이 무너질 때 열정을 잃습니다. 열정을 잃으면 에너지도, 의욕도 잃게 되어 축복의 기회가 다가와도 그것을 내 것으로 만들지 못합니다. 결국, 열정을 잃으면 모든 것을 잃습니다.

가끔 열정을 잃은 교회를 봅니다. 이런 교회는 전도하지 않습니다. 그러나 열정을 소유한 교회는 전도대상자를 적극적으로 찾아갑니다. 열정을 잃은 사람은 예배에서 감동도 없고 은혜도 없습니다. 그러나 열정이 있는 사람은 예배에서 가슴이 뜨거워집니다. 은혜를 사모합니다. 열정을 잃은 사람은 기도에 힘이 없습니다. 그러나 열정 있는 기도자는 기도 응답의 역사, 병 고침의 역사, 심령의 치유 역사와 새로워지는 역사를 갈망합니다. 열정을 잃은 교회는 사랑이 메말라 있습니다. 그러나 열정이 가득한 성도는 사랑이 풍성합니다. 열정을 잃은 찬양자는 찬양이 형식적이며 무기력합니다. 그러나 열정이 있는 찬양자는 뜨거움과 감동, 치유가 나타납니다. 열정을 잃은 성도는 왜 예배에 오는지를 모릅니다. 그러나 열정이 풍성한 성도는 하나님께 영광 돌리려는 목적이 분명하여 기쁨으로 달려옵니다. 열정적인 삶은 우리의 모든 영역에 이렇게 복이 됩니다.

여러분, 가정생활이나 직장생활이나 신앙생활에서 열정을 잃어버리지 않기를 바랍니다. 열정을 잃어버리면 행복도, 꿈도, 목표도, 열매도 잃고 맙니다. 그래서 우리는 아무리 힘들어도 꿈을 이루려는 열정, 열매를 얻으려는 열정, 기도 응답을 받으려는 열정, 믿음을 성장하려는 열정, 건강하고 싶은 열정을 잃어버리지 않아야 합니다.

이 믿음이 저와 여러분의 것이 되시기를 바랍니다. 따라 해 보세요. '하나님은 우리가 넘어져도 일어서도록 축복하신다.' 이 믿음으로 소망과 열정을 회복하시길 주님의 이름으로 축복합니다.

**해결책** : 열정을 잃지 않는 길

그러면 어떻게 해야 열정적인 사람이 될 수 있을까요? 첫째, 목표를 분명히 세우는 겁니다. 목표가 분명하면 열정을 잃지 않습니다. 사람들이 열정을 잃는 것은 이루어야 할 목표가 없기 때문입니다.

그러나 바울은 달랐습니다. 우리가 알다시피, 바울은 돈이 없고 외모도 볼품없고 가족도 없이 혼자 살았으며 몸에 병이 있어 늘 통증을 겪으며 살았습니다. 이쯤 되면 우울증이 생기거나 죽고 싶은 마음이 들 수도 있습니다. 게다가 살인을 방조하기까지 했으니 양심의 가책을 받고 괴로움이 더했을 겁니다. 훗날 복음을 전하느라 채찍에 맞고 태장으로 맞고 죽을 뻔한 위기를 수없이 맞았습니다. 이쯤 되면 자신을 한탄하며 인생을 저주할 만도 했습니다.

그런데 그는 성경의 어딜 봐도 그런 기색이 없습니다. 아주 열정적인 모습뿐입니다. 오늘 말씀을 보십시오. 그는 빌립보서 3:13에서 이렇게 선언합니다. "형제들아 나는 아직 내가 잡은 줄로 여기지 아니하고 오직 한 일 즉 뒤에 있는 것은 잊어버리고." 본문에서 바울은 과거의 것을 잊어버린다 했습니다. 그리고 앞만 바라보고 나아간다 했습니다. 얼마나 열정적인가요?

열정이 없는 사람의 특징은 과거의 것에 얽매여 있고 과거의 것만 생각하며 살아갑니다. 현재 일에 긴장하는 것이 없습니다. 그래서 목표가 없고 열정이 없습니다. 그러나 축복을 불러오는 열정은 목표를 세우고 그 목표를 이루기 위하여 나아갑니다. 보세요.

"오직 한 일 즉 뒤에 있는 것은 잊어버리고 앞에 있는 것을 잡으려고 푯대를 향하여 그리스도 예수 안에서 하나님이 위에서 부르신 부름의 상을 위하여 좇아가노라"(빌 3:13-14)

그는 인생의 목표가 뚜렷했습니다. 이것 아니면 죽는다고 할만한 뚜렷한 목표, 그것은 전도하여 영혼들을 하나님 앞으로 인도하는 일이었습니다. 그 목표가 뚜렷하니 그의 마음이 목표를 향한 열정으로 뜨거웠습니다.

보세요. 그는 앞에 있는 것을 잡으려고 푯대를 향한다 했습니다. 참 선명한 목표입니다. 그리고 그 목표를 이루기 위하여 "하나님이 부르신 부름의 상을 위하여 좇아간다."고 했습니다. '푯대를 향한다. 그리고 좇아간다.' 굉장히 진취적입니다. 한마디로 열정적입니다. 목표를 성취하려는 노력이 있었기에 열정이 지칠 줄 몰랐던 것입니다. 목표가 분명한 사람은 열정을 쉽게 잃지 않습니다. 고난이 오거나 고통이 오거나 슬픔이 와도 쉽게 쓰러지지 않습니다.

이런 목표와 열정이 있었기에 바울은 오직 사명을 좇았습니다. 이런 열정이 있었기에 전도사역이 크게 성장했고 이런 열정이 있었기에 하나님이 그를 존귀하게 사용했습니다. 할렐루야!

여러분에게도 열정을 불태울 뚜렷한 목표가 있나요? 본죽 사장인 김철호 사장은 사업을 하다가 망했습니다. 은행에 빚을 갚고 나니 남은 것은 승합차 한 대뿐이었습니다. 살고 싶은 마음이 없어 한강 다리에 여러 차례 갔었습니다. 아내는 우울증에 걸려 죽네 사네 했습니다. 어느 날 피곤하고 지쳐서 잠이 들었는데 꿈에서 하나님의 음성을 들었습니다. 그리고 용기를 내서 길거리에서 호떡 장사를 했습니다. 기름 묻은 동전을 모아서 조그마한 죽집을 냈는데 반응이 좋았습니다. 가맹점을 모집했는데 호응이 좋았습니다. 김철호 사장 부부는 매우 떨렸습니다. 부인은 하루에 2시간씩 기도했습니다. 본인도 출근하여 기도하며 하루를 시작했습니다. 모든 것을 하나님께 맡겼습니다.

왜 그렇게 열정적으로 기도했고 하나님을 사랑했을까요? 뚜렷한 '목표', 이번만큼은 반드시 일어서야 한다는 '목표'가 있었기 때문이었습니다. 그 목표를 이루기 위하여 온 가족이 하나가 되어 기도하였습니다.

여러분, 목표가 있는 곳에 열정이 식지 않습니다. 그렇게 온 가족이 열정으로 하나님을 붙드는 동안 5년 만에 700개의 가맹점을 냈고 10년 만에 1,000개가 넘는 가맹점을 냈습니다. 대성공이었습니다. 뚜렷한 목표가 있을 때 열정이 식지 않습니다.

"이번만큼은 어떤 일이 있어도 성공하리라. 하나님 도와주세요." 그렇게 열정적으로 기도하는 동안 실패는 성공으로 바뀌었습니다. 이런 목표가 있는 곳에 열정이 있고 열정이 있는 곳에 하나님의 축복이 있으며 아름다운 결실이 있습니다.

열정을 잃으셨나요? 목표를 세우십시오. 그 목표를 이루게 해 달라고 기도하며 나아가십시오. 분명한 목표를 이룰 열정으로 충만하여 하나님의 도구로 존귀하게 쓰임 받으시길 주님의 이름으로 축복합니다.

둘째, 열정으로 사는 길은 내 힘이 아닌 하나님의 능력을 전적으로 의지하는 것입니다. 여러분, 열정이란 자신을 움직이게 하는 중요한 에너지라 했지요? 열정이란 목표를 바라보게 하는 힘입니다. 그래서 이런 말이 있습니다. "인류의 어떠한 위대한 일도, 열정 없이 이루어진 일은 없다", "다른 것은 포기해도 열정만큼은 포기하지 마라." 열정이 있으면 어떤 난관을 만나도 절대로 포기하지 않습니다.

문제는 "이 중요한 열정을 어떻게 하면 지속할 것인가?"입니다. 사도 바울이 평생 열정을 잃지 않았던 것은 열정의 근원이신 성령이 바울과 함께하셨기 때문이었습니다. 사도행전 13:9를 보세요. "바울이라고 하는 사울이 성령이 충만하더라." 또 사도행전 21:4에 보면 바울은 늘 성령과 교통하였습니다. 성령이 충만하면 열정이 식지 않습니다. 여기에 그가 평생 열정적으로 살 수 있었던 비결이 있습니다.

초대교회 성도들이 예수 부활 이후에 열정적으로 전도하며 인생에 승리할 수 있었던 것도 바로 '성령 충만' 때문이었습니다. 성령은 우리의 삶의 자원이요 에너지요 열정의 힘입니다. 그래서 열정의 사람이 되려면 성령을 의지하는 것이 아주 중요합니다.

몇 닌 선에 은퇴 후에 뒤늦게 아내의 손에 이끌려 교회를 나간 중년 신사가 부흥회에서 큰 은혜를 받았습니다. 그는 성령을 체험했으며 이후 확연히 달라진 삶의 모습을 보였습니다. 수요, 금요, 새벽예배를 포함한 각종 예배에 참석하며 뜨겁게 기도했습니다.

말씀대로 살지 못한 죄와 자기중심적으로 산 잘못을 회개하며 주님을 위하여 살 것을 고백했습니다. 그러더니 교회에서 전도하는 방법을 배우기 시작했습니다. 집 주변에서 거리에서 교회 앞에서 전도지를 들고 "예수 믿으세요." 하고 세련된 언어로 전도했습니다.

전도만 아니라 교회봉사에도 앞장섰습니다. 항상 웃고 항상 기뻐하니 그분 때문에 교회가 훤해졌습니다. 부인 권사님이 도전을 받고 남편과 함께 더 열심히 신앙생활 하였습니다. 나중 된 자가 먼저 된 것입니다. 시들시들했던 자손들의 신앙도 살아났습니다. 그러더니 아들 중 하나는 신학교를 갔습니다. 아버지 덕으로 집안의 영적 분위기가 완전히 바뀌었습니다. 아버지 한 사람이 성령 받고 열정적으로 신앙생활 하니 가족과 주변에 큰 영향을 미쳤습니다.

그렇게 사시다가 몇 년 전에 하나님의 부름을 받았습니다. 그분이 바로 제 친구의 아버님이었습니다. 성령은 그분을 열정적인 사람으로 만드셨고 마지막에 열정의 불꽃을 타오르게 하셨습니다. 여기에 성령 은혜의 축복이 있습니다.

성령은 우리에게 열정을 공급하시고 결실을 보도록 도우십니다. 그러므로 열정이 충만하려면 성령을 지속해서 의지하십시오. 그리고 내게 지칠 줄 모르는 열정으로 충만하게 해 달라고 울부짖으시길 바랍니다. 성령을 붙들고 의지하면 성령이 내 속에서 지속해서 역사하십니다. 그래서 아무리 힘들고 답답한 일을 만나도 열정이 식지 않습니다. 장애물을 만나도 식지 않습니다.

하나님은 우리가 한 해를 보내며 열정이 가득한 사람이 되길 원하십니다. 성령이 주시는 열정으로 충만하여 새해에는 꿈과 목표를 너끈히 이루어가시기를 주님의 이름으로 축원합니다.

## ✱ PNS 스타일

설교자는 PNS(긍정, 부정, 해결책을 찾아라) 구성 설교에서 새해를 시작하는 열정에 관해서 이야기한다. 첫머리에서 신앙인들의 구체적 예를 들며 열정의 아름다움을 예찬한다. 이후 본론에서 분위기를 바꾸어 열정을 잃어버린 한 기업가의 이야기를 전개하며 열정을 잃어버린 사람의 무미건조함과 비참함에 대해서 역설한 뒤 열정을 잃지 않기 위해 성령으로 충만할 것을 해결책으로 제시한다.

> **Chain 스타일**
> '부정문제제기, 원인, 반대개념 및 유익들, 해결책을 찾아라'의 구성

창세기 45:7-8; 50:19-21

## "하나님의 섭리를 좇으라"

> **개요**
> ❶ **부정문제제기** : 인간은 후회하는 삶을 산다
> ❷ **문제원인** : 하나님의 섭리를 따라서 살지 않기 때문이다
> ❸ **반대개념 및 유익들** : 그러나 하나님의 섭리를 따르면 복된 삶을 산다
> ❹ **정의** : 하나님의 섭리의 정의
> ❺ **해결책** : 장애물을 극복하고 인내로 하나님의 섭리를 따를 때 축복을 경험한다

### ❶ 부정문제제기 : 인간은 후회하는 삶을 산다

이제 막 희망찬 새해를 맞았습니다. 하나님의 축복이 여러분과 여러분의 가정에 충만하길 소망합니다. 올 한해는 하나님의 인도하심으로 승리하시길 바랍니다. 어린 학생들은 성적이 오르고 믿음직스럽게 자라가며 새신자들은 신앙이 일취월장하기를 바랍니다. 성도 여러분의 사업과 가정과 앞날에 길이 열리고 기적이 일어나는 하나님의 축복이

임하시길 바랍니다. 올해는 어느 해 보다 더 뜻한 바가 이뤄지고 삶에 열매가 풍성하게 맺혀 생애 최고의 해가 되시기를 주님의 이름으로 축원합니다.

한 해의 시작을 '복 있는 삶'으로 시작하는 것이 중요합니다. 하지만 가끔은 불행하게도 복 있는 삶을 시작도 못 하는 사람들이 많습니다. 부모가 이혼하고 아버지가 재혼하자 화가 난 한 여중생이 가출했습니다. 수원 근방에서 불량 청소년들과 혼숙하며 지내길 5년, 어느 덧 21살, 몸도 마음도 망가졌지만, 집으로 돌아갈 수도, 인생을 잘 살 자신도 없었습니다. "잘못 살았구나!" 깊이 느끼던 어느 날 이 여인은 수원의 한 여관에서 또래들과 집단 자살을 했습니다.

❷ **문제원인** : 하나님의 섭리를 따라서 살지 않기 때문이다

많은 사람이 상처와 후회만이 가득한 길을 선택하여 한 번뿐인 인생을 허비합니다. 이유가 무엇일까요? 이성보다는 감정을 앞세우기 때문이며 바른길보다는 쉬운 길을 선택하기 때문입니다. 신앙적인 관점보다 인간적인 관점을 추구하기 때문이며 타인보다 자신의 이익만을 추구하기 때문입니다. 그래서 복된 삶을 살기 어렵습니다.

❸ **반대개념 및 유익들** : 그러나 하나님의 섭리를 따르면 복된 삶을 산다

그러나 복된 삶의 길이 있습니다. 하나님의 섭리를 따라 사는 것입니

다. 하나님 섭리를 따라 살면 틀림없이 복된 삶을 살 수 있습니다.

최근 신문에 난 이야기입니다. 한 소녀가 소녀 가장이 되었습니다. 그녀는 앞길이 캄캄했으나 낙심하지 아니하고 하나님께 기도하면서 어린 동생을 키웠습니다. 몸을 움직이지 못하는 할머니를 정성껏 보살폈습니다. 힘들 때마다 하나님을 의지하며 낮엔 공부, 밤엔 일하며 억척같이 살면서 중고등학교를 졸업했습니다. 마침내 서울의 일류대학에 합격했습니다. 이 사실이 신문 지상에 알려지자 독지가들이 도와주겠다고 난리를 쳤습니다. 어느 회사에선 이 소녀의 대학등록금 전액을 대고 졸업 후 무조건 스카우트하겠다고 약속했습니다.

앞에서 예로 들었던 가출했던 여학생과 비교해보면 차이가 확연하게 드러납니다. 어려움이 닥칠 때 한 사람은 남을 탓하며 후회스러운 길을 갔으나 또 한 사람은 어려워도 열매 맺는 영광스러운 길을 선택했습니다. 하나님의 섭리는 항상 올바른 길이요 열매 맺는 길입니다.

최근에 친구 목사님의 간증을 들었습니다. 목회 초년병 시절 목사님을 힘들게 하는 김 집사님이란 분이 있었는데 목회에 사사건건 간섭하고 목사님을 힘들게 하더랍니다. "설교 못 한다", "그릇이 작다.", "이래라저래라" 하며 훈계하더랍니다. 목사님은 설교시간에 그분이 앉아 있는 곳은 쳐다보지도 않았답니다. 그분만 생각하면 자다가도 벌떡 일어나게 되고 얼마나 힘든지 그 때문에 몇 번씩이나 목회를 그만둘까 생각했답니다. 하도 힘들어 "하나님, 김 집사님을 데려가십시오." 기도했답니다. 그런데도 하나님이 안 데려가시더랍니다. 그래서 목사님이 이렇게 기도했답니다. "김 집사님을 데려가지 않으시려면 참고 견디게 하소서." 이렇게 기도하며 여러 해를 보냈습니다.

그런데 어느 날부턴가 목사님의 설교가 은혜롭고 목사님의 인격이 성숙해졌더랍니다. 그러니까 성도들의 칭찬이 잦아지고 그 집사님의 잔소리도 줄어들었답니다. 그리고 그 집사님도 성숙해졌더랍니다. 그제야 목사님이 "아하 하나님이 집사님을 내게 붙여 주신 섭리가 여기 있었구나."를 깨달으며 하나님께 감사했답니다.

그리고 김 집사님에게 "당신 때문에 내가 하나님을 더 의지할 수 있었고 성숙할 수 있었다."고 고백하니 김 집사님도 "죄송하다."며 서로 붙들고 울었답니다. 그 이후 김 집사님은 목사님의 일등 후원자가 되었고 목사님은 지금도 훌륭하게 목회하고 있습니다.

당시엔 원망 거리였으나 지나고 보면 감사 거리인 것이 하나님의 섭리입니다. 하나님의 섭리의 길은 뒤로 갈수록 분명해지는 특징이 있습니다.

아시다시피, 하나님이 모세에게 이스라엘 민족을 출애굽 시키라며 부르셨을 때 그의 나이가 80세였습니다. 이미 광야에서 40년을 허비한 모세는 하나님의 부르심 앞에 "왜 하필 늙고 힘없는 나입니까?" 하고 항변했습니다.

그러나 이스라엘 백성을 애굽에서 광야로 인도하는 동안에 모세는 자기를 부르신 이유를 알게 되었습니다. 광야는 물, 음식이 없었고 척박한 땅이라 사람이 살만한 곳이 아니었습니다. 그런데도 그곳에서 40

년을 살 수 있었던 것은 첫째는 하나님의 은혜요 둘째는 모세의 역할이었습니다. 모세만큼 광야의 생리를 잘 아는 사람이 없었습니다. 결국, 하나님은 이스라엘을 구원하는 계획에 모세의 지혜, 경험을 사용한 겁니다.

그제야 모세는 다른 사람이 아닌 자기를 부르신 하나님의 계획을 알게 되었습니다. 하나님 섭리를 따라 살았을 때 모세는 눈이 흐리지 아니하였고 기력이 쇠하지 아니하는 복을 누렸습니다.

여러분, 사람이 하나님의 섭리를 따르면 무용한 것도 유용하게 쓰임 받고 고통스러운 과거도 유용하게 쓰임 받습니다. 육체도 강건함을 입습니다. 하나님의 섭리를 따르면 모든 것이 합력하여 선을 이룹니다. 할렐루야!

어느 믿음 좋은 청년이 한 처녀를 보고 무척 호감을 느꼈습니다. 데이트하며 기도할수록 마음이 끌려서 결혼하고 싶어졌습니다. 그런데 문제가 있습니다. 여자 집안을 보니 부모님들과 6남매가 아무도 교회를 다니지 않습니다. 어쩌다 여자 집에 놀러 가면 세상 냄새가 짙게 납니다. 우상을 섬기고 형제들 간에 노름판이 벌어지고, 저속한 언어와 세속적인 행동 등으로 거슬리는 것이 한둘이 아니었습니다. 저 집안과 가족이 된다는 것이 생각만 해도 아찔합니다.

하지만 기도할수록 처녀가 마음에 끌려 결국 결혼을 했습니다. 그리고서 처음 몇 년간은 처가식구들에게 교회 다니자고 말도 못 꺼냈습니다. 전도하기에 앞서 자신들이 먼저 모범적인 삶을 살기로 하고 열심을 품었습니다. 그리고 서서히 전도한 결과 10년이 되자 모두 하나님 앞에 나왔습니다. 모든 우상을 버리고 하나님을 믿은 지 20년이 되니 장로, 권사, 목사가 나왔습니다. 막내처남이 목사님이 되었는데 바로 제가 아는 목사님입니다. 자기 매형이 자기 온 가족을 인도하였답니다.

다 모이면 수십 명의 가족입니다. 교회를 해도 손색이 없습니다. 정말 기적 같은 일이 일어났습니다. 그제야 이 가족을 구원하시려고 자신을 쓰신 하나님의 섭리를 깨달았습니다. 그래서 온 가족이 모여 예배드릴 때마다 감사할 뿐입니다. 열매를 보며 감사하고 자기를 쓰신 하나님에게 감사할 뿐입니다. 섭리를 좇는 삶은 항상 끝이 좋습니다. 모든 것이 합력하여 선을 이룹니다.

하나님의 섭리를 따를 때의 또 다른 유익은 하나님의 도우심을 체험한다는 사실입니다. 우리가 알다시피, 다윗은 하나님의 섭리를 좇는 사람이었습니다. 한때 다윗이 죄도 없이 사울 왕에게 얼마나 핍박을 많이 받았습니까? 그런데도 다윗은 사울 왕을 미워하지 않았으며 하나님의 인도하심으로 왕이 될 때까지 하나님의 섭리를 기다렸습니다. 얼마나 진실하고 정직합니까?

그러던 어느 날 사울 왕이 또 다윗을 죽이려고 찾아 나섰는데 사무엘상 23:24 이하에 보면 사울은 다윗이 '아라바'라는 황무지에 있다는 것을 알고 다윗을 포위했습니다. 독 안에 든 쥐가 된 다윗을 사울과 그의 군사가 덮치려던 순간, 신하가 말했습니다. "왕이여, 급히 돌아가야 합니다. 지금 블레셋이 침공하였나이다." 사울은 다윗을 완벽하게 죽일 계획을 세웠지만, 하나님이 막으셨습니다. 하나님은 하나님의 섭리를 좇는 사람을 보호했던 겁니다.

성 어거스틴은 기독교 역사에 독보적인 존재입니다. 그의 생애는 1부와 2부로 나뉠 수 있습니다. 1부는 하나님의 섭리를 알지 못한 채 자기 욕심만 좇아 살며 방황하며 아픔을 겪었던 어두운 시기입니다. 2부는 회심 이후 하나님의 섭리를 알고 그 섭리를 좇아 산 영광스러운 시기입니다.

이 2부의 인생길을 걸을 때 어거스틴이 희한한 경험을 합니다. 어거스틴이 전통적인 교리를 잘 가르치니 이단들이 어거스틴을 죽이려고 호시탐탐 노리고 있었습니다. 어느 날 어거스틴이 이웃 마을에서 열리는 성경 사경회를 인도하고 종을 앞세워 귀갓길에 올랐습니다. 그런데 그 길잡이는 늘 다니던 길을 착각하여 중간에서 자기도 모르게 우회도로로 접어들었습니다. 후에 어거스틴이 길잡이에게 물으니 왜 그 길로 갔는지 자기도 모르겠다 했답니다.

그런데 여러분, 신기하게도 원래 그들이 가려 했던 길에는 어거스틴을 죽이려고 이단종파인 도나투스파 일당들이 칼을 차고 매복해 있었습니다. 길잡이의 착각이 아니었다면 어거스틴은 목숨을 잃었을 것입니다.

어거스틴은 훗날 하나님의 섭리는 참으로 놀랍다는 고백을 했습니다. 하나님은 하나님의 계획과 섭리를 좇아 사는 사람의 부족함을 돕고 어려움을 이겨내게 하십니다.

사랑하는 성도 여러분, 하나님의 섭리를 따라 살면서 하나님의 도우심을 체험하며 살아가시길 바랍니다.

❹ **정의** : 하나님의 섭리의 정의

하나님의 섭리란 한 마디로 나를 향한 하나님의 선하신 계획입니다. 하나님은 모든 사람을 위하여 구체적이고 선하신 계획을 세우셨습니다. 이러한 하나님의 섭리를 따라 살면 삶이 풍성해지고 끝이 아름답습니다.

로마서 8:28에서 말씀합니다. "하나님을 사랑하는 자 곧 그 뜻대로 부르심을 입은 자들에는 모든 것이 합력하여 선을 이루느니라." 하나님의 섭리를 좇는 인생은 모든 것이 합력하여 마지막에는 선을 이루는 것입니다. 배가 나침반을 통하여 올바른 항로를 유지하듯이, 하나님은 하나님의 섭리를 좇는 인생을 모범적으로 살아가게 합니다.

성도 여러분, 내 기분대로 살지 말고 하나님의 뜻을 좇으시길 바랍니다. 허영, 교만, 죄 속에 살지 말고 하나님의 섭리를 깨달아 그 섭리를 좇아 사는 복된 성도가 되시기를 바랍니다.

불행하게도 많은 사람이 하나님의 섭리와 상관없이 욕심을 좇아 삽니다. 또 하나님의 섭리를 알면서도 불순종하며 하나님의 섭리를 좇지 않습니다. 육적인 것이 너무 강하기 때문입니다. 신앙이 있다고 하나 그 신앙 속에는 허영과 교만 그리고 세상에 대한 미련으로 가득 차서 세상의 것을 따라가려고 하나님을 이용할 뿐입니다.

하나님을 믿는데 마음이 허전한 이유가 무엇입니까? 하나님의 섭리와 상관없이 살기 때문입니다. 고난이 오면 쉽게 쓰러지고 불신앙의 말을 쉽게 내뱉는 이유가 뭔가요? 하나님의 섭리와 상관없이 살기 때문입니다. 육적인 신자로 살기 때문입니다.

그러나 하나님의 섭리에 붙들려 사는 사람은 하나님의 뜻을 이루고 하나님 나라를 확장하는 데에 힘을 씁니다. 이런 사람 때문에 기독교가 무서운 영적 힘을 발휘합니다.

요셉이나 예수님의 열 한 제자들과 바울 그리고 대부분의 훌륭한 영적 지도자들이 여기에 속합니다. 하나님의 섭리를 깨달은 사람들은 항상 이런 질문을 합니다. "하나님, 나를 향한 하나님의 뜻은 무엇입니까? 하나님의 계획은 무엇입니까?" 보다 구체적으로 "하나님, 왜 내게 물질을 벌게 하셨나이까?", "왜 내게 요즘 시간을 많게 하셨나이까?", "왜 제게 이러이러한 은사를 주셨나요?", "왜 제게 연단을 주셨나요?", "왜 내게 역경을 견디게 하셨습니까?", "왜 제게 성령으로 충만케 하셨나요?" 이런 질문 속에 하나님의 섭리를 찾습니다. 그때 하나님 섭리를 깨닫고 좇아가면서 하나님의 뜻을 이루는 사람이 되는 것입니다.

지금도 하나님의 섭리는 강물처럼 흐르고 있습니다. 믿는 자와 그 가정에, 예수님의 피 값으로 세우신 교회 위에 하나님 섭리가 충만하게 흐르고 있습니다.

새해를 소망 가운데 맞이하신 성도 여러분, 이 하나님의 섭리를 발견하고 좇아 살면서 하나님의 영광을 나타낼 수 있기를 바랍니다. 나를 향한 하나님의 섭리를 발견하십시오. 그리고 그 섭리를 소중히 여기며 믿음으로 좇아가십시오. 나를 향한 하나님의 뜻을 다 이뤄드리는 섭리의 인생이 되시기를 주님의 이름으로 축원합니다.

❺ **해결책 : 장애물을 극복하고 인내로 하나님의 섭리를 따를 때 축복을 경험한다**

그렇다면 어떻게 해야 하나님의 섭리를 온전히 따를 수 있을까요? 보세요. 요셉은 청년의 때에 자신이 지도자가 되는 것이 하나님 섭리임을 알게 되었습니다. 하지만 그 섭리를 구체적으로 알진 못했습니다. 게다가 하나님의 섭리를 알지 못한 요셉의 형제들은 요셉을 이방 나라에 종으로 팔았습니다.

이러한 행위는 하나님의 섭리를 방해하는 것이었습니다. 요셉도 형들도 하나님의 섭리가 어떻게 구체적으로 이뤄지는지 알지 못했습니다. 여기에 문제가 있습니다. 하지만 하나님의 섭리는 형들의 방해에도 불구하고 결국 이뤄집니다.

오늘 말씀을 보면 요셉은 온갖 방해를 물리치고 하나님의 섭리를 따라 애굽의 지도자가 된 후에 형들에게 말합니다.

하나님이 큰 구원으로 당신들의 생명을 보존하고 당신들의 후손을 세상에 두시려고 나를 당신들 보다 먼저 보내셨나니 그런즉 나를 이리로 보낸 이는 당신들이 아니요 하나님이시라 하나님이 나를 바로에게 아버

지로 삼으시며 그 온 집이 주로 삼으시며 애굽 온 땅의 통치자로 삼으셨나이다(창 45:7-8)

요셉을 향한 하나님의 섭리는 이스라엘을 풍요로운 땅에 정착시키려고 요셉을 먼저 애굽으로 보내는 것이었습니다.

그런데 이 하나님의 섭리는 쉽게 이뤄지지 않았습니다. 섭리를 이루기까지 요셉은 긴 세월 고난을 겪었습니다. 좌절, 절망, 슬픔, 시련, 시험과 유혹의 세월을 보냈습니다. 하지만 요셉은 하나님을 원망하지도 사람을 미워하지도 않았습니다. 자기 신세를 한탄하지도 자기 인생을 비관하지도 않았습니다.

그가 보디발의 집에 노예로 있을 때 주인의 아내가 젊은 그에게 간통하자고 했을 때 보통 사람 같으면 어떠했을까요? 앞에 예를 들었던 가출 청소년과 같은 반응을 보이지 않았을까요? '형들이 나를 버렸고 삶도 어려우니 내 인생 내 맘대로 막살아 보자'고 그릇된 마음을 품었을지도 모릅니다. 하지만 요셉은 이렇게 반응했습니다. "내가 하나님 앞에서 어떻게 죄를 지을 수가 있습니까?"

참 놀랍습니다. 요셉은 캄캄한 인생길에서도 하나님만 바라보았습니다. 언젠가 하나님의 섭리가 이뤄질 것이라는 믿음으로 고난 속에서도 자신의 인격, 신앙을 지켰습니다. 소녀 가장이 난관을 뚫고 승리한 것 같이 요셉은 하나님이 자신을 축복하도록 믿음을 지켰습니다. 하나님의 섭리는 때때로 고난이란 터널을 통과해야 할 때가 있습니다.

예수님은 온 인류를 구원하기 위하여 자신이 십자가 위에서 피 흘려 죽어야 함을 알았습니다. 자신이 피 흘려 죽지 않으면 인류의 죄가 결코 해결될 수 없음을 아셨기에 모진 고난의 길, 십자가의 길을 가셨습니다. 예수님이 믿음으로 인내하며 온전히 십자가의 길을 가셨을 때 구원의 역사가 이루어질 수 있었습니다.

사랑하는 성도 여러분, 많은 사람이 하나님의 섭리를 따르길 원하면서 고난을 피하고 싶어 합니다. 평탄한 길로만 나아가길 원합니다. 그러다가 고난 앞에서 무너집니다. 여러분, 우리는 하나님 섭리를 따르기 위하여 반드시 고난의 터널을 이겨내야 합니다. 그래야 하나님의 뜻을 이룰 수 있습니다. 이 사실을 기억하시길 바랍니다. 고난을 끝까지 믿음으로 이겨내어 마침내 하나님의 섭리가 이루어지는 것을 경험하시길 바랍니다.

신자가 고난을 겪으며 하나님의 섭리를 좇을 때 하나님은 어떻게 반응하나요? 요셉이 하나님의 섭리와는 거리가 먼 감옥 생활, 절망스러운 상황에 빠졌을 때 하나님은 어떻게 하셨나요?

창세기 39장은 증언합니다. "하나님이 요셉과 함께하셨고 그에게 은혜를 베푸셨도다." 고독한 고난 속에 있는 요셉을 하나님이 고아처럼 버려두지 않으셨습니다. 그와 함께하시며 그의 마음을 강하게 하시고 한 걸음 더 나아가 그의 길을 여셨고 주변 사람에게 은혜를 베푸셨습니다. 결국, 요셉은 술 맡은 관원장의 천거를 받고 애굽 왕에게 나아가 애굽을 기근으로부터 구원하는 꿈을 해몽합니다.

왕은 하나님께서 요셉과 함께하심을 발견하고 더욱 그를 신뢰하여 요셉을 애굽의 총리로 삼았습니다. 하나님이 요셉을 애굽 전역을 다스리는 총리로 세워 준 것입니다. 참 놀랍고도 극적인 길로 요셉이 하나님 섭리를 성취하게 하시는 것을 봅니다.

요셉은 자신을 팔아버린 죄로 무서워 떠는 형들에게 하나님의 섭리가 오늘의 자신을 있게 했다고 증언했습니다. 창세기 50:19-20에서 요셉이 그들에게 말합니다.

"두려워하지 마소서 내가 하나님을 대신하리까 당신들은 나를 해하려 하였으나 하나님은 그것을 선으로 바꾸사 오늘과 같이 많은 백성의 생명을 구원하게 하시려 하셨나니"

요셉이 캄캄한 고난 속에 있을 때 하나님은 자신을 빛으로 나오게 하셨음을 고백하였습니다. 하나님의 섭리만을 따라갈 때 하나님이 그의 선한 계획을 이루었음을 고백하는 것입니다.

여러분, 우리의 인생길이 하나님의 섭리를 따라 살 때 하나님께서 우리를 선한 길로 이끄시고 책임지심을 기억하시길 바랍니다. 하나님만이 우리의 도움이시요 피할 바위시요 요새이시요 우리의 구원이심을 기억하시길 바랍니다.

여러분, 이제는 방황하지 말고 하나님이 축복하는 하나님 섭리의 길을 가시길 바랍니다. 올해는 하나님께서 보여주시는 섭리를 따라 더 풍성히 열매 맺는 성도가 되시기를 주님의 이름으로 축원합니다.

✱ Chain 스타일

체인 스타일(부정문제제기, 원인, 반대개념 및 유익들, 해결책을 찾아라)의 설교에서 설교자는 수원에서 일어난 가출 청소년의 자살 사건을 예시로 들며 인생은 누구나 후회하는 삶을 살아감을 역설한다. 그리고 이런 삶을 살아가는 이유는 하나님의 섭리를 따르지 않았기 때문임을 밝힌다. 이후 설교자는 분위기를 바꿔 한 소녀 가장의 이야기를 예로 들며 하나님의 섭리를 따라간 사람들의 복된 인생을 보여준다. 이후 하나님의 섭리에 대한 정의를 분명하게 해준 후 어떻게 하나님의 섭리를 따를 것인가에 대한 해결책을 제시하는 것으로 설교를 마무리한다.

부록

# 원 포인트 전도설교

※ 본 전도설교는 김진홍 목사(청주 금천교회, 대표적인 급성장하는 교회, 금천 설교연구소장)의 대표적인 설교이다. 이야기 설교도 원 포인트 설교 중 하나이다.

누가복음 16:19-31

## 천국 간 나사로와 지옥 간 부자

- **목적** : 새 신자들이 천국에 확신하게 한다
- **주제** : 천국과 지옥은 실재한다
- **구성** : 이야기 설교

### 개요

❶ 들어가는 말
❷ 본문
❸ 사람은 누구나 죽는다
❹ 천국과 지옥에 어떻게 갈 수 있나?
❺ '천국 열쇠'인 하나님의 뜻은?
❻ 지옥은 어떤 곳?
❼ 예수님을 믿을 것을 촉구하다

## ❶ 들어가는 말

여러분은 신앙생활을 무엇이라고 생각합니까? "이 세상을 사랑으로 살라."는 말씀으로 말할 수 있습니다. 그러나 더 중요한 것은 천국과 지옥의 존재를 확실히 믿는 것입니다. 영적으로 천국과 지옥을 경험한 수많은 사람이 증언하고 있습니다. 그리고 천국과 지옥을 성경이 분명하게 입증하고 있습니다.

성경이 무엇입니까? 1,600년에 걸쳐서 하나님의 특별한 계시를 받은 40여 명의 사람이 기록한 책입니다. 그들은 서로 다른 시대에 살았습니다. 서로 다른 삶을 산 사람들입니다. 그런데 다 같이 예수님 한 분에 대해서 말합니다. 예수님이 한 일에 대하여 말합니다. 예수님이 앞으로 하실 일을 말합니다. 각기 다른 시대에 살았던 각기 다른 사람이 썼지만, 성경은 일관되게 예수 그리스도를 말하고 있습니다.

그래서 성경을 'The Bible'이라고 합니다. 유일한 책이라는 뜻입니다. 진짜 책이라는 뜻입니다. 이 세상에서 구원을 가장 명료하게 설명하는 책은 성경뿐입니다. 성경의 주인공이 되시는 예수님이 천국 간 '나사로'와 지옥 간 '부자'를 통해서 천국과 지옥이 있다는 것을 분명하게 말씀하고 있습니다.

## ❷ 본문

본문에서 예수님은 다음과 같은 이야기를 들려줍니다. 세상에서 부자로 살던 사람이 있었습니다. 그는 부자였기에 좋은 옷을 입고 맛있는 음식을 먹으며 호화롭게 지냈습니다. 많은 재산으로 즐겼습니다. 오로지 자신의 영달을 위해서 살았습니다.

그런데 그와는 달리 옆에 '나사로'라는 거지가 있었습니다. 그는 집이 없었습니다. 먹을 것은 부족했습니다. 몸은 헐어서 상처투성이입니다. 부자가 잔치를 벌이면 상에서 떨어진 음식으로 허기를 채우며 살았습니다. 그리고 개들이 와서 헌 곳을 핥기도 했습니다. 하지만 그는 그런 개들을 쫓을 힘도 없었습니다. 그는 추위에 떨며 지내다가 부자보다 먼저 죽었습니다.

그런데 그의 힘들고 비참했던 생은 거기까지였습니다. 그가 삶을 마치는 그 순간 그에게 영화로운 천국이 기다렸습니다. 그는 죽는 순간부터 천사들의 시중을 받았습니다. 그의 육체는 장례도 제대로 치르지 못했습니다. 하지만 그의 영혼은 천사들의 손에 들려 천국에서 환영을 받았습니다.

그런 중에 부자는 잘 먹으면서 '나사로'보다 더 오래 살았습니다. 아프면 병원에 다녔습니다. 보약을 먹으며 건강관리를 잘해서 오래 살 수 있었습니다. 그러나 그 부자도 역시 죽어서 장례식을 치러야 했습니다. 그의 시신은 값비싼 관에 안치되었습니다. '나사로'에 비하면 비교가 안 될 정도로 대단했습니다. 두 사람의 이 세상에서의 삶은 정말 너무나 대조적이었습니다. 아니 조금 전 장사 지낼 때까지의 삶의 차이가 대단했습니다.

하지만 죽은 후로는 부자와 '나사로'가 완전히 역전되었습니다. '나사로'는 죽어 천사들에 받들려 천국에 들어가 환대를 받았습니다. 그러나 부자는 마귀에게 이끌려 불꽃이 이글거리는 지옥에 끌려 들어가고 말았습니다.

### ❸ 사람은 누구나 죽는다

그렇습니다. 사람은 누구나 세상을 마감할 때가 옵니다. 부자나 가난한 사람도 죽습니다. 지위가 높은 사람도, 낮은 사람도 모두 죽습니다. 착한 사람이나 악한 사람도 죽습니다. 배운 사람이나 못 배운 사람도 예외 없이 죽습니다. 그래서 인생에 있어 가장 확실한 하나는 사람은 모두 다 죽는다는 것입니다.

그런데 그 죽음의 때가 언제인지는 아무도 모릅니다. 올 때는 순서가 있어도 갈 때는 순서가 없습니다. 그렇게 건강하던 사람이 갑자기 죽습니다. 그것을 보면서 누가, 언제, 어디서, 어떻게 죽을지 아무도 모릅니다.

사람이 죽으면 육과 영이 분리됩니다. 사람은 죽기 전에 천국과 지옥 중 한 길을 선택해야 합니다. 죽은 후에는 천국과 지옥을 다시 선택할 기회가 전혀 없습니다. 죽은 후에 내가 천국에 가고 싶다 해서 갈 수 있는 것이 아닙니다. 죽은 후에 내가 지옥에 가기 싫다 해서 가지 않는 것이 아닙니다. '나사로'처럼 그 이름이 하늘나라의 생명책에 기록된 사람은 천국 문을 통과할 것입니다. 그러나 부자처럼 그 이름이 생명책에 기록되지 않은 사람은 지옥으로 가야 합니다. 이것은 하나님께서 정하신 길이기 때문입니다.

오늘 본문에서 천국의 주인이신 예수님은 천국에 대해서 많은 설명을 하지 않습니다. 성경 전체를 봐도 마찬가지입니다. 세상 그 어떤 언어로 설명할 수 없을 만큼 아름답고 행복하고 좋은 곳이기 때문입니다.

그런데 천국 간 '나사로'와 지옥에 간 부자의 차이가 무엇입니까? 부자로 살았다고 지옥에 간 것은 아닙니다. 거지로 살았다고 천국에 간 것도 아닙니다. 부자도 천국에 갈 수 있습니다. 거지도 지옥에 갈 수 있습니다.

❹ 천국과 지옥에 어떻게 갈 수 있나?

그렇다면 거지 '나사로'는 어떻게 천국에 갔습니까? 부자는 왜 유황불에서 영원히 고통받는 지옥의 길로 갔습니까? 그것은 바로 그 사람의 이름을 예수님께서 기억하셨기 때문입니다. 그러나 부자는 하나님 앞에 그 이름이 기억되지 않았습니다. 그래서 부자로 살다가 부자로 죽었습니다. 부자로 장사 되어 부자로 지옥에 떨어졌습니다.

그러나 거지는 비록 가난하고 힘들게 살았지만, 하나님에게 '나사로'라는 이름으로 기억되었습니다. 그래서 천국에 들어간 것입니다.

그렇습니다. 천국은 하나님이 아는 사람만 들어가는 곳입니다. 천국과 지옥을 결정하시는 예수님이 아는 이름이 되면 그에게는 천국 문이 열립니다. 그러나 그 이름을 기억하지 못하는 사람은 지옥 길이 열립니다.

성경에 예수님이 이런 말씀을 했습니다.

"나더러 주여 주여 하는 자마다 다 천국에 들어갈 것이 아니요 다만 하늘에 계신 내 아버지의 뜻대로 행하는 자라야 들어가리라"(마 7:21).

주여 주여한다고 천국에 들어가는 것이 아닙니다. 오직 하나님의 뜻대로 행한 자에게만 천국 문을 열어 준다는 것입니다. 오직 주님의 뜻대로 인생을 산 사람만 주님이 알고 기억한다는 것을 의미합니다.

그래서 천국 열쇠를 들고 계신 예수님이 하나님의 뜻대로 살지 못한 자들에 "내가 너희를 도무지 알지 못하니 불법을 행하는 자들아 내게서 떠나가라 하리라." 말씀하실 것입니다.

## ❺ '천국 열쇠'인 하나님의 뜻은?

그렇다면 천국에 들어가게 하는 열쇠가 되는 하나님의 뜻이 무엇입니까? 요한복음 6:40에서 "내 아버지의 뜻은 아들을 보고 믿는 자마다 영생을 얻는 이것이라."고 했습니다. 그리고 요한복음 6:29에서 "하나님께서 보내신 이를 믿는 것이 하나님의 일이니라."고 하셨습니다.

그렇습니다. 하나님의 뜻은 한 가지입니다. 인간은 죄 가운데서 태어났습니다. 죄 가운데서 살아갑니다. 그러다 죄 가운데서 죽는 것이 인간입니다. 그 지옥 가는 죄를 용서해 주시는 예수님을 마음에 믿고 영접해야 합니다. 그래서 죄 사함 받고 구원을 받아야 합니다. 이것이 절대적인 하나님의 뜻입니다. 하나님의 뜻대로 살아야 천국에 들어갑니다.

그런데 본문은 이렇게 아름답고 좋은 천국보다도 지옥을 더 많이 설명하는 것을 봅니다. 그것은 천국에 들어가는 것도 중요하지만, 지옥에 가지 않는 것이 더 시급하기 때문입니다. 죽었다가 천국과 지옥을 체험하고 살아 돌아온 많은 사람이 공통으로 하는 말이 있습니다. "물론 천국 가게 하는 것도 중요하지만, 지옥 가지 않게 하려고 전도한다."는 말입니다. 그곳이 얼마나 무섭고 고통스러운 곳인지 생각만 해도 두려움에 기절할 것만 같은 곳입니다. 그러므로 우리는 어떻게 해서든 지옥에는 가지 않아야 합니다.

## ❻ 지옥은 어떤 곳?

그렇다면 오늘 부자가 떨어진 지옥은 어떤 곳입니까?

첫째는 지옥은 유황불이 펄펄 끓는 곳입니다. 그곳에 벌어진 사람들은 마치 불 위에 소금 치듯 하게 됩니다. 현대인들에게 거부감을 주는 것이 바로 '지옥'이라는 말입니다.

그러나 성경은 지옥에 대해 분명하게 기록하고 있습니다. 예수님께서도 18번 이상 지옥에 대해 언급하셨습니다. 사람들이 지옥이라는 말까지도 싫어하는 것으로 미루어볼 때 사람들은 지옥에 대해 두려움을 가지고 있으며 자신이 죽으면 천국보다는 지옥에 갈 수밖에 없는 존재임을 자각하고 있음을 알 수 있습니다.

그러나 아무리 부정해도 지옥은 없어지지 않습니다. 그래서 예수님은 더욱 지옥의 실상을 보여준 것입니다. 사람이 아무리 부인하고 잊으려 해도 죽음이 다가오듯이 죽음 후에는 반드시 천국과 지옥을 판가름하는 심판이 있습니다. 죽으면 모든 것이 끝난다고 생각하는 것은 잘못입니다. 지옥은 끔찍한 형벌이 있는 곳입니다(마 15:29-30). 그래서 예수님은 눈이나 팔이 죄를 범하거든 그것을 잘라내고라도 천국에 가는 편이 지옥 가는 것보다 훨씬 낫다고 말씀했습니다. 그만큼 지옥은 힘든 곳입니다.

예수님은 지금 말씀합니다. "지옥은 너무 고통스러운 곳이니 제발 들어가지 말라! 몸은 죽여도 영혼은 능히 죽이지 못하는 자들을 두려워하지 말고, 오직 몸과 영혼을 능히 지옥에 멸하시는 하나님을 두려워하라"(마 10:28).

둘째는 인격과 감각이 그대로 살아있는 곳입니다. 생전에 가졌던 오감을 가지고 지옥의 형벌을 그대로 느끼고 겪어야 합니다. 영원히 아프고 쓰리고 죽고 싶어도 죽지 못해 울고 악을 써 소리치는 곳입니다.

셋째는 물 한 방울이 없는 곳입니다. 부자처럼 목이 타 물 한 방울을 구하지만 얻을 수 없어 평생 목마름을 갖고 살아야 하는 곳입니다.

넷째는 지옥은 보는 것과 대화를 할 수 있지만, 결코 이동은 불가한 곳입니다. 놀랍게도 지옥에 떨어진 부자가 '아브라함'의 품에 안긴 '나사로'를 보고 '아브라함'과 대화를 합니다. 그러나 그것뿐입니다. 그가 떨어진 지옥과 '나사로'가 들어간 천국 사이에는 서로 오고 갈 수가 없습니다.

다섯째는 지옥은 회개할 수도 없는 곳입니다. 지옥은 회개의 기회가 아예 사라진 곳입니다. 그래서 지옥을 체험한 많은 분이 그곳에서 들은 공통적 말이 "걸걸"이라고 합니다. "전도할 때 들을걸", "예수 믿을걸", "교회 다닐걸", "말씀에 순종할걸"이라고 말입니다.

여섯째는 지옥은 전도의 기회가 주어지지 않는 곳입니다. 부자는 비록 자기는 지옥에 떨어져 그렇게 고통을 당할지라도 형제나 자식들은 지옥에 오지 않기를 바랐습니다. 그래서 '아브라함'에게 '나사로'를 자기 집에 보내 형제들이 예수 믿고 지옥 오지 않게 전도해 달라 부탁했습니다. '나사로'가 다시 살아나서 간증하는 것이기에 믿으리라는 것입니다.

하지만 '아브라함'은 이렇게 말합니다. 본문에 "이르되 모세와 선지자들에게 듣지 아니하면, 비록 죽은 자 가운데서 살아나는 자가 있을지라도, 권함을 받지 아니하리라 하였다 하시니라."고 말합니다. 이 말은 살아있는 동안 전도할 때 예수님을 믿어야 한다는 말입니다. 지옥은 회개도 없고, 전도의 기회도 전혀 없는 곳입니다.

### ❼ 예수님을 믿을 것을 촉구하다

그렇다면 여러분! 어떻게 해야 하겠습니까? 이 땅에서 예수 믿고 천국 가야 합니다. 그 천국 가는 길은 딱 하나입니다. 바로 하나님이 세상을 구원하기 위해 보내신 하나님의 아들 예수님을 나의 구세주로 영접하는 길뿐입니다.

사도행전 4:12입니다.

"다른 이로써는 구원을 받을 수 없나니 천하 사람 중에 구원을 받을 만한 다른 이름을 우리에게 주신 일이 없음이라 하였더라"

그렇습니다. 예수님을 믿어야 천국에 갈 수 있습니다. 착한 일을 얼마나 많이 해야 천국에 가는 것이라고 말하지 않았습니다. 오직 예수님을 나의 구주로 믿어야만 하나님이 기억하는 천국에 갈 수 있는 사람이 되는 것입니다.

우리 인간은 너나 할 것 없이 날 때부터 죄인으로 태어납니다. 그리고 죄를 지으며 살아갑니다. '저 사람은 법 없이도 살 사람이야.' 하는 분일지라도 하나님 앞에서는 죄 덩어리일 뿐입니다.

여러분들 중에 '모든 사람은 다 죄인이다!'라는 말씀이 받아들여지지 않을 수 있습니다. 또 어떤 분은 나쁜 사람도 있고 선한 사람도 있다고 생각할 것입니다. 그리고 나는 그래도 선한 사람 편에 든다고 생각하는 분도 있을 것입니다. 그럴지라도 죄에서 벗어날 수 있는 사람은 아무도 없습니다. 하나님 앞에서는 죄가 없는 사람은 아무도 없습니다. 하나님은 사람의 마음 깊은 곳까지 살피시는 분입니다. 사람들은 죄인으로 태어나 죄와 함께 살다가 죽을 사람들입니다.

사람이 죽는 것은 누구에게나 정한 것입니다. 안 죽어보려고 발버둥 쳐도 죽음은 얼마 안 있으면 차별 없이 우리 모두에게 마중 나옵니다.

사람은 하나님이 정한 때에 이 세상을 마감합니다.

그러나 그것으로 끝나는 것이 아닙니다. 죽은 후에는 심판이 있기 때문입니다. 그 사람의 삶에 대한 모든 것을 따지고 계산하는 때가 옵니다. 그리고 그에 따라, 천국과 지옥 그리고 상벌을 부여받습니다.

그래서 성경은 말씀하십니다. 히브리서 9:27입니다.

"한번 죽는 것은 사람에게 정해진 것이요 그 후에는 심판이 있으리니"

그렇습니다. 예수를 믿었나? 안 믿었는가? 심판이 분명히 있습니다.

그런데 그 심판을 하시는 분이 누구신 줄 아십니까? 바로 죽은 자와 산 자를 재판하실 재판장께서는 예수님이십니다. 그러므로 예수를 믿고 영접한 사람은 그 심판을 피해갑니다. 재판장이신 예수님이 그 사람의 이름을 알고 있기 때문입니다. 예수님을 자신을 구원할 구세주로 믿었기 때문입니다.

그렇게 해서 죄인과 의인이 극명하게 나뉩니다. 천국 가는 사람과 지옥 가는 사람이 갈라집니다. 그래서 예수님을 믿지 않은 사람은 지옥에 들어가 영벌을 받습니다. 그러나 예수님을 구주로 믿은 사람은 천국에 들어가 영생 복락을 누립니다.

우리가 천국 가는 것은 선행이나, 착한 성품 때문이 아닙니다. 바로 하나님 아들이신 예수님께서 십자가에 달려 흘리신 피의 공로 때문입니다. 십자가에서 흘리신 예수님의 피가 우리의 죄를 깨끗하게 소멸해

주셨기 때문입니다.

그렇다면 어떻게 해야 하겠습니까? 예수님을 마음에 나의 구주로 영접하는 것뿐입니다. 요한복음 1:12-13입니다.

"영접하는 자 곧 그 이름을 믿는 자들에게는 하나님의 자녀가 되는 권세를 주셨으니 이는 혈통으로나 육정으로나 사람의 뜻으로 나지 아니하고 오직 하나님께로부터 난 자들이니라"

이 시간 우리의 구원을 위해 사랑하는 아들을 보내신 하나님의 그 풍성한 사랑을 받아들이기를 원하시는 분은 그 자리에서 일어서 주시길 바랍니다.

죄인 된 우리를 구원하기 위해 자신을 십자가에 드리신 하나님의 아들 예수를 믿고 영접하길 원하시는 분은 그 자리에서 일어서 주십시오. 하나님께서 이 자리에서 성령님을 통해 여러분의 마음을 받으실 것입니다.

{ 영상 시청 }

그럼 이제 다 눈을 감겠습니다. 그리고 제가 하는 대로 따라 하십시오. 우리를 구원하신 하나님의 아들 예수님을 마음에 모시도록 하겠습니다.

{ 기도 }

영광스런 하나님 아버지! 저는 지금까지 죄인인 줄을 모르고 살았습니다. 그저 열심히 살면 되는 줄 알았습니다. 오늘 말씀을 통해 사람은 뼛속 깊은 곳까지 죄인인 줄 알았습니다. 그 죄는 세상의 그 어떤 것으로도 해결 받을 수 없는 줄도 알았습니다. 그러한 저를 위해 하나님께서 사랑하시는 아들 예수님을 보내주셨습니다. 예수님의 보혈로 나의 죄의 문제를 깨끗하게 해결해 주심에 감사합니다.

지금 은혜와 사랑을 베풀어 주신 예수님을 저의 마음에 모셔 들입니다. 이제부터 저의 삶의 주인 되셔서 저를 인도해 주옵소서. 우리 인생을 구원해 주신 예수님 이름으로 기도드립니다. 아멘

[참고] 각 절기 내용에 대한 간략한 설명은 두산백과를 비롯한 백과사전들을 참조하였다. 더 자세한 내용은 백과사전을 참조하라.

# 아름다운
# 원포인트
### 절기설교

제1판 2쇄 발행 2022년 8월 30일

**지은이**    박영재

**발행인**    김용성
**기 획**    박찬익
**편 집**    송수자
**디자인**    조운희
**제 작**    정준용
**보 급**    김동융 이대성 박준호

**펴낸곳**    요단출판사
**등 록**    1973. 8. 23. 제13-10호
**주 소**    07238) 서울특별시 영등포구 국회대로 76길 10
**기 획**    (02)2643-7390
**보 급**    (02)2643-7290 Fax(02)2643-1877

ⓒ 2019. 요단출판사 all rights reserved.

값 13,000원
ISBN 978-89-350-1742-3 03230

---

이 책의 한국어판 저작권은 요단출판사가 소유하고 있습니다.
출판사의 사전 승인 없이 책의 내용이나 표지 등을 복제, 인용할 수 없습니다.